Hans Heinrich Eggebrecht
Bach – wer ist das?

SERIE MUSIK
PIPER · SCHOTT
Band 8323

Zu diesem Buch

Mehr als vierzig Jahre hat sich Hans Heinrich Eggebrecht, der Senior der deutschen Musikwissenschaft, mit Johann Sebastian Bach beschäftigt. Sein neues Buch beleuchtet das Phänomen Bach von verschiedenen Seiten und unterschiedlichen Standpunkten her. Dabei begibt sich der Autor jedesmal auf die Suche nach dem Mittelpunkt des Menschen Bach und seiner Musik. Ziel ist die kritische Klärung unseres Verhältnisses zu beidem.

Hans Heinrich Eggebrecht, geboren 1919 in Dresden, Musikstudium in Weimar, Studium der Musikwissenschaft, Philosophie und Germanistik in Berlin, Promotion 1949 in Jena, Habilitation 1955 in Freiburg. Dozent in Erlangen und Heidelberg, von 1961 bis zur Emeritierung 1988 o. Professor für Musikwissenschaft an der Universität Freiburg.

Veröffentlichungen u. a.: Studien zur musikalischen Terminologie (1955); Heinrich Schütz – Musicus poeticus (1959, 1984); Die Orgelbewegung (1967); Versuch über die Wiener Klassik (1972); Zur Geschichte der Beethoven-Rezeption (1972); Musikalisches Denken (1977); Sinn und Gehalt (1979); im Piper Verlag: Die Musik Gustav Mahlers (^{3}1992); Bachs Kunst der Fuge – Erscheinung und Deutung (^{3}1988); Musik im Abendland – Prozesse und Stationen vom Mittelalter bis zur Gegenwart (1991).

Hans Heinrich Eggebrecht

Bach – wer ist das?

Zum Verständnis der Musik Johann Sebastian Bachs

Piper München · Schott Mainz

SERIE MUSIK
PIPER · SCHOTT

Von Hans Heinrich Eggebrecht liegen in
der Serie Piper außerdem vor:
Bachs Kunst der Fuge (8240)
Die Musik Gustav Mahlers (8251)

ISBN 3-492-18323-9 (Piper)
ISBN 3-7957-8323-2 (Schott)
Originalausgabe
Dezember 1992

Umschlag: Federico Luci,
unter Verwendung des Gemäldes (1748) von Elias Gottlob Haußmann
(Archiv für Kunst und Geschichte, Berlin)
Gesamtherstellung: Clausen & Bosse, Leck
Printed in Germany

INHALT

Vorbemerkung

Die hier vorgelegten Texte stammen aus einem Zeitraum von mehr als vierzig Jahren, in denen ich mich immer wieder auch mit Bach beschäftigt habe. Sie sind gegenüber ihrer Erstveröffentlichung im wesentlichen unverändert wiedergegeben, auch dort, wo sie bestimmte Ereignisse oder Situationen berücksichtigen und wo sie sich in der Nennung von Fakten und in deren Interpretation punktuell überschneiden, und auch dort, wo sie sich in ihren Perspektiven gegenseitig in Frage zu stellen scheinen. Als Anhang habe ich drei kurze Texte aufgenommen, die aus der allerersten Zeit meines Publizierens stammen, als ich Assistent am Musikwissenschaftlichen Seminar der Humboldt-Universität in Berlin war. Die damalige Auseinandersetzung zwischen Ost und West kennzeichnet in jenem Anhang die beiden Beiträge aus dem Bach-Jahr 1950, und dabei ergibt sich rückblickend zugleich, daß meine Auffassung Bachs schon hier im Keim angelegt war.

Ein Bach-Experte, als den man mich zuweilen ansieht, bin ich nicht. Um heute ein Spezialist der Bach-Forschung zu sein, muß man sich möglichst das ganze Leben lang hauptsächlich mit Bach befaßt haben. Indessen war Bach für mich immer nur einer von denen, die mein Fragen und Nachsinnen fesselten, das stets auf die Musikgeschichte insgesamt gerichtet war. Doch die Motivation dieser auf das Ganze gerichteten Blickweise, die aus der Frage stammt: Was überhaupt ist Musik?, ähnelt der Frage, die die hier veröffentlichten Texte gemeinsam haben: Bach – wer ist das? Unter den Blickpunkten der geschichtlichen Position, des Verhältnisses von Leben und Werk, der Begriffe Religion und Tradition, der musikalischen Analyse, der Rezeption und der Geltung Bachs in der Gegenwart ist es immer wieder diese auf die Mitte gerichtete Frage, der ich nachgegangen bin.

Die Texte sind – gemäß ihren Entstehungsanlässen (über die der Drucknachweis unterrichtet) – nicht nur für einen intern musikwissenschaftlichen Kreis geschrieben. Dies ermutigt mich, sie in dieser Form der Zusammenstellung erneut vorzulegen, entsprechend meinem im Alter zunehmenden Verlangen, als Wissenschaftler aus den engen Grenzen des Fachs herauszutreten.

Bach – wer ist das?

Der Titel, den ich mir für diesen Vortrag im Bach-Jubiläumsjahr 1985 ausgedacht habe, zeichnet sich in meiner Vorstellung dadurch aus, daß er mir bei anderen Komponisten so nicht eingefallen wäre. Händel – wer ist das?, Mozart – wer ist das? – möglich wäre das gewiß, aber nicht naheliegend. Warum es aber bei Bach naheliegend ist (zu fragen, wer ist das?), bei ihm, wie mir scheint, am naheliegendsten von allen, darüber wird zu sprechen sein.

Man kann dasselbe auch anders ausdrücken, nämlich im Blick auf das Fragezeichen. Man wird nicht erwarten, daß ich es in eine Antwort auflöse: Bach ist... Das widerspräche nicht nur dem Geschäft des Historikers, der weiß (und davon lebt), daß derartige Fragezeichen nicht wegzubringen sind. Sondern es stände hier ganz speziell im Widerspruch auch zu dem, was der Titel besagt oder besagen soll: nämlich daß die auf das »ist« bezogene Aussage gerade bei Bach so unablösbar mit einem Fragezeichen behaftet ist. Statt also das Fragezeichen auflösen zu wollen, wird zu bedenken sein, wie es dahin kommt.

Worüber zu sprechen sein wird, das kann man – drittens und auf der gleichen Ebene – noch anders vorweg umschreiben. Stichwort: Bach-Bild. Es gibt meines Wissens keinen Komponisten, bei dem das Wort Bild eine solche Rolle spielt wie bei Bach. Händel-Bild, Mozart-Bild – noch nie gehört. Die »Bach-Bilder« aber reichen sich die Hand. Sie sind – anders als anderswo – nicht der Gegenstand selbst, sondern man macht sie sich von ihm. Sie sind die gezeichneten oder gemalten, die geronnenen Imaginationen von etwas, das, um als Besitz gegenwärtig zu sein, der Imagination bedarf. Darin reagieren sie auf eine Besonderheit. Die Bach-Bilder sind die Auflösungsversuche des bei Bach mit dem »ist« so hartnäckig verknüpften Fragezeichens, das so immer aufs neue sich krümmt, wie die Bilder wechseln. Woher kommt denn das?

*

Bach: – seine Musik ist im heutigen Musikleben präsent wie kaum eine andere. Sie bedarf keines Fürsprechers und keines Kommentars, und wir zögern, sie »alte Musik« zu nennen. Sie wirkt auf den heutigen Hörer so unmittelbar verständlich wie die Musik Haydns, Mozarts und Beethovens, älter gewiß, »barock«; aber das bringt die Geschichte ins Spiel. Die Gegenwärtigkeit der Musik Bachs läßt die Geschichte vergessen.

Und doch war Bachs Musik dasjenige widerfahren, was zum heutigen Begriff von »alter Musik« wesentlich hinzugehört: das Wiederentdecken und Wiederbeleben, dem eine Zeit des Vergessenseins, genauer: ein Zurücktreten und Verschwinden vorausging. Denn alte Musik ist jene, die noch nicht damit rechnete, zu überdauern, sondern die – selbstverständlicherweise – mit dem Abtreten des Komponisten selbst aus dem praktischen Musikleben verschwand, indem sie durch andere, neue Musik ersetzt wurde. Zwar war im Musikschrifttum schon des 16. Jahrhunderts, aufs deutlichste zuerst in der *Musica* des Nicolaus Listenius, der Topos aufgekommen, daß das Werk des Musicus poeticus dessen Tod überdauert; indessen war dieser Opus-Gedanke aus der spätantiken Rhetorik, also aus der Tradition seines Bezugs auf Sprachwerke, in den Bereich der Musik übernommen worden, wo er praktisch – sofern es sich nicht um kirchlich verordnete Musik handelte – bis weit ins 18. Jahrhundert hinein in aller Regel noch keine Verwirklichung fand. Auch Bach selbst hatte im Sinne der Selbstverständlichkeit des Veraltens von Musik argumentiert, als er dem Leipziger Rat klarzumachen versuchte, daß »der itzige status musices ganz anders wie der ehedem beschaffen« und »die ehemalige Art von Music unseren Ohren nicht mehr klingen will«. Daß Bach nach seinem Tode gleichwohl als außerordentlicher Klavier- und Orgelspieler erinnert wurde und in Kennerkreisen als Komponist von Tastenmusik bekannt, als Kontrapunktiker bewundert blieb, ist bemerkenswert, daß er im übrigen jedoch aus dem öffentlichen Bewußtsein verschwand, im praktischen Musikleben nicht mehr gefragt war, zählt zu den Selbstverständlichkeiten der Musiktradition, der Bach noch zugehört.

Ungewöhnlich aber ist es (jedenfalls für deutsche Verhältnisse), daß Bach zu seinen Lebzeiten, und zwar auf der Höhe seines Schaffens, scharf angegriffen wurde, indem der Hamburger Musiktheoretiker und Komponist Johann Adolph Scheibe ihm 1737 öffentlich vorwarf, daß seine Musik zuwenig »Annehmlichkeit« habe und er ihr »durch ein schwülstiges und verworrenes Wesen das Natürliche entzöge, und ihre Schönheit durch allzugroße Kunst verdunkelte«. Das sind – wie man es heute auch drehen und wenden mag – harte, es sind vernichtende Worte, zumal sie nicht etwa nur gegen Bachs Vokalmusik, sondern gegen seine Art des Komponierens überhaupt gerichtet sind[1].

Indessen muß man sich klarmachen, daß Scheibes Urteil aus der damaligen Sicht heraus berechtigt war – aus jener Sicht, die in dem Federkrieg zwischen Scheibe und dem Leipziger Magister und Bach-Anhänger Johann Abraham Birnbaum beiderseits als der »neumodische Geschmack« umschrieben wurde, allerdings mit dem Unterschied, daß Birnbaum – man kann wohl sagen: im Auftrag Bachs – den neumodischen Geschmack als »pöbelhaft« verurteilt, während Scheibe ihn als »weit gegründeter und natürlicher« apostrophiert »als der altfränkische Geschmack derjenigen, welche... den Zwang [gegenüber] der Natur vorziehen«. Das Verstehen von Musik ist immer wesentlich von zwei Instanzen abhängig, von dem Verstehensobjekt (wie es ist) und von dem Subjekt des Verstehens (wie es sich befindet). Bachs Musik ist so, daß sie von jenem öffentlichen Geschmack, der in der Zeit nach 1730/40 sich verbreitete und dessen Fürsprecher Scheibe war, nicht mehr akzeptiert werden konnte. Die Begriffe, mit denen Scheibe unter der Devise »Vernunft und Natur« dasjenige benennt, was Bachs Musik allzuviel hat, nämlich Kunst (»allzugroße«), und was ihr mangelt, nämlich Annehmlichkeit, Natürlichkeit, Schönheit, umschreiben – so wie Scheibe sie meint – die Geschmacksmaximen einer neu entstehenden Musikkultur, und man kann diesen Begriffen noch zahlreiche andere hinzufügen, zum Beispiel das Empfindsame, das Galante, das sinnlich Eingängige. Sie alle weisen darauf hin, was Bachs Musik ist, indem sie konstatieren, was sie nicht ist oder nicht genügend oder zuviel ist.

Sie bekunden den Einschnitt oder – wie ich es im folgenden nennen werde – den »Traditionsknick«, der das mittlere 18. Jahrhundert in Deutschland kennzeichnet und der – schon in den soeben zitierten Standpunkten und Begriffen – viel zu offensichtlich sich zeigt, als daß man ihn hinwegdiskutieren könnte. Zugleich aber schafft die jenseits von Bach neu entstehende Musikkultur (jener »pöbelhafte« Geschmack) – und darin liegt nur scheinbar ein Paradox – die Voraussetzung für das bald einsetzende und sich zunächst zögernd, dann zunehmend und schließlich mächtig verbreiternde Verstehen der Musik Bachs – ein Verstehen freilich, das – bis heute – durch den Traditionsknick geprägt bleibt. Er nämlich ist es, der die Geschichte der Bach-Rezeption so vertrackt macht, so schwierig zu erfassen, so widersprüchlich in den geschichtlichen »Ortungen«, so permanent von Fragezeichen verfolgt, so reich an sogenannten »Bach-Bildern«. Und darin, in ihrer Vertracktheit und Widersprüchlichkeit, bestätigt die Bach-Rezeption, schon sie allein, daß es jenen Knick gibt und Bach von ihm betroffen ist.

Die neue Musikkultur, deren Beginn Scheibe signalisierte, ist die bürgerliche, deren Anfänge gekennzeichnet sind durch das Anwachsen des Liebhabertums, des Publikums[2], der Kritik, auch zum Beispiel durch die Umbetonung des Wortes Músik (von lat. Musica) zu Musík (von franz. musique), durch den Begriff der schönen Künste (die Charles Batteux 1746 kodifizierte) und durch deren Philosophie, die 1750 von Alexander Baumgarten begründete Ästhetik. Es entstand in zunehmendem Maße und zunächst ohne allzu hohe Ansprüche annehmliche, publikumsbezogene, ästhetische Musik, die als solche auf Schönheit, auf Hinhör-Effekte und sinnliche Eingängigkeit bedacht war.

Die neue Musikart war die vorklassische. Sie war – auf ihrem Weg zur Wiener Klassik – darauf bedacht, ihre Öffentlichkeitsgeltung und zugleich ihren Marktwert zu steigern, das heißt ihre Novität hervorzukehren, ihren ästhetischen Anspruch zu vergrößern und gleichwohl durch Sinnenfälligkeit, Schönheit und Bedeutungsfülle das Publikum zu erreichen und zu vermehren. Es war ein Lernprozeß zunächst auf seiten der Komponisten, insbesondere sofern sie Haydn, Mozart und Beethoven hießen. Und hierbei spielte alsbald auch Bach eine wichtige Rolle – vermittelt namentlich durch die Berliner Bach-Schule, die nach 1777 in den Aktivitäten des Barons Gottfried van Swieten einen Wiener Ableger zeitigte. Die Musik der Wiener Klassiker bereicherte sich durch Bach. In esoterischen Zirkeln und an Hand von Drucken und Abschriften lernte sie von ihm, dem Komponisten vorab des *Wohltemperierten Klaviers* und der *Kunst der Fuge*, was die junge ästhetische Musik vernachlässigt hatte: harmonischen Reichtum und Polyphonie – wobei Bach selbst zunächst nicht erschien, sondern in der Verborgenheit kompositorischer Adaptionen ins Anspruchsvolle der ästhetischen Musik transformiert wurde.

Es war ein Lernprozeß auch auf seiten des Publikums. Eine immer größere musikalische Öffentlichkeit lernte, anspruchsvolle Musik zu verstehen, jene, in deren Anspruch ab Beginn der achtziger Jahre auch Bach verborgen war und auf die sich dann ästhetisch die Idee der autonomen Musik und rezeptionsgeschichtlich die neue Selbstverständlichkeit des Überdauerns musikalischer Werke bezog. Damit wurden die Grundvoraussetzungen für Bachs Entdeckung seitens des Musikpublikums geschaffen: An der klassischen Musik hatte es gelernt, Bachs »allzugroße Kunst« als große Kunst zu begreifen[3].

Zugleich aber war die Art dieses Begreifens vorgezeichnet: Sie geschah im Zeichen der neuen Musikkultur, der ästhetischen Musik. Wenn – worauf Carl Dahlhaus in seiner Studie *Zur Entstehung der romantischen Bach-Deutung* (BJb 1978) hinweist – E. T. A. Hoffmann 1814 Bachs Instrumentalmusik so anspricht, als hätte er Musik von Beethoven vor sich (»Ahnung des Höchsten, die die Brust mit unnennbarer Sehnsucht erfüllt«), und wenn Dahlhaus dies überzeugend in dem Sinne interpretiert, daß Bach – für Hoffmann – »statt durch eine geschichtliche Kluft vom späten 18. Jahrhundert getrennt zu sein, zusammen mit Haydn, Mozart und Beethoven eine musikalische Klassik« repräsentiert, »die zugleich und in eins eine Klassik der Instrumentalmusik und eine Klassik der deutschen Musik ist« –, so besagt dies, daß Bach bei seiner Entdeckung als großer, gegenwartsgültiger Komponist ins Leben trat im Sinne der neu entstandenen Musikkultur, genauer hier: im Sinne der romantisch aufgefaßten klassischen Instrumentalmusik. Und wenn kurz zuvor an anderer Stelle der Topos entstand, Bach sei der Begründer des »Zeitalters der deutschen Musik«, so wurde hieraus nur eine Konsequenz gezogen und im Zeichen von Patriotismus der Traditionsknick begradigt, als gäbe es ihn nicht.

Bachs Eindringen in das öffentliche Musikbewußtsein, das Aufsteigen des Gesamtwerks in den Rang einer Publikumsmusik, war dann freilich ein langwieriger Prozeß. Bei den Kantaten, auch etwa bei der *Kunst der Fuge* dauerte er bis in unser Jahrhundert hinein. Heute – so kann gesagt werden – ist dieser Prozeß abgeschlossen. Bachs Musik insgesamt ist weltweit präsent. Sie ist es als ästhetische Musik. Sie wurde in einen Musikbegriff hineinentdeckt, von ihm adaptiert, der diesseits des Traditionsknicks entstanden war. Dem aber bot sie sich an. Wie keine andere Musik vor dem Knick zeichnet sie sich aus durch ästhetische Qualität, durch Sinnfülle, die dem an großer Musik gebildeten sinnlichen Verstehen unmittelbar sich mitteilt.

Die Frage, wie dieses Höchstmaß an musikalischer Qualität möglich war, führt in das Rätselhafte des schöpferischen Vermögens. Aber man kann Prämissen benennen. Sei es, daß man mit Albert Schweitzer sagt, Jahrhunderte hätten an dem Werk gearbeitet – Bach sei »ein historisches Postulat« gewesen. Oder sei es, daß man (– was mit Schweitzers Diktum durchaus zu verbinden ist –) die Grenzsituation hervorkehrt, Bachs Position so kurz vor dem Knick beziehungsweise sogar gleichzeitig mit ihm: das progressive »schon«, das in dem traditionellen »noch« sich zeigt und den Reichtum vermehrt. Oder man schaut schlicht auf Bachs Biographie und beobachtet: die systematische Adaption der internationalen Künste des Komponierens; die Empfindlichkeit gegenüber der Qualität des musikalischen Aufführungsapparats (Bachs neuralgischer Punkt, der ihn so unbequem machte); ferner etwa den an der eigenen superlativen Kunstfertigkeit gemessenen progressiven Maßstab der clavieristischen Anforderungen; vor allem aber die für Bach noch vollgültige Koppelung von Amt und Schaffen, die funktionale Bindung des Komponierens an die jeweilige Dienststellung, ein zutiefst traditionelles Moment, das hier aber gerade das Gegenteil von Bindung bedeutete, nämlich Freiheit, und dies im Sinne der Unabhängigkeit von Publikumsrücksichten, der Möglichkeit der uneingeschränkten Entfaltung des Kunstvermögens. Bachs Musik war frei von Öffentlichkeitszwängen – darin dem Knick weit voraus. Die Stadträte, denen er sich musikalisch zu präsentieren hatte, um eine Anstellung zu erlangen, waren vermutlich genausowenig musikverständig wie die Stadträte heute. Auf die Klavierbüchlein-Stücke, die Glückwunschmusiken und das Collegium-musicum-Publikum konnte Bach sich – bis zu gewissen

Grenzen – einstellen. Seine beständigsten Richter waren seine Schüler, die ihm über die Schultern guckten. Bachs eigentliches »Publikum« aber war zum einen die Kirchengemeinde, die, auch wenn sie sich verwunderte, keine Kritikfunktion übernahm, und zum anderen der Fürstenhof, der – besonders in Köthen – durch Kunstverständnis und -ehrgeiz sich auszeichnete. Bachs Publikum war sein kompositorisches Gewissen. Und dies betrifft auch das Spätwerk, bei dem die Berufsfunktionen weitgehend aufgehoben sind und Bach durch Veröffentlichungsaktivitäten ein Publikum suchte. Nirgends ist hier – etwa bei den Clavier-Übungen – ein Abweichen von den spieltechnischen Anforderungen oder eine qualitative Veränderung der Kompositionsprinzipien zu verzeichnen, sondern – eingebettet in die Bestallungssicherheiten, wenn nun auch in einer durch die Leipziger Verhältnisse veranlaßten Zurückstellung des Bestallungsauftrags – bleibt auch hier das kompositorische Gewissen die entscheidende Instanz. Was dabei an unmittelbarem Publikumserfolg herauskam, kann am Druck der *Kunst der Fuge* abgelesen werden.

Indessen ist die ästhetische Qualität der Musik Bachs, die nicht zuletzt durch die sozialgeschichtliche Bindung, die Funktionalität, und dann durch die – in gewisser Weise – oppositionelle Afunktionalität seines Schaffens ermöglicht wurde, aus der Gesamtpotenz Bach nur ein Angebot, wenn auch bei weitem das wichtigste. Die neue Öffentlichkeit nach 1800 griff es auf. Und was einst als dunkel und verworren galt, steht heute mit weltweiter Selbstverständlichkeit als schöne Klarheit da – freilich mit der Selbstverständlichkeit der ästhetischen Musik. Was vor ihr lag und Bachs Musik mitbestimmt, sich ihr inskribiert hatte, das ist – sofern es im Wechsel der Musikkulturen zurücktrat und verlorenging – nicht mehr präsent; es ist aus dem Traditionsfluß verschwunden, kann nicht mehr unmittelbar verstanden werden, bleibt unbeachtet, ist weg. Die ästhetische Rezeption in ihrer Herrschaft ignoriert den Knick – zwangsläufig, unabsichtlich und unbewußt.

*

Gleichsam auf der Gegenseite der ästhetischen Rezeption Bachs entwickelte sich im 19. Jahrhundert eine andere Verstehensweise, die ideologisch historisierende, die den Traditionsknick nicht ignorierte, sondern benutzte. Sie benutzte ihn, indem sie – die ästhetische Seite vernachlässigend – gleichsam hinter den Knick zurückstieg, und was sie dort als Angebot Bachs vorfand oder vorzufinden glaubte, das griff sie auf und hob es hoch, um es der Gegenwart als verlorenen und durch Bach wiederzugewinnenden Wert vorzuzeigen.

Wenn Philipp Spitta seine Bach-Monographie mit dem erklärten Ziel verband, dazu beizutragen, daß die »an Zahl und Inhalt fast unbegreiflich großen kirchlichen Kunstwerke« Bachs »im Volke lebendig werden«, und wenn er dementsprechend den Kirchenkomponisten Bach in den Vordergrund rückte (»Bach, der Kirchencomponist«), so ist dies zu erklären aus Spittas Eingebundenheit in die neuorthodoxe Idee einer Erneuerung der evangelisch-lutherischen Kirchenmusik aus dem Geiste Bachs. Nicht zuletzt von daher etablierte sich dann jenes emphatisch frömmelnde Bach-Bild, das durch Schlagworte wie »Bach, der Thomaskantor«, »Lebensendzweck einer regulierten Kirchenmusik«, »Spielmann Gottes«, »fünfter Evangelist« umschrieben ist. Inzwischen ist dies auch im öffentlichen Bewußtsein und gleichsam durch Bach selbst ebenso richtiggestellt worden wie – nebenbei gesagt – zahlreiche Gegenteiligkeiten, die Friedrich Blume im Gegenzug zu Spitta knapp hundert Jahre später in seinen *Umrissen eines neuen Bach-Bildes* verfocht, zum Beispiel: Bach habe mit seiner Bestallung als Weimarer Hoforganist »entschieden dem Kirchendienst den Rücken gekehrt«. Bach stellt richtig, das heißt die Akten und Fakten übernehmen das nach folgendem, an einem winzigen Detail erläuterten Prinzip: Wenn Blume meint, Bach habe 1723 »nur sehr widerwillig den Kantorenrock wieder angezogen«, dann sagt Bach durch den Mund der Akten und Fakten, er habe ihn vorher ja noch gar nicht angehabt[4].

Die Benutzung des Traditionsknicks, um das vor ihm Liegende als Wert zu apostrophieren, wird am deutlichsten, wo Bach als Inbegriff einer noch heilen Welt beschrieben und der Gegenwart als Zuflucht gegenübergestellt wird. Bach sei – um hierfür nur dieses eine Beispiel anzuführen – »der große Gegenspieler zur Zerrissenheit der heutigen Existenz«, heißt es am Schluß von Friedrich Smends verdienstvollem Buch über Bach in Köthen. Ein Motiv für die mit Bach betriebene Heilslehre war nicht zuletzt die Skepsis gegenüber der ästhetischen Musik, jener Affekt gegen »das 19. Jahrhundert«, der in den Musikbewegungen der zwanziger Jahre stark war und von hier aus in die Musikwissenschaft und das Musikschrifttum ausstrahlte. Paradox wurde dabei das ästhetische Verstehen Bachs, das ihn zu einem Teil der ästhetischen Musik hatte werden lassen, dazu benutzt, es – im Wohlgefühl des Moralisierens – mit jenen »alten Werten« zu bestücken, von denen man meinte, daß es sie einst gab und daß sie verloren seien.

Die ästhetische Rezeption der Musik Bachs, die den Traditionsknick ignoriert, gewissermaßen ihn überhört oder ihn weghört, und das ideologisch historisierende Verstehen, das ihn benutzt, um aus Positionen hinter ihm zu agieren, sind weder gegeneinander auszuspielen noch zueinander zu vermitteln. Wenn – als Beispiel für unzählige ähnlich gelagerte – Richard Benz 1950 Bach den »letzten Gottes-Diener der Musik« nennt und damit aller späteren Musik die Gottesdienstlichkeit streitig macht, oder wenn Bernhard Paumgartner in seiner Bach-Monographie meint, »keine andere Musik« scheine »so unmittelbar aus Gottes Werkstatt zu kommen, keine kenntlicher vom unendlichen Leben des göttlichen Geistes durchströmt zu sein«, so ist diese Art der Heroisierung, Auferstehungsbeschwörung und Vereinmaligung heute unerträglich geworden. Und man wird auch nicht behaupten wollen, daß Bach selber es ist, der für diese Art des Redens über ihn verantwortlich zu machen sei.

Dagegen hat die ästhetische Rezeption alles Recht auf ihrer Seite. Bach bietet sie an – einen Superlativ an Sinnreichtum und Ausdrucksfülle, der sich dem sinnlichen Verstehen unmittelbar mitzuteilen vermag. Und doch erschöpft sich Bachs Musik hierin nicht. Was in ihr aus Traditionen jenseits der ästhetischen Musik stammt, kann zu seiner Eigenschaft haben, daß es dem auf Unmittelbarkeit eingestellten Ohr verborgen bleibt. Der Traditionsknick, der durch Bachs Musik hindurchgeht, impliziert für das ästhetische Hören eine Schwelle, gleichsam einen Verstehensknick. Und die Aufgabe besteht darin, den Knick nicht zu ignorieren und nicht zu benutzen, sondern ihn zu bewältigen.

Der heutige, auf die ästhetische Unmittelbarkeit eingestellte Hörer tut dies in gewissen Graden von selbst. Wenn er Musik von Bach hört, so ortet er sie unreflektiert in einer Sphäre jenseits der klassischen Sinnlichkeit und Subjektivität. Er ergötzt und rekreiert sich am Pulsieren des durchgehenden Grundschlags, am Stile d'une teneur, an der Reguliertheit der Affekte, am durchschaubaren Spiel des Ineinanderseins von Emotion und Mathesis, Sinnlichkeit und Vernunft. Ihn fasziniert die Ferne in der ästhetischen Nähe, die eigenartige Klarheit von allem, was hier musikalisch geschieht. Und es ergeht ihm womöglich wie jener »guten Hausfrau«, die Jacques Handschin sagen läßt: »ihr sei, wenn sie Bach höre, zumute, als wenn sie in ihren Schubladen Ordnung macht«. Der heutige Hörer, der ästhetische, bewältigt den Knick aber nur insoweit, wie das ästhetische, das unmittelbare Verstehen über ihn hinwegreicht, oder umgekehrt: so weit nur, wie auch dasjenige den ästhetischen Hörer affiziert, was dem unmittelbaren Verstehen verborgen bleibt.

*

Die Bewältigung des Traditionsknicks kann nur das erkennende Verstehen leisten. Und dabei denke ich nicht nur an jenes Erkennen, das bei aller Musik vorab als analytische Erklärung oder poietischer Nachvollzug das sinnliche Verstehen vom Begrifflichen her zu vertiefen und zu bereichern vermag. Sondern ich denke darüber hinaus und im Blick auf Bach speziell an jene Anstrengung, die darin besteht, daß sich das erkennende Verstehen als historisches gleichsam selbst hinter den Knick zurückversetzt, um das durch ihn in Vergessenheit Geratene zu erinnern und dem Hörer, der mächtigen Bach-Öffentlichkeit, zu vermitteln.

Was ist gemeint?

In der Kantate zum ersten Weihnachtstag »Gelobet seist du, Jesu Christ, daß du Mensch [das heißt, daß du als Mensch] geboren bist« gibt es das Duett »Die Armut, so Gott auf sich nimmt, hat uns ein ewig Heil bestimmt« und hier die Textstelle »Sein [Gottes] menschlich Wesen machet euch den Engelsherrlichkeiten gleich, euch zu der Engel Chor zu setzen«. Die Worte »Sein menschlich Wesen« werden von der einen Singstimme als Folge von vier Synkopenfiguren und von der anderen Stimme als chromatischer Quartgang gesungen. Weiß man – was sich ästhetisch unmittelbar heute nicht mehr mitteilt –, daß in Bachs Musik Synkopen (als Verstoß gegen die Taktordnung) und chromatische Gänge (als Abweichen von der diatonischen Ordnung) ein Begriffsfeld umschreiben können, das durch Wörter wie Verstoß und Abweichen benennbar ist, so versteht man, was Bach hier zu verstehen geben will: Gott hat durch seine Menschwerdung in Christus das menschliche Wesen, das Kennzeichen des Menschen: das Verstoßen gegen die Ordnung, die Sünde, auf sich genommen. Und wenn dann bei den Worten »...euch zu der Engel Chor zu setzen« die Singstimmen von diesen Figuren befreit sind, die nun von den Instrumenten übernommen werden, so bedeutet dies, daß es die Menschen mit und trotz ihrer Armut sind, die – durch Christi Geburt – von ihr befreit und den Engelschören gleichgestellt sind.

Was hier im Blick auf das erkennende Verstehen angesprochen wurde, fällt in den Bereich der musikalisch-rhetorischen Figuren. Niemand wird behaupten, daß sich die Besonderheit von Bachs Musik in der Komposition von Figuren erschöpft, zumal hiermit die musikalische Hauptsache, nämlich die ästhetische Qualität der Musik, noch gar nicht angesprochen ist und es zudem viele Kompositionen von Bach gibt, bei denen solche Figuren gar nicht vorkommen. Und es ist auch nicht wichtig, wie diese Figuren im einzelnen heißen, wie viele es gibt, woher sie stammen und so weiter, zumal nicht zu erweisen ist, ob Bach selbst solche Fragen sich stellte. Wichtig ist allein, daß – unter anderem – von dieser Seite her zur Unmittelbarkeit des ästhetischen Wirkens noch etwas anderes hinzutritt, dessen Verständnis die Anstrengung des Erkennens herausfordert und das unmittelbare Verstehen wesentlich zu bereichern vermag[5].

Ein zweites Beispiel: eine Stelle, nur ein Takt, aus einem frühen Werk, dem Actus tragicus »Gottes Zeit ist die allerbeste Zeit«, und zwar die Generalpause am Schluß des Mittelsatzes dieser Kantate. Deren Text insgesamt stellt der alttestamentlichen Lex die neutestamentliche Gnade gegenüber, deren Eintritt im chorischen Mittelsatz »Es ist der alte Bund: Mensch du mußt sterben« vorbereitet wird. Im folgenden Satz ist der Gnadenakt vollzogen: »...du hast mich erlöset, Herr«. Die mit einer

Fermate versehene Generalpause am Schluß des Mittelsatzes und vor der Erlösungstatsache ist die Stille, in welcher der Gnadenakt geschieht: Es ist eine in diesem Sinne definierte Pause, und sie ist als sichtbare Pause auszuführen (indem der Dirigent die Hände erhoben hält und die Ausführenden regungslos verweilen). Der Hörer wird den Sinn dieser Pause besser, intensiver verstehen, nicht nur wenn er die Figuren des ihr vorhergehenden Chorsatzes in ihrer konkreten Abbildlichkeit zu erkennen vermag (die Bedeutung des Basso continuo obligato in diesem Satz, die Aussage der Pathopoiia und der Quinta und Quarta deficiens des Soggettos sowie den Sinn der Permutationsfuge hier), sondern auch wenn er die Zitate in den beiden anderen Sinnschichten dieses Chorsatzes als solche versteht: Das Sopransolo singt die Worte »Ja, komm, Herr Jesu« im Anklang an den Beginn des Chorals »Herzlich tut mich verlangen«, und im Orchesterpart erklingt als dritte Text- und Sinnschicht der Choral »Ich hab' mein' Sach' Gott heimgestellt«.

Mit solcher Musik befinden wir uns vor dem Knick. Doch sollten auch wir ihn nicht »benutzen«, so naheliegend, so verführerisch das auch sein mag. Den Traditionsknick benutzen heißt hier – vereinfacht ausgedrückt –, Bachs Kirchenmusik mit Bach als Person gleichsetzen und die Person Bach als religiöses Vorbild inthronisieren. Es ist nämlich nicht ohne weiteres möglich, aus Bachs textexegetischen Einfällen, die erstaunlich sind, Rückschlüsse auf sein persönliches Ich zu ziehen. Bach hat über das, was hier in Frage steht, nie gesprochen. Und wie weit es sich beim Machen von Kunst, der Tätigkeit des Artifex, auch des kirchenmusikalischen, um persönliche Bekenntnisse handelt, ist schwer auszumachen, zumal in vorromantischer Zeit. Und doch gibt es – wie mir scheint – bei allem, was wir über Bach wissen, zumindest einen Augenblick, bei dem der Vorhang sich öffnete, ich meine jenen, den ich an anderer Stelle als Bachs letzte kompositorische Handlung beschrieb[6]. Indessen, wenn wir wissen oder wenn wir es wüßten, es beweisen könnten, daß Bach so war, das heißt daß die exegetische Musik hier zugleich eine persönlich existentielle ist, so ist damit noch nicht gesagt, was wir damit anfangen. Die Beantwortung dieser Frage kann niemand irgend jemandem abnehmen.

Bis heute allerdings tendiert die Antwort in Richtung der Inthronisation. Man darf aber der Überlegung nicht aus dem Wege gehen, ob oder inwieweit es sich hier nicht um einen Irrtum handelt, eine Veranstaltung, die zwar erhebend wirkt, aber nichts ausrichtet. Denn abgesehen von der Frage, ob Bach, der musikalische Rhetoriker, sich von einem damaligen Kirchenprediger unterscheidet, dessen mit Bach vergleichbare textexegetische Gelehrsamkeit und Inventionsfülle nur sehr bedingt Rückschlüsse zulassen auf die Person des Predigers, wären Bachs Frömmigkeit und Glaube beziehungsweise ist seine Art der Exegese und Rhetorik ebensowenig ohne weiteres über den Knick hinwegzutransportieren wie die jenes Predigers. Zum Beispiel: Das Obrigkeitsdenken der Bach-Zeit betrifft den irdischen und den himmlischen Vater. Es äußert sich auch in Bachs Musik weltlich und geistlich, das heißt genauer: in einer Ununterscheidbarkeit der beiden Sphären, die es verbietet, mit den Wörtern weltlich und geistlich überhaupt an Bach heranzutreten. In der Serenata »Durchlauchtster Leopold« zum Geburtstag des Fürsten Leopold von Anhalt-Köthen singen Sopran und Baß als Rezitativ-Duett:

Durchlauchtigster, den Anhalt Vater nennt,
Wir wollen dann das Herz zum Opfer bringen;
Aus unsrer Brust, die ganz vor Andacht brennt,
Soll sich der Seufzer Glut zum Himmel schwingen.

In der Parodie dieser Serenata zur Kantate für den zweiten Pfingsttag »Erhöhtes Fleisch und Blut« brauchte Bach nur zwei Wörter zu ändern, um den Text statt auf den Fürsten auf den lieben Gott zu beziehen:

Unendlichster, den man doch Vater nennt,
Wir wollen dann das Herz zum Opfer bringen;
Aus unsrer Brust, die ganz vor Andacht brennt,
Soll sich der Seufzer Glut zum Himmel schwingen.

Das weltliche Obrigkeitsdenken ist uns fremd geworden, in jener Art der Bach-Zeit ganz fremd. Und das geistliche, das himmlische Obrigkeitsdenken in dieser Art? Wir sind auch von ihm durch den Traditionsknick getrennt. Bach verstehen aber heißt und fordert, auch dieses Denken weder unreflektiert über den Knick hinüberzuhieven noch es ästhetisch einzuebnen, sondern es schlicht zu konstatieren und mitzuverstehen – was auch immer man heute persönlich daraus machen mag.

Ein drittes, letztes Beispiel, dem wiederum eine Frage sich anschließen wird: erstes Brandenburgisches Konzert, vierter Satz. Spittas Urteil, die Tanzsätze hier seien als »Concession an den Zeitgeschmack« diesem Konzert nur »angehängt«, sie hätten »mit dem eigentlichen Concerte nichts mehr zu tun« und widersprächen »der Idee seiner Form« (– doch »da man die Tänze beliebig abtrennen kann, schädigen sie auch kaum das Werk« –), ist eine Wertung nach den ästhetischen Maßstäben des 19. Jahrhunderts; sie wurde bis heute immer wieder nachgeschrieben. Ganz anders aber sieht es aus, sobald man diesen Schlußsatz von dem barocken Prinzip des Concertierens aus betrachtet. Das erste Brandenburgische Konzert ist ein Gruppenkonzert, das die Idee des gruppenweisen Concertierens mit drei heterogenen Klangchören (Streicher, Holzbläser, Hörner) in jedem Satz andersartig verwirklicht: im 1. Satz als Concertieren der Gruppen im Tutti, im 2. Satz als Concertieren der Gruppen mit je einem Solisten, im 3. Satz als Verbindung des Concertierens in Gruppen mit dem Abwechseln von Tutti- und Soloepisoden nach Art des Concerto grosso. Im 4. Satz nun bezieht Bach – wie es nur bei dieser Konzertbesetzung möglich ist und wie es die Quellen als Absicht bestätigen – eine Gepflogenheit (oder »eine Concession an den Zeitgeschmack«) in jene Idee mit ein, indem er das gruppenweise Concertieren in die Sukzessivität einer Satzfolge auseinanderfaltet (und dabei eine axialsymmetrische quasi Rondoform gestaltet), nämlich Menuett: Tutti – Trio I: Holzbläserchor – Menuett: Tutti – Polonaise (die Mitte): Streicherchor – Menuett: Tutti – Trio II: Hörner (mit Oboen) – Menuett: Tutti. – Der Blick hinter den Knick revidiert das ästhetische Urteil und bereichert das Verstehen sehr. Und doch sei hier der Frage nicht ausgewichen, ob die auf Bach gerichtete Arbeit des Erkennens anderer Art ist als jene, die es mit ästhetischer Musik oder mit der neuen Musik des 20. Jahrhunderts zu tun hat, ob also zwischen den drei Beispielen, die ich hier anführte, und etwa Beethovens Missa solemnis oder Mahlers Symphonien oder Alban Bergs Opern in bezug auf die Verstehensfrage und -arbeit eine Differenz besteht, da doch die zuletzt genannten Werke nicht nur ebenfalls historische Erscheinungen sind, sondern auch hinter ihrer ästhetischen Unmittelbarkeit allemal Intentionen stehen, die des Erkennens und Erklärens bedürfen. Ich will diese Frage hier nicht zu entscheiden versuchen; sie wird vielleicht die gegenwärtige wissenschaftliche Auseinandersetzung mit Bach beschäftigen. Meine Antwort tendiert – wie ersichtlich wurde – in Richtung eines Unterschieds, einer (wie ich es bei Bachs *Kunst der Fuge* versucht habe) von Bach geforderten Anstrengung eigener Art.

Worüber ich hier gesprochen habe, betraf zunächst nicht die Bach-Forschung, sondern die Rezeption Bachs in dem Bewußtsein (oder auch Unbewußtsein) des öffentlichen Musiklebens. Und es liegt mir fern, für die auf Bach gerichtete Wissenschaft irgendwelche Direktiven mir auszudenken. Sie hat, besonders seit den Anstößen, die von Albert Schweitzer ausgingen, als historische Kompositionsforschung sehr viel von dem entdeckt, was für Bach eigentümlich ist. Und sie hat in den letzten Jahrzehnten außerordentliches geleistet auf dem Felde der gerade bei Bach so schwierigen und unerläßlichen philologischen Fragen. Dabei aber wurde – und dies ist bekannt – die ästhetische Qualitas der Musik Bachs, jene Hauptsache, die vorab durch die Arbeit der musikalischen Analyse zu erreichen ist, vernachlässigt. Hier könnte das Bach-Jahr 1985 neue Anstöße geben. Indessen scheint – ich sage dies mit Vorsicht – nun auch innerhalb der neuesten Bach-Forschung ein Trend zu bestehen, den Traditionsknick ausradieren zu wollen und gleichsam ins Fahrwasser der ästhetischen Bach-Rezeption einzuschwenken, derart daß, indem Bachs Musik auch von wissenschaftlicher Seite her als ästhetische, absolute oder autonome Musik proklamiert wird, vollends aus dem Blickfeld gerät, was in dem ästhetischen Bach nicht aufgeht. Mag dies so sein, mag als das »neue Bach-Bild« das ästhetische präsentiert werden – wenn es unvollkommen sein sollte, so wird Bach selbst es sein, der das wieder zurechtrückt.

Worüber ich hier spreche, ist – wie gesagt – weniger die interne Bach-Forschung als vielmehr die Bach-Rezeption in der Öffentlichkeit, oder sagen wir nun: die Verbindung beider. Hier gilt es nicht, ein neues »Bach-Bild« zu entwerfen; solche »Bilder« – obzwar sie (wie gesagt) gerade bei Bach unvermeidlich zu sein scheinen – tragen doch allemal den Nachteil des Bildes als eines perspektivisch erstarrten Augenblicks mit sich herum. Vielmehr umschreibe ich eine der Aufgaben, die das Bach-Jahr stellt, als eine – wie ich es sehe – nicht zuletzt seitens der Wissenschaft zu leistende Anstrengung, die in dem Bereich angesiedelt ist, den ich Musikvermittlung nenne. Es ist die Aufgabe der Bewältigung des Traditionsknicks in Form einer Synthese zwischen dem ästhetischen und dem historisch erkennenden Verstehen: die Verknüpfung des doppelten Angebots der Musik Bachs, und dies eben nicht nur wissenschaftlich intern, sondern auch und insbesondere in Richtung der musikalischen Öffentlichkeit.

*

Heute, vom Bach-Jahr hochgeschwemmt, gibt es als Rezeptions- bzw. Präsentationsform zusätzlich noch den massenmedialen Bach '85, präsentiert – soweit schon zu sehen – in drei Arten. Die erste Art übernimmt – verständlicherweise – die Rolle der Entideologisierung: Bach, »der Spitzenverdiener unter den Künstlern«, der »Querulant, Rechthaber und Fiesling«, »der Kleinigkeitskrämer«, »erschreckend feige und vielleicht sogar korrupt«. Indem diese Präsentationsart auf dasjenige reagiert, was ich hier die »Benutzung« des Traditionsknicks nannte (Bach, der fromme Kantor, der Gottesmann usw.), ist sie das Kehrbild von etwas, das Bach selbst nicht angeboten hat – sie gilt somit ebenfalls nichts; man kann sie vergessen.

Die zweite Art schießt im Eifer der Ideologie-Revision über das Ziel hinaus, zum Beispiel: »Wenn ihm keine Zeit blieb oder nichts einfiel, schrieb er einfach ab – bei sich oder bei Kollegen. Der große Bach war, kein Zweifel, der Ahn der plagiatfreudigen Unterhaltungsindustrie.« Solche modischen Einfälle werden nichts ausrichten: Eintagsfliegen – man kann auch sie vergessen.

Die dritte Präsentationsart ist die Vereinnahmung durch Anbiederung. »Erkoren zum Liebling aller...« – »Gloria und Tingeltangel«: »Bach nach acht«. Als Zerrbild der ästhetischen Rezeption ist sie mit dieser verbunden: Sie macht Bach zu einem der unsrigen, klopft ihm auf die Schulter, hakt ihn ein. »Vor Bach sind wir alle gleich« – wie, bitte schön, hätten Sie ihn denn gern?

Das alles sollte einen weder traurig machen noch böse. Man

braucht sich, glaube ich, nicht aufzuregen. Bach guckt zu. Wie ich ihn kenne, lacht er nicht gerade. Er vertraut sich selbst. Er ist das Subjekt seines Verstehens. Er wird das richtigstellen. Er wird uns das Fragezeichen nicht geradebiegen. Aber er ist nicht totzukriegen: als das, was er ist.

Anmerkungen

1 Diese Bemerkung bezieht sich auf den Aufsatz von Günther Wagner, *J. A. Scheibe – J. S. Bach: Versuch einer Bewertung* (Bach-Jahrbuch 1982), der glaubhaft zu machen versucht, daß Scheibes Bach-Kritik im 6. Stück des *Critischen Musicus* »wohl nicht auf Bachs Gesamtwerk bezogen werden darf, sondern vornehmlich gegen sein kirchenmusikalisches Vokalwerk – schwerpunktmäßig wohl gegen die Gattung der Kantate – gerichtet ist«. Warum dann – um von zahlreichen Gegenargumenten hier nur ein einziges anzuführen – kontert Birnbaum den Vorwurf der »Schwülstigkeit« mit dem Hinweis auf Bachs Art der Auszierungen »in seinen Kirchenstücken, Ouverturen, Concerten und anderen musicalischen Arbeiten«? (Bach-Dokumente II, S. 302).

Übrigens sind die Negativ-Vokabeln, mit denen Scheibe Bachs Musik attackiert, ziemlich genau jene, die im französischen Musikschrifttum seit 1734 im Begriffsfeld des Worts »baroque« erscheinen und die dann später (1768) Jean-Jacques Rousseau im Artikel *Baroque* seines *Dictionnaire de musique* versammelt hat. Wäre der Ausdruck »barock« in bezug auf Musik 1737 auch in Deutschland gängig gewesen, so hätte wohl auch Scheibe auf ihn nicht verzichtet und damit – ohne das freilich schon wissen zu können – Bach der später so genannten Epoche zugeordnet. Vgl. hierzu die Begriffsmonographie *Barock* von Claude Palisca im Handwörterbuch der musikalischen Terminologie (1985).

2 Unter Publikum verstehe ich hier und im folgenden nicht die Adressaten bzw. die Empfänger von Musik schlechthin, sondern jene im 18. Jahrhundert neue Art von Öffentlichkeit, die als zerstreute (disperse), nicht mehr lokalisierbare Größe zur Macht gelangte, indem sie sich die Teilhabe an der Musikrezeption käuflich erwerben konnte, sei es durch Unterricht und Notenkauf, sei es durch Eintrittsgeld in musikalische Veranstaltungen, und die dadurch einen immer größeren Einfluß auf die Musikproduktion gewann.

3 Hier also wird die These vertreten, daß die Pünktchen und Rinnsale der Bach-Rezeption nach 1750 ein unmittelbares Weiterleben Bachs im öffentlichen Musikleben nicht oder kaum zu erweisen vermögen. Denn es handelt sich bei diesen Pünktchen fast nirgends um Bachs Musik als lebendige Praxis, sondern um einen Bach, der – esoterisch und je nach Interessenlage – in selektive Aspekte auseinanderdividiert wurde: Bach, der Orgelvirtuose oder der Harmoniker oder der Kontrapunktiker und Fugist usw. – um

einen zerspaltenen Bach also, dessen Musik als Kunst im modernen Sinn dieses Wortes nicht existierte.

Die Auferstehung Bachs als Publikumsmusik erfolgte auf dem Weg über die kompositorische Adaption seitens der Wiener Klassik – gleichsam durch einen Tunnel hindurch –, zuerst wohl vor allem durch Mozart, der sich als erster an Bachs Kunst des harmonischen Kontrapunkts tiefgreifend und systematisch bereicherte.

Mit anderen Worten: entscheidend für die Entdeckung Bachs durch das Publikum waren weniger das sporadische Schreiben über ihn und die Veröffentlichung und gelegentliche Aufführung einiger seiner Kompositionen als vielmehr der Rezeptionstunnel: An dessen Ende stand die Fähigkeit des Begreifens anspruchsvoller Musik, die sich auf Bach übertrug, der in jenem Anspruch kompositorisch schon mit enthalten war.

4 Diese Richtigstellungen gleichsam durch Bach selbst werden – wenn nicht heute, so morgen – auch alle jene Entstellungen heimsuchen, die notwendig sind, um Bach dem Begriff der Aufklärung zu subsumieren und den Knick von dort, gleichsam von vorn her zu attackieren.

5 Der Begriff »musikalisch-rhetorische Figur« hat – wie alle derartig summarischen Begriffe – Vor- und Nachteile. Von Vorteil ist es, daß er im Wort »Figur« die typisierten kompositorischen Gebilde umfassend zu bezeichnen vermag, zu denen die Barockzeit neigte, und daß er zugleich dem Figurbegriff der Rhetorik benachbart ist, die für das musikalische Denken jener Zeit zweifellos eine Rolle gespielt hat. In Kauf kann genommen werden, daß zahlreiche musikalische Figuren – so z. B. die hier genannten: chromatischer Gang und Synkope – keine Verbindung zur Rhetorik haben, wenngleich sie nach Art der musikalisch-rhetorischen Figuren gebraucht werden.

Ein Nachteil des Begriffs »musikalisch-rhetorische Figur« ist der, daß er den Irrtum nahelegt, zu meinen, die musikalischen Figuren seien sozusagen im Anschluß an die Rhetorik entstanden. Tatsächlich stammen sie wohl alle aus Kompositionspraktiken jenseits der rhetorischen Begrifflichkeit und wurden erst nachträglich innerhalb gewisser Traditionsstränge gleichsam rhetorisiert. Diese Einschränkung gilt auch und noch verstärkt für den Begriff der musikalisch-rhetorischen Figuren*lehre*. Sie ist in ihrer – gegenüber der Kompositionspraxis – Nachträglichkeit und Unvollständigkeit lediglich ein Hinweis auf das figürliche Denken, das in seinem Prinzip ein analogisches Denken ist. Und dieses Analogiedenken ist für dasjenige, was wir das figürliche Komponieren nennen, die entscheidende Instanz.

Deutlich ausgesprochen: Bach braucht (oder er bräuchte) von den musikalisch-rhetorischen Figuren und von der Figurenlehre, ja sogar von den rhetorischen Figuren und ihrer Lehre keine Ahnung gehabt zu haben – gleichwohl bezeugen seine Kompositionen einen Höhepunkt des musikalisch-analogischen Denkens, das im Blick auf die typisierten musikalischen Gebilde und deren Anwendung in terminologisch brauchbarer Weise im Begriffsfeld der musikalisch-rhetorischen Figuren angesprochen werden kann.

6 *Bachs Kunst der Fuge – Erscheinung und Deutung*, = Serie Piper Band 367, München und Zürich 1984, [3]1988, S. 37f.

Über Bachs geschichtlichen Ort

Bei keinem Komponisten hat die Frage nach seiner Stellung im Wandel der geschichtlichen Werte zu so verschiedenen Ergebnissen geführt wie bei Johann Sebastian Bach, und im Augenblick ist man weiter denn je davon entfernt, die Bestimmungen seines geschichtlichen Orts zusammendenken zu können. So ist auch die Musikgeschichte des 18. Jahrhunderts nach wie vor ein ungelöstes Problem. Es lautet »Bach und die Wiener Klassiker«, oder auch »Bach und Mozart«. Wie nämlich konnte so bald nach Bach Mozart möglich sein? Oder ist das Trennende weniger gewichtig, der Stilumbruch »um 1750« nur eine Legende? Oder sollte sich der historische Prozeß des 18. Jahrhunderts gar nicht »von Bach zu Mozart« abgespielt haben?

Weder die Tatsache von Bachs »Universalität« oder »Genialität« und »Zeitlosigkeit« noch die Prämisse, daß sein Werk vieldeutig sei, da es in einem vielschichtigen Jahrhundert und im Schnittpunkt geltender Werte stehe, auch nicht die Beobachtung, daß es Standorte und Perspektiven gibt, können uns beruhigen. Es liegt an der Zielsetzung des Historikers, daß er diese Faktoren so weit wie möglich hinausschiebt: Stets wird er auf der Suche nach jenem Standort bleiben, von dem aus er die Herkunft und Beheimatung, die geschichtliche Gebundenheit, die Einmaligkeit und Unwiederholbarkeit seines Gegenstandes am deutlichsten und eindeutigsten in den Blick bekommt.

Wir werden zunächst mehrere Bestimmungen von Bachs geschichtlichem Ort ihren verschiedenen Ergebnissen nach kennenlernen. Sie sind das Problem, das wir zu bewältigen haben. Indem wir darauf zeigen, worin sie sich widersprechen und worin sie übereinstimmen, wird unserem neuerlichen Fragen eine Richtung gewiesen.

Was Albert Schweitzer im ersten Kapitel seines Bach-Buches ([1]1908) über »Die Wurzeln der Bachschen Kunst« gesagt hat, nämlich daß »Jahrhunderte und Generationen an seinem Werk gearbeitet haben« und daß Bach »ein Ende« ist, indem sich in ihm eine Entwicklung »vollendet und erschöpft«[1], das blieb im wesentlichen unangefochten und läßt sich mit den seither von der Musikwissenschaft gewonnenen Mitteln noch weit sicherer und tiefer begründen, als Schweitzer es vermochte[2]. Sein Angriffspunkt ist die Ausschließlichkeit: »Es geht nichts von ihm aus; alles führt nur auf ihn hin.« Denn wenn *alles* zu Bach führte, aber *nichts* von ihm ausging: wie konnte dann so bald nach ihm Mozart möglich sein? Jener vielzitierte Satz birgt aber mehr in sich als nur eine Übertreibung. Im Hintergrund steht, daß der historische Prozeß eingleisig gesehen wird: Alles führte zu Bach, und was nach ihm kam (zum Beispiel Mozart), das muß der Historiker nun von Bach und seiner Endstellung her zu bewältigen suchen.

Das Merkmal einer anderen Sichtweise, wie sie Hermann Beck in seiner Schrift *Über Mozarts klassischen Stil* vertrat (Würzburger Universitätsreden, Heft 21, 1956), ist der Versuch, die Grenze des musikalischen Barocks bis in die Zeit um 1800 vorzuverlegen, die musikalische Klassik »weniger als Neubeginn, vielmehr als Erfüllung und Klärung der ausklingenden barocken Epoche« anzusprechen, der auch Mozart wesentlich noch zugehört. »Sein klassischer Stil konnte sich einzig aus der tiefen Verwurzelung in ältere Traditionen entfalten.« In dieser Formulierung wird sich die Bestimmung von Mozarts geschichtlichem Ort in Zukunft immer stärker durchsetzen[3]. Aber das Problem des 18. Jahrhunderts: das Problem »Bach und Mozart«, geht darin nicht auf, solange auch hierbei der historische Prozeß eingleisig gesehen wird. So wie bei Schweitzer alles zu Bach führt, so führt hier nun alles zu Mozart hin: Seine Leistung sei »das Zusammenfassen aller musikalischen Traditionslinien des 17. und 18. Jahrhunderts« gewesen.

Zu vieles aber weist darauf hin, daß eine unmittelbare, lebendige Tradition im Sinne eines noch selbsttätigen Funktionierens der Überlieferung von Bach zu Mozart nicht bestanden hat. Um die Tatsache, daß Mozart bis zum Jahre 1782 Bachs Musik kaum gekannt hat, kommen wir nicht herum. Die Klaviermusik der Bach-Söhne in ihrer bedeutsamen unmittelbaren Einwirkung auf die süddeutschen Meister konnte die Kenntnis der väterlichen Kunst keineswegs ersetzen. Jene beiden durch glückliche Umstände herbeigeführten Begegnungen Mozarts mit Bachs Musik (1782 durch den Baron Gottfried van Swieten in Wien,

1789 durch den Besuch der Leipziger Thomaskirche) geschahen – wie aus den Tatbeständen deutlich hervorgeht – in Form von »Entdeckungen«, »Wiederentdeckungen« Bachs. Er entdeckte ihn als den »Ganz-Anderen«, schreibt Reinhold Hammerstein in seiner schönen Studie zu Mozarts Bach-Bild (*›Der Gesang der geharnischten Männer‹ in Mozarts Zauberflöte*, Archiv für Musikwissenschaft XIII, 1956), in der er zeigt, wie Mozart den protestantischen Choral und Bachs Kunst der Choralbearbeitung in seine Welt des Theaters als eine »Stilmöglichkeit« einsetzte, um damit die althergebrachte Gültigkeit, den Objektivcharakter eines freimaurerischen Ritus zu symbolisieren. Hammerstein kommt zu dem Ergebnis: Mozarts Begegnung mit Bach sei »eine Begegnung mit der Geschichte« gewesen. Denn die Kunst Bachs sei »durch eine Welt von der Mozarts getrennt«. Und Mozart habe sich Bachs Kunst zu eigen gemacht, indem er sie in seine andere Welt hinein umdeutete[4].

Zu einem ähnlichen Ergebnis kommt Jacques Handschin in seiner *Musikgeschichte* (Luzern 1948, S. 315ff.): Die Ideale, die Bach und Mozart vertreten, seien so verschieden, »daß vom einen Standpunkt aus der eine unaktuell wird und vom anderen der andere«. Handschin versucht das Problem des 18. Jahrhunderts zu lösen, indem er Bach aus dem historischen Prozeß ausklammert: Nachdem er Bach behandelt habe und sich der musikalischen Klassik zuwende, habe er den Faden genau dort wieder aufzunehmen, wo er ihn liegen ließ, nämlich bei den Gegebenheiten, die sich seit Ende des 16. Jahrhunderts besonders in Italien verfolgen ließen[5]. Gegenüber dieser zu Mozart führenden Entwicklung vertrete Bach einen »peripheren Kreis«. Er habe sich »innerhalb seiner Zeit in eigenwilliger Art eine Welt gezimmert«, er habe »ein musikalisches Weltbild entwickelt, ohne im Mittelpunkt der musikalischen Welt zu stehen«. So finden wir bei Handschin jene drei Urteile wieder, die auch wir gelten lassen werden: Bach und Mozart durch eine Welt voneinander getrennt. Mozart dennoch in einer lebendigen Tradition stehend. (Wir werden sie die katholische Tradition der italienisch-süddeutschen Musik nennen.) Bach gegenüber dieser Entwicklung der unzeitgemäße (»isolierte«, »abseitige«) deutsche Kantor. Nur in einem Punkt werden wir Handschin zu berichtigen versuchen: Bach hat sich die Welt, die er vertritt, nicht »gezimmert«, er hat nicht ein Weltbild »entwickelt«, sondern er hat eine Tradition erfüllt. (Wir werden sie die evangelische Kantoreitradition nennen.)

So beginnt sich uns aus den bisher genannten Bestimmungen von Bachs geschichtlichem Ort folgendes Bild vor Augen zu stellen: Wir sehen Mozart am Ende einer Entwicklung stehen, zu der Bach nicht gehört, der selbst am Ende einer Entwicklung steht, die von Mozart nur noch in historisierenden Wiederentdeckungen und in Umdeutungen zu erreichen ist.

Schließlich Heinrich Besselers Bestimmung von Bachs geschichtlichem Ort: *Bach als Wegbereiter* (Archiv für Musikwissenschaft XII, 1955)[6]. Bach bedeutet »nicht nur das Ende einer Tradition, sondern zugleich einen Anfang«. Der historische Prozeß läuft mitten durch sein Werk hindurch, und die im epochalen Sinne neue Idee der Musik hat in ihm einen ihrer entscheidenden Ausgangspunkte. In seinem Werk sind »Teilphänomene« (»Errungenschaften Bachs seit 1716«) enthalten, »die repräsentativ sind für den Grundwillen des 18. Jahrhunderts«. Somit war er »am großen Stilwandel der Musik aktiv beteiligt«, »eine mitbestimmende Kraft beim Gestalten der Zukunft«. In seiner Kunst »erleben wir einen Neuansatz der Geschichte«: nämlich den Durchbruch des »Individuellen«, des »Gefühlshaften«, des »Erlebnismäßigen« und des »Expressiven« (im Sinne des Sich-»Entladens«).

Was können wir, ohne unser obiges Bild nun doch gründlich sich verändern zu sehen, von dieser Interpretation gelten lassen[7]?

Eine Antwort auf diese Frage gibt uns zunächst Besselers Begriffsbildung. Er prägt eine Reihe von Ausdrücken, die einen musikalischen Sachverhalt zugleich mit der Bewertung seiner Fortschrittlichkeit ins Wort erheben: »Erlebnisform«, »Expressivmelodik«, »Charakter-(Individual-)thema«, »Ausdrucksdynamik« und andere. Wir wissen aber, daß diese Begriffswörter (die zugleich eine Begriffsweise kundtun[8]) nicht oder nicht in der modernen, »neuzeitlichen« Bedeutung, in der sie von Besseler gemeint sind, in Bachs Welt vorkommen[9]. Das heißt: Bachs Werk ist nicht im Sinne dieser Begriffe entstanden. Aber das schließt nicht aus, daß seine Musik nicht bereits in nächster Zukunft in dieser Weise gewirkt hat und im Sinne dieser Begriffe »wiederentdeckt«, das heißt umgedeutet wurde.

Tatsächlich benennen die neuen Begriffswörter die neue Idee der Musik des 18. Jahrhunderts in ihrem Wesen. Sie sind – von Bach her gesehen – das Wahrzeichen einer verwandelten Welt, in der der Prozeß der Überlieferung seiner Kunst nicht mehr selbsttätig funktionieren konnte: Das Vergangene und Alte war in dem Neuen und Gegenwärtigen seiner wesentlichen Geltung nach nicht mehr unmittelbar lebendig und wirksam, so wie etwa Johannes Walters und Heinrich Schützens Kunst sowohl der Idee als den Mitteln ihrer Verwirklichung nach in Bachs Werk mit eingeschlossen war, ohne daß er jene zu kennen brauchte. In der verwandelten Welt war das gegenwärtig Gültige nicht mehr zugleich Summe des Überlieferten, »Historisches Gedächtnis«[10]. Wo jene neue Begrifflichkeit die Zeit bestimmte, war Bach wesentlich nur noch im historischen Rückgriff, in Wiederentdeckungen oder in der Arbeit und Anstrengung des Sichbewußtmachens erreichbar, und in der neuen Welt konnte er nur noch nach Umdeutungsprozessen wirksam sein. Diese Umdeutungen gehören zur Geschichte der Wirkungen des Bachschen Werkes, für die Bestimmung seines historischen Ortes sind sie nicht maßgebend.

Dies wollen wir uns an einem jener Beispiele klarmachen, die so unwiderleglich die These zu bestätigen scheinen, daß Teilphänomene in Bachs Werk im Sinne der Begriffsweise jener modernen Begriffswörter entstanden seien.

Beispiel 1:
J. S. Bach, Wohltemperiertes Klavier I, Präludium b-Moll, Takt 20 - 22

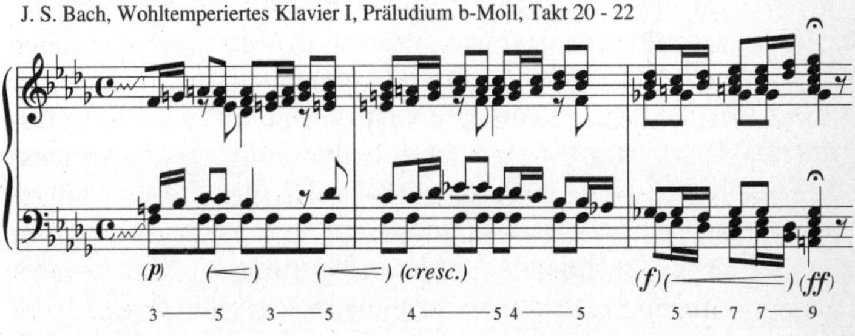

Nach Besseler zeigt dieses Beispiel, wie »das individuell-persönliche Musikerlebnis« (»das persönlich-gefühlshafte Mitgehen des Spielers und Hörers«) zur »Umwandlung der bisherigen ›Strukturform‹ in die neue ›Erlebnisform‹ geführt hat«. Hier erscheine die Erlebnisform als »Steigerung der Dynamik«, als »Crescendo«, »Dynamisierung der Musik von innen heraus«, »Entladung«: »Hier sind wir Zeugen, wie etwas Neues, bisher Unerhörtes in die Wirklichkeit eintritt.«

Es ist nun in der Tat keine Frage, daß das musikalische Geschehen dieses Beispiels von unserem modernen Ohr so aufgefaßt, von unseren modernen Begriffen her so angesprochen werden kann. Schon die Interpretationszeichen der Carl Czernyschen Ausgabe des Wohltemperierten Klaviers (1837), die laut Vorrede »nach der wohlbewahrten Erinnerung« an Beethovens Vortrag dieser Stücke deren »unzweifelhaften Charakter« angeben sollen (und die wir in Klammern unserem Notenbeispiel beigefügt haben), bedeuten nichts anderes. Sie bedeuten den Zusatz, der bei der Umdeutung Bachs in die gefühlshafte »Erlebnis«-Sphäre der nachbachischen Welt nötig wurde.

Für die Bestimmung des historischen Orts dieses Musikstückes aber ist es entscheidend, daß es wesentlich noch von der Begrifflichkeit des 17. Jahrhunderts her angesprochen werden kann. Es hat seinen Ort in der barocken Kompositionslehre, das heißt bei Bach: in der Musica poetica, die das Herzstück der zu Bach führenden Tradition, der evangelischen Kantoreitradition, darstellt. Im Mittelpunkt der Musica poetica steht die musikalisch-rhetorische Figurenlehre[11].

Die Hauptfigur in unserem Beispiel ist die *Climax*. Die Definition der Climax lautet in Johann Gottfried Walthers *Musicalischem Lexicon* (1732), das ebenso wie seine *Musica poetica* (1708) in unmittelbarem Umkreis Bachs entstanden ist[12]: »*Climax*, oder *Gradatio*, ist... wenn eine Clausul mit und ohne Cadentz etlichemal *immediate* nach einander immer um einen Ton höher angebracht wird.« Die Climax gehört als Wiederholungsfigur zur Klasse der *Emphasis*-Figuren, die stets »nachdrückliches Hervorheben« bedeuten. In unserem Beispiel ist die Climax mit der ebenfalls »emphatischen« *Paronomasia* verbunden. Diese Figur ist definiert als »Wiederholung einer Tongruppe mit nachdrücklichem Zusatz«. Der nachdrückliche Zusatz besteht hier in der Vermehrung der Stimmenanschläge, die von 3 zu 9 fortschreitet: 3–5, 3–5; 4–5, 4–5; 5–7; 7–9.

Hinzu kommt die Harmonik, das harmonische Spannungsgeschehen als der modernste Faktor dieser Takte, der sich durch die Figurenlehre hier nicht mehr erfassen läßt. Aber dieses Neue ist organisch mit der Machart des Ganzen verbunden; es steht nicht im Widerspruch zu den traditionellen Figuren; es ist modern, aber es gibt nichts auf und zerstört nichts. Es ist in die alte Welt hineingeschaffen und könnte – in der Situation des 18. Jahrhunderts – nur epochemachend sein, wenn es aus dieser Verbindung gelöst, also umgedeutet würde. Es hat seine Wirklichkeit noch immer in dem Bereich, in dem die Musica poetica sie hat.

Wir beobachten bei unserem Beispiel, daß die Figuren gleichzeitig zwei Funktionen haben: Sie »drücken aus«, und sie sind ein Strukturmittel. Wir sehen, daß jene drei Takte, die so hochgradig expressiv sind, dennoch eine »Primäre Strukturform« haben. Was Bachs Musik ausdrückt, ist so beschaffen, daß es in Strukturformen aufzugehen vermag. Dementsprechend braucht dieses Stück beim Vortrag nicht *interpretiert* zu werden (im Sinne der »Dirigierhaltung« [Georgiades], bei der es jeder vom »Erleben« der Musik her anders macht und der Interpret mehr gilt als der Komponist), sondern es braucht nur *executiert*, »ausgeführt« zu werden, indem die Figuren ihrem Wesen entsprechend zur Darstellung gelangen. – Dagegen ist das moderne Expressiv-Crescendo der jenseits- und nachbachischen Zeit expressiv auf Kosten der Struktur, und was an Struktur nicht mehr vorhanden ist, muß durch »Ausdruckszeichen« (Inskriptionen und Interpretationsangaben) ersetzt werden. Das ist nur das Zeichen dafür, daß sich Begriff und Prinzip des musikalischen Ausdrucks radikal verwandelt haben. Was bei einem *Crescendo* »wächst«, das ist zugleich mit der Dynamik die innere Erregung des Spielers und Hörers. Die Musik wird zum Ausdruck (zum »Sich-Ausdrücken«) innerer Erregungen. Diese wollen und können nicht mehr in Primäre Strukturformen hineinobjektiviert werden. Die Form wird zur Erlebnisform oder – wie wir es nennen – zur »Primären Ausdrucksform«. Bei Bach erleben (hören, schauen, erkennen) wir durch die Erregungen hindurch die Ordnungen. Bei der Crescendo-Musik aber soll es so sein, daß wir zufolge der Ordnungen (Anordnungen) der Musik Erregungen erleben[13]. Deshalb kann man auch nicht sagen, Bach habe das gleiche, was die spätere Musik mit modernen Mitteln ausdrückte, mit den alten Mitteln erreichen wollen. In dem Augenblick, in dem wir als den Scopus der Bachschen Musik statt der Ordnungen die Erregungen hören, ist Bach in das »bisher Unerhörte« umgedeutet.

So steht Bach an der Zeitgrenze, aber er steht nicht zwischen den Zeiten. So hoch wir ihn auch über die Zeiten hinaus aufragen sehen: sein historischer Ort ist jenseits der Grenze.

Wir wollen uns dies noch an einem zweiten Beispiel klarmachen:

Beispiel 2:
J. S. Bach, Dreistimmige Invention f-Moll, Takt 1 ff.

Für Besseler vertritt dieses Stück den Typus der »Expressivmelodik«: Seufzermotivik, Leittonvorhalte von unten, Großintervalle, die in Vorhalte einmünden, emphatische Melodiespitzen, Molltonalität, langsames Zeitmaß. Diese Terminologie läßt in der Tat die Möglichkeit offen, den Endzweck dieser Invention im Bereich des »Gefühlshaften« zu sehen und sie als »repräsentativ für den Grundwillen des 18. Jahrhunderts« anzusprechen.

Aber auch dieses musikalische Geschehen ist wesentlich noch von der Figurenlehre der Musica poetica her zu erfassen. In den ersten beiden Takten erscheinen folgende musikalisch-rhetorische Figuren: im Baß der *Passus duriusculus* (in Halbtonschritten absteigender Quartgang), in der oberen Stimme die *Suspirationes* (unterbrechende Pausen) und die *Pathopoiia* (vorhaltartiger Halbtonschritt abwärts); Unter- und Oberstimme bilden die Figur des *Antitheton* (Gegensatz) durch die absteigende gegen die aufsteigende Bewegung in Viertel- und Achtelmensur. Dazu kommen die harmonischen Figuren, besonders die zweimalige *Parrhesia* (Tritonus bzw. übermäßige Sekunde).

Wieder erkennen wir die doppelte Funktion der musikalisch-poetischen Figuren. In ihrer Lehrbarkeit und typischen Gestalt sind sie melodische und harmonische Formeln mit einem bestimmten Ausdrucksradius, sie sind ein strukturell und bedeutungsmäßig zubereitetes Material; sie sind bedeutungsbedingte Strukturformeln. Auf die Strukturform, das dichte Ordnungsgefüge, auf den im Sinne der quadrivialen Ars musica[14] nach Zahl, Maß und Proportion durchkonstruierten Kunstbau dieser Invention hat Wilibald Gurlitt eindrucksvoll hingewiesen[15]:

Die eigentliche Inventio (der Quartgang mit den beiden Kontrapunkten im Mensurverhältnis 1:2:4) erscheint zehnmal in der Folge von dreimal drei Abschnitten und Schlußabschnitt. Jede dieser drei Triaden ist harmonisch korrespondierend gebaut und die je dreimalige Stimmlagenvertauschung der Kontrapunkte gleichförmig angeordnet. Jede Note auch der Zwischenspiele ist thematisch (substanziell) gebunden, und die beiden Kontrapunkte sind melodisch miteinander verwandt.

»Bachs Musik verfängt sich nicht im Fluten von Erlebnissen und Gefühlen, nicht in der Abschilderung von Seelenzuständen, sondern sie hält sich als *objektiv bauendes Gestalten inmitten der Schöpfungsordnung als deren Abbild und Gleichnis*.«[16]

Zugleich versucht Gurlitt, die Figur des chromatisch absteigenden Quartgangs bei Bach als sprachfähige Figur zu erweisen: sie sei für Bach das Sinnbild der *Theologia crucis*. – Hier lernen wir eine dritte Funktion der musikalisch-rhetorischen Figuren kennen: Sie sind nicht nur Strukturformeln, und sie haben – gemäß ihren Namen und Definitionen – nicht nur einen bestimmten Ausdrucksradius (im Sinne eines Affektes), sondern sie können, besonders in Verbindung mit dem Text, sprachliche Bedeutungsbestimmtheit erreichen. Diese sprachliche Bedeutungsbestimmtheit macht sie in der wortgebundenen Musik zu einem Mittel der Explicatio textus, worüber wir später zu sprechen haben.

Jenseits von Bach vollzieht sich im mittel- und norddeutschen Raum (der als »protestantischer Raum« jetzt nicht mehr richtig benannt wäre) der Abbau des musikalisch-rhetorischen Figurenwesens sowohl in den Lehrbüchern als auch in den Kompositionen. Dies ist bei den Bach-Söhnen, besonders bei Carl Philipp Emanuel Bach, deutlich zu hören und zu sehen. Aus der »Primären Strukturform« wird die »Primäre Ausdrucksform«: Die Musik drückt aus auf Kosten der Struktur. Bei Bach ist das nie der Fall, bei Carl Philipp Emanuel zum Beispiel ist es immer der Fall. – Wir betrachten das hier folgende Beispiel 3[17]:

Beispiel 3:

a) C. Ph. E. Bach, Sonaten ... für Kenner und Liebhaber I, 3

b) Takt 20 - 24

c) Takt 12 - 16

Wir sehen, wie hier der chromatische Quartgang nur noch die Aufgabe hat, das »Aus-der-Seele-Singen«[18] der Melodiestimme zu »begleiten«. Und in Takt 20ff. (Beispiel 3b) entdecken wir, daß der chromatische Quartgang auch nur als Fragment auftreten kann. Die gleiche Erscheinung hat hier eine ganz andere Geltung. Die Figur ist keine »Figur« mehr. Die erste Wiederholung des chromatischen Basses (Beispiel 3a) erleben wir im dynamischen Kontrast von forte und piano. Dies geschieht im Verlauf des Sonatensatzes mehrmals. In Takt 12–16 (Beispiel 3c) und zum Schluß ist der Quartgang selbst sogar in einen zweimaligen Wechsel der Dynamik, von forte zu piano, einbezogen. Die Umdeutung Bachs in die verwandelte Welt ist hier vollzogen. Das Ziel dieser Musik sind nicht mehr die Ordnungen, sondern die Erregungen.

Entsprechend unserem bisherigen Entwurf soll im folgenden die zu Bach führende evangelische Kantoreitradition näher bestimmt und ihr die italienisch-süddeutsch-katholische Tradition gegenübergestellt werden.

Die Zeitspanne vom 16. bis zur ersten Hälfte des 18. Jahrhunderts, in der die evangelische Kantoreitradition Geltung hat, nennen wir die *»Mittlere Zeit«*. Dieser Name soll besagen, daß es sich um eine musikgeschichtliche Epoche handelt, die zwischen Mittelalter und eigentlicher Neuzeit gelegen ist. Aber der Name Mittlere Zeit gilt nur für den Raum der evangelischen Musiktradition, den mittel- und norddeutschen Raum, der durch die Kantoren und Organisten Johannes Walter, Heinrich Schütz, Dietrich Buxtehude und Johann Sebastian Bach gekennzeichnet ist. Diese Tradition wurzelt in der von Martin Luther ausgehenden Wittenberg-Torgauer Reformation der Kirchenmusik, die vor allem als eine Restitutio (Renovatio), eine Erneuerung und Aktualisierung spätmittelalterlicher Musikanschauung aufgefaßt werden kann, so daß hier der eigentliche Beginn der Neuzeit in der Musikgeschichte um zwei Jahrhunderte hinausgeschoben wurde. Die Reformation hat den frühneuzeitlichen Errungenschaften der Musik allen Raum zur Entfaltung freigegeben, aber sie wurden organisch in die erneuerte mittelalterliche Wesensbestimmung der Musik hineingedacht und eingegliedert und unterschieden sich grundsätzlich von dem Status, den sie im 18. Jahrhundert dort gewannen, wo die reformatorische Wesensbestimmung der Musik ihre Geltung verloren hat. Das durch den Zusammenbruch der evangelischen Kantoreitradition herbeigeführte Ende der Mittleren Zeit hat dann jene krisenhaft musikalischen Erschütterungen zur Folge, die ja nur im protestantischen Raum so stark in Erscheinung traten. Es gibt in der Tat keine Anzeichen dafür, daß im deutschen protestantischen Raum eine musikalische Klassik hätte entstehen können.

Ganz anders liegen – wie wir sehen werden – die Dinge in

Italien als dem im katholischen Raum führenden Musiklande. Der italienische musikalische Barock hat von Anfang an einen ausgesprochen neuzeitlichen Charakter. Das bedeutet, daß hier die Kontinuität, der ungestörte Fortschritt der Entwicklung, gesichert war. In der Tat kann bei dieser Entwicklung bis in die Zeit Mozarts hinein von Traditionsbruch und Enderschütterungen nicht die Rede sein.

Zunächst betrachten wir die *Musiklehre* der »Mittleren Zeit«. Das Modell dieser Musiklehre ist dreigegliedert[19]:

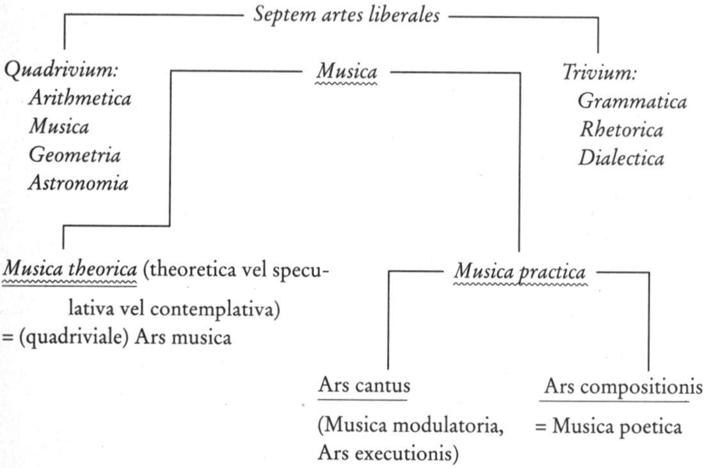

Dieses dreigegliederte Modell der Musiklehre findet sich erstmalig 1537 in der *Musica* des Salzwedeler Stadtschulkantors Nicolaus Listenius, der in Wittenberg studiert hatte (Wittenberger Magister artium von 1531) und dessen Lehrbuch, bei Georg Rhau in Wittenberg erschienen, in unmittelbarem Kontakt mit Luther, Melanchthon und Bugenhagen entstanden ist[20].

»Musica est triplex.

Theorica... cuius finis est scire. Vnde Theoricus Musicus, qui artem ipsam novit...

Practicam... cuius finis est agere. Vnde Practicus Musicus, qui ultra artis cognitionem caeteros docet, in eaque se circa alicuius operis effectum exercet.

Poetica... cuius finis est opus consumatum et effectum. Consistit enim in faciendo sive fabricando, hoc est, in labore tali, qui post se etiam artifice mortuo opus perfectum et absolutum relinquat. Vnde Poeticus Musicus, qui in negotio aliquid relinquendo uersatur...«

Um die Mitte des 17. Jahrhunderts, zum Beispiel bei dem Nürnberger und Frankfurter Kantor und Kapellmeister Johann Andreas Herbst zu Beginn seiner *Musica poetica* (Nürnberg 1643), heißt es:

»Daß die *Music* ins gemein in drey *Classes*, nemlich in *Theoreticam, Practicam et Poeticam* abgetheilet wird / ist ausser allem streit vnd Zweiffel.

1. *Theoretica in contemplando et speculando saltem consistit*... So da allein im anschawen vnd tieffen nachsinnen bestehet / vnd nur die *Rationes* vnd *Proportiones*[21], Art und Weiß der Music betrachtet / aber zu keiner Vbung fürgenommen wird...

2. *Practica verò in actione consistit*... So da im *exercitio* vnd Übung bestehet...

3. *Poetica oder Melopoetica fingit carmen musicum*... So da im *componiren* bestehet / wie man nemlich einen newen Gesang... setzen vnd machen soll / daher kompt *Musicus Poeticus*, oder *Componist* / welcher nicht allein Singen kann: Sondern welcher auch zugleich ein new *Opus* oder Werck an jhm selbsten zu verfertigen weiß... zu seines Namens jmmerwärendem Gedächtnuß...«[22]

Das dreigegliederte Modell der Musiklehre erscheint nach durchgehender Tradition noch einmal und letztmalig in voller Aktualität im unmittelbaren Umkreis Johann Sebastian Bachs, und zwar in der Kompositionslehre des mit Bach befreundeten Weimarer Stadtorganisten Johann Gottfried Walther (1708)[23], der – wie schon Herbst (s. o.) – die Ars cantus zur Ars executionis (Musica modulatoria) erweitert und neuerdings der Instrumentalmusik in der überlieferten Musikeinteilung Raum gibt:

»Die Abtheilung der *Music* ist zweyerley, nemlich *Theoretica* und *Practica*.

Musica Theoretica oder *Speculativa*... bestehet allein in blosen Betrachten und tieffen Nachsinnen...

Musica Practica... bestehet in einer steten Übung...« Sie wird unterteilt in

»1) *Musica Modulatoria*, welche lehret, wie man wohl singen, oder allerhand *Instrumenta tractiren* kann.

2) *Musica Poetica* (à ποιέω, effingo, ich erdichte etwas) oder die *musicalische Composition*, unterrichtet, wie man eine liebliche und reine Zusammenstimmung der Klänge erstlich *inventiren*, und hernach aufsetzen und zu Papier bringen soll, damit selbige hernachmahls kann gesungen und gespielet werden. Und solche Zusammenstimmung nennet man nachgehends einen Gesang.«[24]

Dieses Modell der Musiklehre hat entscheidende Geltung nur im protestantischen Raum der »Mittleren Zeit«[25]. Es bewahrt die in Musica theorica und practica zweigegliederte Grundstruktur der mittelalterlichen Musiklehre, es bewahrt vor allem auch deren Zielsetzung. Damit ist auch das System der Septem artes liberales für die protestantische Musiklehre aktuell geblieben, bis zu seiner Ablösung durch das aus Italien über Frankreich vordringende System der »schönen Künste«. Noch einmal (letztmalig) hat Walther seine Musiklehre in das System der Artes liberales eingebaut und betont, daß »die freyen Künste... dergestalt verwand sind, daß sie ohne merckl. Schaden einander gar nicht entraten können«[26].

Das Modell der mittelalterlichen Musiklehre sei mit wenig skizzenhaften Strichen vor Augen geführt (vgl. die schematische Darstellung auf S. 38):

Zum Quadrivium der Septem artes liberales, das heißt zur quadruplex via ad sapientiam, zu den vier mathematischen, auf dem Numerus (in seiner kosmologischen Bedeutsamkeit) gegründeten Disziplinen, gehört neben Arithmetica, Geometria und Astronomia die Ars musica, die Musica theorica vel speculativa (contemplativa), die von dem Musicus als einem Magister artium an Universitäten gelehrt wurde.

Dem Trivium der Artes liberales, der triplex via ad eloquentiam, den drei sprachlichen Grundwissenschaften (den Artes dicendi oder sermonicales: Grammatica, Rhetorica, Dialectica) ist die Musica practica zugeordnet (beigeordnet), die als Ars cantus von dem Cantor an Schulen gelehrt wurde[27].

Diese bedeutungsvollen Zuordnungen behalten in der »Mittleren Zeit« Gültigkeit und Wirksamkeit. Was wir uns hier nur in skizzenhafter Gliederung der Grundbegriffe vor Augen stellen können, das müssen wir für die Musikwirklichkeit der evangelischen Kantoreitradition als deren Fundament beurteilen. Die reformatorische Musik und Musikanschauung »wirkt durch die Ursprünglichkeit und Kraft, mit der die Elemente der mittelalterlichen Tradition und das neue Verhältnis zum Wort zu einer neuen Einheit zusammengezwungen werden«[28].

Die lutherischen Topoi der Musikanschauung[29] bestimmen die Musik im erneuerten mittelalterlichen Sinne als *Donum Dei*, Geschenk Gottes. Als »Schöpfungswerk und Gnadengabe Gottes« steht sie *im Dienste Gottes*. Damit ist nicht nur die Kirchenmusik gemeint, sondern: es soll »aller [!] Musik Finis und Endursach anders nicht als nur zu Gottes Ehre sein« (Bach).

Die *Musica practica* wurde in der Mittleren Zeit immer noch hauptsächlich als Ars cantus definiert. Sie steht in ihrer klangwirklichen Zielsetzung im Dienste der *Laudatio Dei*, des Gotteslobes, und im Dienste der *Verkündigung Gottes*, des Gotteswortes. In ihrer Wirkung auf den Menschen steht sie im Dienste der *Recreatio cordis*, der Erneuerung des Herzens, das heißt seiner Reinigung vom Bösen. Denn sie vermag »das Gemüt ruhig und fröhlich zu machen, zum offenbaren Zeugnis, daß der Teufel, der Urheber der traurigen Sorgen und unruhigen Gedanken, vor der Stimme der Musik fast ebenso flieht, wie vor dem Wort der Theologie« (Luther an Ludwig Senfl, 4. Oktober 1530). In diesem Sinne ist die erklingende Musik »ein rechte Teuffelsbannerin« (Herbst, *Musica moderna practica*, Frankfurt 1653); sie ist »das beste Labsal einem betrübten Menschen, dadurch das Herze wieder zufrieden, erquickt und erfrischt wird« (Luther, Predigt über Ps. 33,3). Dieser Recreations-Begriff darf nicht verwechselt werden mit dem frühneuzeitlichen Begriff der »Gemüthsergötzung« schlechthin, sondern es handelt sich um »unserer Herzen selige [!] Aufmunterung« (Michael Praetorius), um die »zulässige [!] Ergötzung des Gemüts« (Bach).

Aber auch die *Musica theorica* (in der Zielsetzung der quadrivalen Ars musica) bleibt im Raume der evangelischen Kantoreitradition dem Inhalt und Ziel ihrer durch Luther erneuerten Lehre nach bestehen. Das heißt, es bleibt die Musik eine »doctrina numeris inclusa« (Luther): Sie bleibt in ihrer theoretisch-spekulativen Grundlegung und klangwirklichen Gestaltung mitbestimmt durch den quadrivialen Numerus-Begriff in seiner kosmologischen Bedeutung. Immer noch gilt es für erwiesen: *»quòd MUNDI universi huius machina ex Musicis rationibus* *constaret«*, wie Christoph Demantius in seiner *Philosophischen Ariadne der sieben freyen Künste* (Dresden 1659) schreibt, indem er fortfährt: »So jemand auch solches mit Verstande gebührlichen einnimmt / der wird sich in die *NUMEROS Platonicos* was können schicken und finden / und es also für kein *impossibile* der Wissenschaft halten / was hinter den *Proportionibus tàm consonis, quàm dissonis* und hiermit in den *Numeris nuptialibus* gelegen.« – Die christliche Ars musica als Musica speculativa steht im Dienste der *Erkenntnis Gottes*, und in diesem Dienst hat sie, wie Luther betont, »nach der Theologia den nähesten Locum und höchste Ehre«. Denn in ihrer zahlhaften Ordnung ist sie ein Spiegel (Abbild, Gleichnis) der von Gott nach Zahl und Maß geschaffenen, gebauten, geordneten Welt und somit ein Mittel zur Erkenntnis seiner Schöpferkraft und Weisheit. Diese theologische Zielsetzung der quadrivialen Ars musica ist im unmittelbaren Umkreis Bachs von dem Halberstädter Stadtorganisten Andreas Werckmeister um die Wende zum 18. Jahrhundert noch einmal vollgültig formuliert worden: »Es kann aber in Musicis nichts natürliches geschlossen und erkandt werden, wo nicht ratio, das ist Arithmetica und Mathesis vorher den rechten Weg zeigeten.« – »Wie nun die Musicalischen Intervalle nichts anderes als Zahlen und Proportiones und Gott alles in Zahlen, Maß und Gewicht [Lib. sap. 11, 21], und alles in gute Ordnung gesetzt und gebracht hat, so muß ja ein Musicus, ja ein jeder Mensch, sich befleißigen und studieren, wie er solcher herrlichen Ordnung nachfolget.«[30]

Wie immer wir die Numerus-Symbolik, das Architektonische und Strukturelle, die zahlhaft greifbare Ordnung in Bachs Musik benennen mögen, von der wir sprachen: – dieser Scopus seiner Kunst findet seine Erklärung in der bis zu ihm anhaltenden Tradition der Ars musica.

Das eigentlich neue Glied im Modell der Musiklehre der Mittleren Zeit ist die Kompositionslehre [Ars compositionis], die seit Beginn des 16. Jahrhunderts im Umkreis der humanistischen Universitäten und Schulen als eine eigene Disziplin Geltung gewann[31]. Diese neue Lehre versammelt in sich das neue Moment des schöpferischen Hervorbringens (ποιεῖν), den neuen Gedanken des »Werkes« (opus perfectum et absolutum), die neue Idee des Ingenium des Komponisten und seines Nachruhms und besonders das neue Verhältnis der Musik zur Sprache, worin auch der frühneuzeitliche Expressionsbegriff beschlossen liegt (exprimere scopum textus, sensum et affectus verborum)[32]. Der Name *Musica poetica* für die Kompositionslehre findet sich – soweit zu sehen – abermals nur im protestantischen Raum. Er begegnet erstmalig in der Wittenberger *Musica* von Nicolaus Listenius (1537, s. o. S. 38), er findet sich in den protestantischen Lehrbüchern zum Beispiel von Heinrich Faber (1548), Hermann Finck (1556), Gallus Dreßler (1563), Joachim Thuringus (1625), Georg Falck (1688), und er hat zentrale Geltung in den Kompositionslehren der evangelischen Kantoren Joachim Burmeister (um 1600), Johann Andreas Herbst (1643, s. o. S. 39), Christoph Bernhard (vor 1650) und Johann Gottfried Walther, dessen *Musicalische Praecepta zur Composition* (1708, s. o. S. 39) in ihrem Hauptteil letztmalig eine Musica poetica sind.

Im Hintergrund der Heranbildung der Musica poetica als der »Lehre von der sprachgerechten und wortauslegenden Komposition«[33] steht der »Wandel des Realitätscharakters« der Musik von der Numerus-Wirklichkeit (kosmologischer Realitätscharakter) zur Sprachwirklichkeit (anthropologischer Realitätscharakter)[34]. Der musikalische Humanismus hat auf Grund seiner gelehrten Beschäftigung mit den antiken Literaturen dafür das Programm aufgestellt, das aber in der reformatorischen und in der Renaissance-Musik sehr verschieden verwirklicht wurde. Im italienischen Raum wird die neue Wirklichkeit der Musik vollkommen und derart erreicht, daß die Musik in ihrem fortschrittlichsten Teil (als Stilus madrigalescus und Stilus theatralis) durch die Sprech- und Sprachwirklichkeit hindurch bereits in die Richtung der neuzeitlichen »ästhetischen« Wirklichkeit (psychologische Realitätssphäre) weist, deren Kennzeichen das unmittelbar verständliche sinnliche Wahrnehmen und Wirken ist: Bei ihrem Dienst an der Sprache wird hier die Musik selbst zu einer Sprache, zur »Sprache der Empfindungen«, wie man das dann später genannt hat. – Dagegen sahen wir, daß die protestantische Musica poetica das zweigegliederte mittelalterliche Modell der Musiklehre und seine Sinngehalte nicht gesprengt oder beiseite geschoben hat, sondern sie wurde in dieses Modell eingefügt, indem die Musica practica jetzt in zwei Glieder unterteilt wurde: in die traditionelle Ars cantus (erweitert zur Musica modulatoria, Ars executionis) und in die neue Musica poetica. Wie war diese Eingliederung möglich?

Wie die praktische Musikübung in ihrer fortbestehenden kirchlichen (gottes-dienstlichen) Zielsetzung weithin eine Ars cantus blieb (s. o. S. 41), so war auch die ihr benachbarte Musica poetica von vornherein wesentlich eine vokalmusikalische Lehre. Sie lehrte das Conscribere [fingere] musicum carmen (Listenius), das »Machen [Componiren] eines *Gesanges*« (Herbst). Dabei stand auch hier das neuzeitliche Moment des Textausdrucks mehr und mehr im Mittelpunkt. Die Musica poetica löste diese neuen Probleme des Wort-Ton-Verhältnisses mit den Mitteln der Rhetorik und Poetik. Die enge Verbindung der Musica poetica mit der Rhetorik, wie sie sich abermals vor allem im protestantischen Raum beobachten läßt, hat einen alten und einen neuen Grund. (Über den eigentlichen, inneren Grund siehe später S. 53).

Der alte Grund ist die seit jeher bestehende Zuordnung der Ars cantus zu den trivialen Artes sermonicales: Indem die Musica poetica in das fortbestehende Modell der mittelalterlichen Musiklehre als drittes Glied in Nachbarschaft zur Ars cantus eingegliedert wurde, blieben auch für sie die Artes liberales, im engeren Sinne die trivialen Disziplinen, Grammatica und besonders Rhetorica, maßgeblich.

Der neue Grund für die Verbindung von Musica poetica und Rhetorik ist die humanistische Wiederbelebung der Rhetorik mit dem Rückgriff besonders auf Aristoteles, Cicero und Quintilian[35]. Die Fülle der zumal im Anschluß an Quintilians *Institutiones oratoriae*[36] vom 16. bis zum mittleren 18. Jahrhundert erschienenen rhetorischen Lehrbücher entspricht der Bedeutung der Rhetorik an den humanistischen Lateinschulen und Universitäten. Die – sozusagen biographischen – Beziehungen zwischen dem Bildungsgang der *italienischen* Komponisten und der Rhetorik als Lehrfach bedürfen noch des Nachforschens[37]. Doch sind im *deutschen* Raum diese Beziehungen eindeutig. Der gebildete Musicus, Cantor und Componist hatte – seiner späteren Beamtung als Schulkollege entsprechend – stets gründlich die Lateinschule, zumeist auch die Universität besucht. An beiden Anstalten war die Rhetorik Hauptfach. Als Johann Sebastian Bach Primaner der Lüneburger Lateinschule war, lehrte dort der Rektor »e rhetoricis doctrina de inventione..., de tropis et schematibus, zweimal wöchentlich« [Schemata sind die rhetorischen Figuren][38]. Dies ist nur ein spätes Beispiel für etwas in der evangelischen Kantoreitradition vollkommen Selbstverständliches. Ebenso traditionell und selbstverständlich für die Kantoreikomponisten war dasjenige, was im Jahre 1738 der Magister Johann Abraham Birnbaum, Leipziger Universitätsdozent für Rhetorik, dem Thomaskantor Bach öffentlich bescheinigte und was wir im höchsten Grade buchstäblich zu verstehen haben: »Die Teile und Vorteile, welche die Ausarbeitung eines musikalischen Stücks mit der Rednerkunst gemein hat, kennet er so vollkommen, daß man ihn nicht nur mit einem ersättigenden Vergnügen höret, wenn er seine gründlichen Unterredungen auf die Ähnlichkeiten und Übereinstimmungen beider lenket; sondern man bewundert auch die geschickte Anwendung derselben in seinen Arbeiten.«

Für den rhetorischen Charakter der Musica poetica und die Gültigkeit dieses Kompositionsbegriffs für Bach sei hier noch folgendes angeführt: In Walthers Begriffsbestimmung der Musica poetica (1708, s. o. S. 40) entsprechen die drei Lehrziele des Kompositionsunterrichts den drei Hauptstücken der Rhetorik: Musica poetica unterrichtet 1) »wie man eine liebliche und reine Zusammenstimmung der Klänge *inventiren* soll« [= die rhetorische Lehre von der Inventio: Themenfindung], – 2) »und hernach aufsetzen und zu Papier bringen soll« [= die rhetorische Lehre von der Elaboratio: Ausarbeitung der Themen, wozu im weiteren Sinne auch die Lehre von der Dispositio (Einrichtung) und Decoratio (Ausschmückung) gehört], – 3) »damit selbige hernachmahls kann gesungen oder gespielet werden« [= die rhetorische Lehre von der Elocutio: Vortragslehre].

Bekanntlich findet sich der gleiche rhetorische Kompositionsbegriff im Titel von Bachs sogenannten Inventionen (1723): Er will mit seinen Exempla »besonders denen Lehrbegierigen eine deutliche Art zeigen... gute inventiones nicht allein zu bekommen [Inventionslehre], sondern auch selbige wohl durchzuführen [Elaborationslehre], am allermeisten aber eine cantable Art im Spielen zu erlangen [Elocutionslehre]«.

Entsprechend diesem Kompositionsbegriff bei Walther und Bach hatte die Musica poetica seit dem 16. Jahrhundert drei musikalisch-rhetorische Hauptstücke ausgebildet: die *Inventions-*

lehre, Ars inveniendi, »Erfindungslehre«, mit den im engen Anschluß an die Rhetorik gebildeten musikalischen Loci topici; die Lehre von der *Dispositio* und *Elaboratio*: eine Komposition hat – wie eine Rede – Exordium, Medium und Finis, drei für die Anlage des Kompositionsunterrichts und der barocken Kompositionen maßgebende rhetorische Begriffe; ferner die Lehre von der *Decoratio*, deren Hauptsache die Figurenlehre ist.

Die *Figurenlehre* der Musica poetica als das bedeutungsvollste Ergebnis der Verbindung von Musik und Rhetorik wollen wir im folgenden auf unser Problem hin gesondert betrachten.

Bisher sind aus dem Zeitraum von 1599 (Joachim Burmeister, *Hypomnematum Musicae Poeticae*, Rostock) bis 1745 (Meinrad Spieß, *Tractatus musicus compositorio-practicus*, Augsburg)[39] siebzehn Verfasser mit insgesamt siebenundzwanzig Traktaten, in denen die Figurenlehre eine Rolle spielt, bekanntgeworden[40]. Die wichtigsten Traktate sind die Kompositionslehren der evangelischen Kantoren und Organisten Joachim Burmeister in Rostock (1599; 1601; *Musica poetica* 1606; 1612; 1614)[41]; Johann Andreas Herbst in Nürnberg (*Musica poetica* 1643, s. o. S. 39), Christoph Bernhard in Dresden und Hamburg, der bedeutende Schütz-Schüler (Kompositionstraktate zwischen 1650 und 1680)[42]; Johann Georg Ahle in Mühlhausen (vier Schriften 1695 bis 1701); Johann Gottfried Walther in Weimar (1708, s. o. S. 39, und *Musicalisches Lexicon* 1732); der Leipziger Thomaskantor Johann Kuhnau (1709), Johann David Heinichen in Dresden (1711, ^{2}1728), Johann Mattheson in Hamburg (1739). Es läßt sich aus den Kompositionslehren ein Bestand von etwa hundert Figuren zusammenstellen[43].

Überblickt man die Quellen zur Figurenlehre, so fällt auf, daß es sich in der Hauptsache um deutsche Kompositionstraktate handelt, die mit wenigen Ausnahmen im evangelischen Raum zwischen Nürnberg/Frankfurt und Hamburg/Rostock geschrieben sind[44]. – Aber zur Zeit Schützens wurde ja doch gerade das Italien Viadanas und Caccinis, Giovanni Gabrielis und Claudio Monteverdis mit vollem Recht als das Ursprungsland jener Neuen Musik angesehen, »do man *Componiret* vnd singet, gleichsam als wenn einer eine *Oration* daher recitierte«[45]. Der italienische Stile nuovo ist ja geradezu identisch mit diesem Stilus oratorius oder Stilus recitativus, der so genannt wird, weil er –

wie der Schütz-Schüler Christoph Bernhard schreibt[46], »eine Rede in der *Music* vorzustellen erfunden worden«. Zumal die Stilmittel zur Verwirklichung dieser neuen vokalmusikalischen Grundidee des Stile espressivo waren dasjenige, was die deutschen Musiker in Italien an Ort und Stelle des Entstehens haben lernen wollen.

Das Fehlen italienischer Quellen zur Figurenlehre ist damit erklärt worden, daß die italienischen Komponisten um 1600 einer solchen theoretischen Systematisierung dieses Stoffes nicht bedurften, da sie ihre Anregungen immer unmittelbar aus den rhetorischen Lehrbüchern selbst schöpften: »sie komponierten gewissermaßen mit der Rhetorik in der Hand«[47]. – Indem wir hier eine andere Begründung für die Quellenlage versuchen, soll zugleich jener Haupteinwand gegen die Geltung der Figurenlehre entkräftet werden, der besagt, sie sei nur eine Verlegenheitslösung gewesen, um »musikalischen Erscheinungen, deren adäquate theoretische Erklärung noch nicht geleistet war, unter Anlehnung an die Rhetorik vorläufig benennen zu können«, um also »den Mangel an Bezeichnungen für musikalische Kunstmittel auszugleichen«[48].

Die Textexpressionen der italienischen Monodisten des frühen 17. Jahrhunderts werden durch ein ästhetisch-artistisches, nämlich auf Wirkung und Virtuosität bedachtes Moment bestimmt, wie es im deutschen, zumal im protestantischen Raum nicht anzutreffen ist. Schützens Weg führt von dem ästhetischen Artismus der venezianischen Madrigalschule zur abgeklärten Sprachwelt seiner Dresdener Kantoreikompositionen. In der Tat ist in den Künsten Italiens zu dieser Zeit der Schönheits- und Ausdrucksbegriff durch das so spezifisch neuzeitliche Moment der »Ästhetik«, das heißt durch das Moment der sinnlich-gefühlshaften Wahrnehmung und Wirkung stark bestimmt[49]. Das »Zeitalter der Ästhetik« beginnt in Italien weit eher als im protestantischen Deutschland, wo die Herrschaft der musikalischen Ästhetik erst mit dem Zusammenbruch der evangelischen Kantoreitradition im 18. Jahrhundert einsetzt. Die Ausdrucksmittel der italienischen Nuove musiche: die freie Dissonanzbehandlung und bildhafte Melismatik, die übermäßigen Sprünge und chromatischen Gänge, die Vorhaltsakzente und Pausenabbrüche und so fort, können ebenfalls das Erscheinungsbild von Figuren haben. Aber sie sind hier nicht durch ein System von Namen und Definitionen zu rednerischer Bedeutungsbestimmtheit eingeengt, sondern sie gelten im Spannungsfeld der jungen harmonischen Tonalität in ihrer unmittelbaren affektiven Kraft. Auf dem Wege von ihrer klangrealen Gestalt zu ihrer Wirkung wird nicht eine Definition ihrer Bedeutung zwischengeschaltet. Ihr Scopus ist bereits ästhetischer Art. Ihr Ziel sind bereits die »Erregungen«. Ihre Realitätssphäre ist schon das Psychologische. Das ist ihr neuzeitlicher Charakter: Von hier gibt es zu Mozart hin keine prinzipiellen, sondern nur noch graduelle Wandlungen.

Die italienische Musiklehre hat dementsprechend – soweit zu sehen – keine Verbindung zur Rhetorik (der Lehre vom Machen einer Rede), sondern wesentlich nur zur Oratorik, zur Lehre vom Actus orandi, zur klangwirklich »wirkungsvollen« Ausführung der Rede, also zu dem spezifisch »ästhetischen« Teil aller rednerischen Lehre. In diesem Sinne vor allem scheint das *Imitare le parole* gemeint zu sein, das seit Gioseffo Zarlinos *Istitutioni harmoniche* (1558) im Mittelpunkt der italienischen Ästhetik des Sprache-Musik-Verhältnisses steht. Zarlinos bis in das frühe 18. Jahrhundert immer wieder nachgeschriebener Satz: »L'Harmonia e il Numero [Rhythmus] debonno seguitar la Oratione« bezieht sich im italienischen Raum wesentlich auf die Nachahmung des Redevortrags, der verständlichen und ausdrucksvollen (affektuosen) Declamatio, wofür die Herausstreichung des »Accento rhetorico« bezeichnend ist.

Dieses Erscheinungsbild zeigt noch jene Kompositionslehre, die wir in der italienisch-süddeutsch-katholischen Tradition zeitlich und bedeutungsmäßig den Waltherschen *Praecepta* parallel setzen: der *Gradus ad Parnassum* von Johann Joseph Fux (Wien 1725). Fuxens Lehrbuch schließt mit einem Kapitel *De Stylo Recitativo*. Daß nur in diesem einen Kapitel bei Fux vom Sprache-Musik-Verhältnis die Rede ist, ist insofern traditionell, als in der italienischen Terminologie des 17. Jahrhunderts der Stilus recitativus identisch ist mit dem Stilus novus, – expressivus, – madrigalescus, – dramaticus, – theatralis, bei denen das Sprache-Musik-Verhältnis im Mittelpunkt steht. Und nun finden wir bei Fux, daß sich alles, was er über das Sprache-Musik-Verhältnis anführt, auf den rednerischen Vortrag, auf die Oratoria elocutio bezieht. »Der Stilus recitativus ist nichts anderes als ein durch musikalische Moduli ausgedrücktes Reden oder eine Oratoria elocutio [... quam sermo Musicis modulis[50] expressus sive Oratoria elocutio]. Denn so wie ein Declamator nach Beschaffenheit der Rede [pro vario orationis genere] auch die Stimme ändert [varie quoque vocem flectit], daß sie bald stark, bald schwach klingt, bald erhöht, bald erniedrigt, um den gewollten Affekt auszudrücken, also muß es auch ein Komponist nach Beschaffenheit des Textes [pro textus varietate] machen.« Dementsprechend beziehen sich alle Moduli, die Fux aufführt, entweder auf die musikalische Darstellung des grammatikalisch richtigen und deutlichen Sprechduktus, insbesondere auf die Beachtung der Interpunktionen: Comma, Colon, Semicolon, Punctum, Signa interrogationis, admirationis und parenthesis, oder auf die Nachahmung des affektuosen Deklamationsduktus, insbesondere auf die Stimm-»Flektionen« zur Darstellung der Affekte: Zorn = voces incitates, Erbarmen = vox flabilis, Furcht = vox demissa und so fort[51].

Aber auch dieser Zusammenhang der Musik mit der hörbar-wirkungsvollen Oratoria elocutio ist gemäß dem italienischen Stildualismus (s. u. S. 54f.) noch differenziert. Hier müssen wir eine für die italienische Tradition außerordentlich charakteristische Bemerkung Fuxens vorwegnehmen: Die Affekt-Moduli sind nicht Sache des Stilus ecclesiasticus (von dem Fuxens Lehrbuch bis auf den Schlußabschnitt ausschließlich handelt), sondern ihr eigentliches Anwendungsfeld ist die Theater- und Kammermusik, der Stilus theatralis et cameralis: die Musica profana. Der Abschnitt über die Affekt-Moduli beginnt bei Fux mit den Worten: »Quod attinet ad Musicam profanam, nempe Cameralem et Theatralem, quia finis diversus [da sie einen anderen Endzweck hat (als die Musica ecclesiastica)], etiam aliter fieri debere ratio docet.«

Ganz anders nun verhalten sich die protestantischen Komponisten. Was sie von den Italienern lernten, die neuen musikalischen Expressionsmittel, das haben sie systematisch in eine musikalisch-rhetorische Figurenlehre hineingedacht. Der Musicus poeticus wollte die neuen Stilmittel nicht nur als Ornamente oder als bloße Strukturformeln oder als musikalisch »wirkungsvolle« Ausdrucksmittel gebrauchen, er begnügte sich nicht mit den tonalen »Spannungen an sich« in ihrer ästhetischen Verständlichkeit und mit der wirkungsvollen Nachahmung der oratorischen Elocutio, sondern er wollte die Bedeutungsbestimmtheit, die Sprachfähigkeit der Musik erreichen, um sie als ein Mittel der Explicatio textus zur Verfügung zu haben. Sein Streben richtete sich nicht so sehr auf das affektuose Bedeuten der Sprache, also auf eine Expressio textus, ein »Ausdrücken« des Textes seinem Affektgehalt nach, sondern vielmehr auf das intellektuelle Bedeuten, also auf eine Explicatio textus, ein Auslegen des Textes seinem Verstande nach. Die Figur sollte imstande sein, einen ganz bestimmten Scopum textus et sensum verborum auszudrücken, wobei dieser Ausdrucksbegriff noch so wenig ästhetisch bestimmt ist, daß – wie man beobachten kann – das Vorhandensein einer Textexplikation oft wichtiger ist als ihre Vernehmbarkeit. Diese Bedeutungsbestimmtheit der Figuren, diese Bezeichnungsfähigkeit des Bestimmten erreicht der Musicus poeticus durch die teils aus der Rhetorik genommenen, teils in Analogie zur Rhetorik gebildeten Figurennamen und -definitionen.

Zum Beispiel: Zur Maniera del buon canto (Musica moderna prattica, Ars cantandi »auf die neue italienische Manier«) im 17. Jahrhundert gehört der Unterricht in den Gesangsmanieren, die Verzierungs- (Diminutions- und Coloraturen-)lehre. Eines dieser Verzierungsgebilde (Flores, Flosculi, Moduli, Figurae simplices) ist der Circolo mezzo, eine »die Gestalt eines halben Circuls vorstellende Figur«. Der Circolo (der ganze »Circul oder Creyß«) entsteht: »wenn zweene Circoli mezzi also zusammen- und an einander gehänget werden, daß, so sie über einander gesetzt werden solten, sie einen vollkommenen Circul darstellen würden« (Walther, *Musicalisches Lexikon* 1732):

Von seiner Gestalt, seinem Namen und seiner Definition her kann diese Verzierungsfigur, dieses Ornamentum musicae – auch in veränderter und erweiterter Gestalt – zur Textexplikation eingesetzt werden. Dann handelt es sich um die musikalisch-rhetorische Figur der *Circulatio*. So zum Beispiel gebraucht Schütz die Circulatio-Figur bei den Worten: »und werde mit dieser meiner Haut *umgeben* werden« (*Geistliche Chormusik* 1648, Nr. 25) oder bei »*alle Völker*« (*Auferstehungs-Historia*, GA I, S. 41) – nämlich die Völker alle, die das Rund der Erde bewohnen. Und so auch bei den Worten: »der Himmel und *Erden* gemacht hat« (*Psalmen Davids* 1619, GA II, S. 131):

Außerdem sind in diesem Beispiel folgende Figuren enthalten: das *Antitheton*, der »Gegensatz« – hier zwischen Himmel und Erde, dargestellt durch die Hoch- und Tieflage der Stimme. Dieses Antitheton wirkt hier als *Hypotyposis*: als »bildhaftes Darstellen«, wobei der Himmel als Horizontale, die Erde als Halbkreis abgebildet ist. Ferner die Figur der *Paronomasia*, »Wiederholung einer Tongruppe in gleicher Stimme auf gleicher Stufe mit nachdrücklichem Zusatz«. Dieser nachdrückliche Zusatz schmückt die Schlußkadenz dieses Abschnitts. Aber er ist nicht nur ein Ornamentum, sondern zugleich expliziert er das Wort *machen*: Gott hat die Erde *rund* gemacht und er hat die Erde und den Himmel gemacht.

Wir wählen noch ein anderes vokalmusikalisches Beispiel von Schütz, in dem der in Halbtonschritten absteigende Quartgang vorkommt (siehe das Beispiel auf der nächsten Seite).

Hans Joachim Moser[52] beschreibt diesen Quartgang im Hinblick auf den Text als »ruhig abtröpfelnde Chromatik«. Damit scheint Schütz den Sensum textus als sanftes Einschlummern expliziert zu haben. Aber in der Kompositionslehre seines Schülers Christoph Bernhard[53] hat dieser durch Halbtonschritte ausgefüllte Quartrahmen den Namen *Passus duriusculus*: »ein etwas harter Gang«. Das ist zunächst eine Benennung des innermusikalischen Sachverhalts: Folge von Querständen (Relationes non harmonicae) »einer Stimme gegen sich selbst«. Zugleich können Gestalt, Namen und Definition der Figur sagen, was sie in bezug

auf den Text bedeutet: Das Einschlafen ist »ein harter Gang« und eine unharmonische Relatio. Dies ist Schützens Praedicatio sonora. In diesem ganz konkreten Sinne ist er ein Prediger in Tönen. Wir wissen, und wir erfahren es aus dieser Vertonung, daß noch in der Begrifflichkeit der Mittleren Zeit das Einschlafen dem Tode verwandt ist, und der Tod ist der Sünde Sold[54]. Man vergleiche den Sensum der gesamten Strophe:

Wann unsre Augen schlafen ein,
so laß das Herz doch wacker sein,

halt über uns dein rechte Hand,
daß wir nicht fallen in Sünd und Schand.[55]

In unserem Beispiel kommen noch einige andere Figuren vor: zunächst die *Anabasis*, die »nach oben« weisende Achtelbewegung. Indem Schütz diese Bewegung melismatisch *»ausschmückt«*, predigt er zugleich, daß es auf das *Herz* ankommt und darauf, daß es *wacker* sei. Den Gedanken des »Dennoch« (– so laß das Herz *doch* wacker sein –) expliziert er durch das *Antitheton*: durch den »Gegensatz« zwischen absteigendem Passus duriusculus in halben Noten und aufsteigender Achtelbewegung. Die fugierte Anlage des Stückes, die Fuga-Figur, mag bedeuten, daß das Sterben »kanonisches«, unabdingbares Gesetz ist. Zugleich entsteht durch Anwendung der Fuga-Technik ein Simultan-*Antitheton*: Der Gegensatz, das »Dennoch«, ist nicht nur sukzessiv, sondern – dem eigentlichen Sinn dieses »Dennoch« entsprechend – gleichzeitig zur Erscheinung gebracht[56].

Woher aber letztlich erklärt sich die für die evangelische Musiktradition und letztmalig für Bach so bezeichnende rhetorische Kompositionslehre, die Musica poetica, mit ihrem Zentralstück, der musikalisch-rhetorischen Figurenlehre im Dienste der Explicatio textus? – Auch dies ist die Erfüllung eines Topos der lutherischen Wesensbestimmung der Musik, die als Geschenk Gottes im Dienste Gottes stehen soll: Die Komposition soll im Dienste der Verkündigung Gottes stehen, sie wird als *Praedicatio sonora* begriffen, als eine klingende Bekanntmachung und Auslegung des Schriftwortes[57]. Ein Prediger in Tönen zu sein ist nach Luthers Einsetzung der Musik in den Gottesdienst der Beruf des Komponisten. »Die Noten machen den Text lebendig«, so predigt er über »Singet dem Herrn ein neues Lied« (Ps. 23, 3). Damit hat Luther der Musica moderna in der evangelischen Musik allen Raum zur Entfaltung freigegeben. Hier aber wurden die neuen Stilmittel bewußt in den Dienst des »Wortes«, des Bibel- und Choraltextes gestellt. Für Schütz und Bach war das Komponieren geradezu identisch mit dem Darstellen des Textgehaltes, oder wie es in der zeitgenössischen Terminologie heißt: mit der Explicatio textus, mit dem Exprimere (demonstrare) scopum textus et sensum et affectus verborum. Und dabei sind die Figuren keineswegs nur begriffliche Notlösungen für noch nicht durchschaute musikalische Phänomene, sondern alles weist darauf hin, daß gerade umgekehrt die musikalischen Phänomene systematisch in die Figurengestalten, -namen und -definitionen hineingedacht wurden, um ihnen mit dem Ziel der Explicatio textus bedeutungsbestimmte Sprachfähigkeit zu geben. – Durch diese Zielsetzung wird im evangelischen Raum die Musik überhaupt, auch die Instrumentalmusik (wie wir bei Bach sahen), wesentlich mitbestimmt: Die Figurenkunst hilft der Musik, die Ineinssetzung von Struktur und Ausdruck, die auf Gott bezogene Verbindung von kosmologischer Numerus-Wirklichkeit und anthropologischer Bedeutungshaftigkeit zu bewahren.

Es gehört zum Typus der Lehrbücher der Musica poetica, daß die Ornamenta-, Expressions- und Explicationslehre organisch in die Ars contrapunctus eingearbeitet, als Pars specialis unmittelbar auf dem Fundamentum compositionis errichtet ist. Der *»Stilmonismus«*, wie er in diesem Aufbau der Musica poetica zum Ausdruck kommt, ist eines der Hauptkennzeichen der evangelischen Musiktradition in der Mittleren Zeit. Er hat seinen Grund in der reformatorischen Zielsetzung kompositorischer Arbeit, insofern der Begriff der Komposition als Sermo voci copulatus und Praedicatio sonora die Aufnahme und Entfaltung der neuen Stil- und Ausdrucksmittel auch in der Kirchenmusik zur Folge hatte, und er hat seinen Grund in der reformatorischen Wesensbestimmung der Musik überhaupt, insofern die lutherischen Topoi der Musikanschauung »alle Musik« umfassen (s. o. S. 41). Auch für Bach ist – gemäß seinem geschichtlichen Ort – dieser Stilmonismus bestimmend: Von den Kategorien »geistlich – weltlich« her ist sein Werk nicht anzusprechen[58].

Demgegenüber wird die italienische Entwicklung von dem »Stildualismus«: Stilus ecclesiasticus – Stilus theatralis (et cameralis) beherrscht. Dieses Modell der Stillehre ist in Italien entstanden[59]. Es steht im katholischen Raum im Hinblick auf die Musikauffassung an Stelle des dreigegliederten Modells der Kompositionslehre im evangelischen Raum. Wo die Terminologie des Stildualismus zwecks theoretischer Erörterungen aus Italien übernommen wird, da führt sie zu Irrtümern, sobald sie zur Charakterisierung eines protestantischen Komponisten dienen soll. Dies ist zum Beispiel bei Christoph Bernhard der Fall, der in seinem Kompositionstraktat um 1650 jene Stilbegriffe von

Marco Scacchi übernahm: Bernhard hat unrecht, wenn er in seinem Lehrer Schütz nicht einen Vertreter auch des Stilus modernus theatralis sieht, da Schütz doch auch von jenen Figuren, die Bernhard diesem Stilus zuordnet, reichlich Gebrauch macht[60]. In seinem späteren Traktat hat Bernhard diese Einteilung dann auch beiseite gelassen.

Auf jenen die Musikauffassung im italienischen Barock kennzeichnenden Stildualismus wirft der *Gradus ad Parnassum* von Johann Joseph Fux ein helles Licht, den wir zum Schlusse unserer Betrachtungen noch einmal zur Hand nehmen. Dieses Lehrbuch faßt zu Beginn des 18. Jahrhunderts (1725) genauso wie Walthers theoretische Werke (1708 und 1732) eine Tradition zusammen. Aber während Walthers Musica poetica ebenso wie sein Lexikon einen Endpunkt darstellen und auf die nachbachsche Zeit ohne Wirkung blieben[61], wird Fuxens Lehrbuch zum Grundbuch der Kompositionslehre der Wiener Klassiker. Haydn, Mozart, Beethoven, auch noch Schubert, sie alle haben – entweder direkt oder indirekt durch ihre Lehrer – nachweislich nach diesem Buche gelernt.

Fux lehrt – laut Untertitel seines *Gradus ad Parnassum* – die Compositio musicae regularis, die »Reguläre Komposition«, das heißt die nach damaliger Vorstellung unveränderlichen Fundamente der Komposition. Damit lehrt er zugleich den Stilus ecclesiasticus. Denn, schreibt Fux, »weil Gott die allerhöchste Vollkommenheit ist, so muß auch die Musik, die ihn verehren soll, nach den Regeln vollkommen sein«. Fuxens Lehrmeister ist Palestrina. Sein Buch will den Palestrina-Stil lehren, der von der katholischen Kirche als vorbildlicher Stilus ecclesiasticus kanonisiert worden war. Der Stilus ecclesiasticus (= Stilus praenestinus) ist der Stilus gravis oder Stilus antiquus, der bewußt nicht modern sein und werden sollte. Fuxens Lehrbuch schließt mit einer »Lehre vom Kirchenstil«. Vom Stilus theatralis und cameralis ist (bis auf die S. 49 genannte Stelle) nicht die Rede. Es gibt verschiedene Arten (genera) des Kirchenstils: 1. den *Stilus a capella*, und zwar ohne Instrumente (absque organo et aliis instrumentis) und mit Instrumenten (cum organo aliisque instrumentis instructus); – 2. den *Stilus mixtus*: das ist der konzertierende Stil der Kirchenmusik: »eine Kompositionsart, da bald eine, zwei, drei und mehr Stimmen mit untergemischten Instrumenten konzertieren (concertare), bald im vollen Chor sich hören lassen«. Aber der Stilus mixtus ist nicht etwa eine Mischung von geistlichem und weltlichem Stil. Sondern Fux ermahnt seinen Schüler: »né stylum hunc cum theatrali et saltario confundas«.

Während Bach, wie wir wissen, solche Vorstellungen fremd sind, haben sie doch für Mozart Gültigkeit. 1783 schreibt er an den Vater, der ihm seine Kirchenkompositionen nicht schicken wollte, da sie veraltet seien: »Sie haben gar nicht nötig, sich zu schämen. Baron van Swieten und Starzer wissen so gut als Sie und ich, daß sich der Gusto immer ändert und aber, daß sich die Veränderung des Gusto leider sogar bis auf die Kirchenmusik erstreckt hat, welches aber nicht so sein sollte.«

Im Gegensatz zu dem Stilmonismus, den die Musica poetica lehrte, werden dem katholischen Stilus ecclesiasticus, »welchen der Papst allein in seinen Kirchen und Capellen beliebet« (Bernhard, NA S. 42), die neuen Ausdrucksmittel systematisch ferngehalten. Das bedeutet aber zugleich, daß sie sich auf seiten der Musica profana seit dem 16. Jahrhundert in völliger Freiheit in Richtung der neuzeitlich-ästhetischen Bedeutsamkeit entfalten konnten. – Der Hauptsatz in Mozarts Opernästhetik, seiner Ästhetik des Sprache-Musik-Verhältnisses im Stilus theatralis (Briefe an den Vater, August–Oktober 1781), ist: daß die Musik in seinem Kopfe schon da sein kann, bevor der Text fertig vorliegt. Diesem Primat der Musik entsprechend soll »die Poesie der Musik gehorsame Tochter sein«. Das ist nun scheinbar eine Umkehrung der Forderung Zarlinos (»L'Harmonia e il Numero debonno seguitar la Oratione«) und Monteverdis (»L'orazione sia padrona dell'armonia«), die in den Lehrbüchern der Musica poetica im Mittelpunkt stehenbleibt, wenn auch, wie gezeigt wurde, in der charakteristischen Wendung: in erster Linie solle ein Komponist »den Verstand [!] und Inhalt [!] des Textes wohl in acht nehmen« (Herbst, S. 101) und »die Worte so schicklich mit denen Sonis vereinigen, daß die Soni eben dieses auszudrükken scheinen, was die Worte bedeuten« (Walther, NA S. 158). Indessen ist Mozarts Forderung das Ergebnis davon, daß die italienische Musica profana in ihrer Verbindung mit der Sprache in einer zweihundertjährigen Entwicklung gelernt hat, die psychischen Erregungen und Spannungen, die dramatischen Situationen und Entwicklungen unmittelbar zu erfassen und auszudrücken, wobei der Text dann eine nur noch dienende Rolle zu erfüllen hatte. Die italienische Musica profana hatte nicht erst lernen wollen, den Text zu explizieren, sondern sie wollte von Anfang an selbst eine Sprache werden, die über alle Wortbegriffe hinausreicht: Sie wollte lernen, das »Unsagbare zu sagen«.

Wir haben darauf hingewiesen, daß die südliche Musiktradition in ihrem Dualismus geistlich–weltlich und mit ihrem spezifisch ästhetischen Schönheitsbegriff von vornherein (das heißt seit dem Beginn der Neuzeit im schulmäßigen Sinne) neuzeitlich angelegt ist und von dieser Anlage her als eine Entwicklung zu Mozart hin betrachtet werden kann.

Dagegen wurde die zu Bach führende evangelische Kantoreitradition die Mittlere Zeit genannt. Als ihre Charakteristika galten das dreigegliederte Modell der Musiklehre mit seinem Hintergrund der Artes liberales und seiner Sinnerfüllung durch die reformatorische Wesensbestimmung der Musik und der Stilmonismus der Musica poetica mit ihrer textexplizierenden Zielsetzung.

In unserem Begriff der musikalisch-rhetorischen Figur als sprachfähige Strukturformel ist in eins verbunden der schon neuzeitliche Ausdrucksbegriff in seiner jedoch noch trivialen Sprachgebundenheit und gottesdienstlichen Verwirklichung und der kosmologische Numerus-Begriff in seiner quadrivialen Herkunft und theologischen Zielsetzung.

Von daher wurde Bachs Musik ihrem Fundament und Scopus nach bestimmt gefunden, auch dort noch, wo das Zünglein der Waage in Richtung der Begrifflichkeit unserer Zeit auszuschlagen scheint.

Im ganzen haben wir an Gurlitts Bestimmung von Bachs geschichtlichem Ort weitergearbeitet, die lautet: Bach, »ein Stück deutsches Mittelalter in neuzeitlicher Umgebung«[62]. Es wurde versucht, diese Mittelalterlichkeit aus einer Tradition heraus zu verstehen und die neuzeitliche Umgebung ebenfalls in eine Tradition zu stellen. Es wurde an dem Bild gearbeitet, das sich uns im Anschluß an die anfangs vorgetragenen Bestimmungen von Bachs geschichtlichem Ort vor Augen stellte: Mozart am Ende einer Entwicklung stehend, zu der Bach wesentlich nicht gehört, der selbst am Ende einer Entwicklung steht, die von Mozart nur noch in Wiederentdeckungen und Umdeutungen zu erreichen war.

Von diesem Bild wurde hier nicht mehr als ein Entwurf gegeben, dessen Ausführung in den Einzelheiten nun freilich noch manchen Fragens und Nachforschens bedarf.

Anmerkungen

1 Schweitzer meinte neben der Kantaten- (und Passions-)Kunst vor allem die protestantische Kunst der Choralbearbeitung.

2 Wir denken besonders an die Arbeiten W. Gurlitts, in denen Bachs Kunst und Welt zentral vom »mittelalterlichen Ordo-Gedanken« und der ihm entsprechenden sozialgeschichtlichen Ordnung der evangelischen Musikerschaft, von ihren Berufen und Berufungen her begriffen wird (*J. S. Bach, Der Meister und sein Werk*, Kassel und Basel [3]1949; *J. S. Bach in seiner Zeit und heute*, Bericht über die wissenschaftliche Bachtagung Leipzig 1950), und an die Arbeit von A. Schmitz über *Die Bildlichkeit der wortgebundenen Musik J. S. Bachs*, Mainz 1950, wo die musikalische Rhetorik, zumal die traditionelle Figurenlehre der Musica poetica, als ein Erkennungszeichen des Bachschen Sprache-Musik-Verhältnisses erwiesen wurde.

3 Genannt sei E. Schenk, *Zur Tonsymbolik in Mozarts ›Figaro‹*, Neues Mozart-Jahrbuch 1941; R. Elvers, *Untersuchungen zu den Tempi in Mozarts Instrumentalmusik*, Dissertation Berlin 1952 (maschinenschriftlich); J. Handschin über den »konzertierenden Stil« als epochales Merkmal der barocken und klassischen Musik, *Musikgeschichte*, Luzern 1948, passim.

4 Man kann diesen Umdeutungsprozeß im Hinblick auf unsere späteren Feststellungen auch folgendermaßen charakterisieren: Bachs Kunst, in der es – gemäß der evangelischen Musiktradition – nur den »Stilmonismus« gibt, wird »verweltlicht«, indem sie in den »Stildualismus« (Stilus ecclesiasticus – Stilus theatralis) der italienisch-süddeutsch-katholischen Tradition hinübergenommen und dort auf der Seite des Stilus theatralis (= Musica profana nach J. J. Fux) eingesetzt wird. Oder: Bachs Musik wird aus ihrer protestantischen Realitätssphäre herausgenommen und in die Realitätssphäre der theatralischen Wirksamkeit hineingestellt.

5 »Der Deutsche Mozart faßte die Tradition der Italiener zusammen, worauf mit Beethoven etwas Neues auf deutscher Grundlage einsetzte«, während »der große Einschnitt um 1750 eher vom speziellen Standpunkt der deutschen Musikgeschichte gilt«, besonders »wenn wir die Tätigkeit Bachs als zeitbestimmend ansehen« (S. 273).

6 Vgl. vom selben Verfasser: *Bach und das Mittelalter*, Bericht über die wissenschaftliche Bachtagung Leipzig 1950; *Die Meisterzeit Bachs in Weimar*,

Thüringer Bach-Festschrift, Weimar 1950; *Charakterthema und Erlebnisform bei Bach*, Kongreßbericht der Gesellschaft für Musikforschung Lüneburg 1950.

7 Es sei betont, daß es sich hier nur um einen Versuch handelt, die Diskussion um diese Fragen weiterzuführen, und dem Verfasser jegliche Polemik gegen den hochverdienten und so verehrten Forscher ganz fern liegt.

8 Dies ist einer der Grundgedanken meiner *Studien zur musikalischen Terminologie*, Mainzer Akademie-Abhandlung, Jg. 1955, Nr. 10.

9 Das Wort »neuzeitlich« gebrauchen wir nicht im schulmäßigen Sinne, vgl. S. 37. Zwar datiert z. B. der Ausdrucks-(Expressions-)Begriff in der Musik seit etwa 1500; aber er erscheint zunächst in der »frühneuzeitlichen« Form *Etwas ausdrücken*: ein als Affekt, Sprechduktus oder Sprachinhalt vorgegebenes Objekt mit typischen und lehrbaren Mitteln musikalisch ausdrücken (darstellen, abbilden usw.); dann – im deutschen protestantischen Raum seit etwa 1740 – in der »neuzeitlichen« Form *Sich selbst ausdrücken* im Sinne »egopsychischer Bedeutsamkeit« des musikalischen Ausdrucks; vgl. hierzu des Verfassers Aufsatz *Das Ausdrucks-Prinzip im musikalischen Sturm und Drang*, Deutsche Vierteljahrsschrift für Literaturwissenschaft und Geistesgeschichte XXIX, 1955.

10 Th. Georgiades, *Musik und Sprache*, Berlin 1954, S. 133ff. *(Musik als Geschichte)*. Georgiades datiert jenen »Bruch im Gedächtnis« seit dem Tode Schuberts. Wir unterscheiden bei diesem Gedanken nur wiederum zwischen der zu den Wiener Klassikern führenden und mit ihnen endenden und der zu Bach führenden und mit ihm endenden Tradition.

11 Zu der Einengung des Geltungsbereichs der Musica poetica auf den Raum der evangelischen Musik vgl. später S. 40ff. Auch über die Figurenlehre, die wir schon an dieser Stelle exemplifizieren, werden wir später ausführlicher sprechen.

12 Vgl. A. Schmitz, *Die Figurenlehre in den theoretischen Werken J. G. Walthers*, Archiv für Musikwissenschaft IX, und H. H. Eggebrecht, *Walthers Musikalisches Lexikon in seinen terminologischen Partien*, Acta musicologica XXIX, 1957.

13 Handschin drückte das so aus (*Musikgeschichte*, a. a. O., S. 321), »daß die Musik Bachs, eben als etwas Vorschöpfungsmäßiges, die Äußerung einer relativ reinen, außerhalb des Lebens stehenden, nicht im menschlichen Herzen verwurzelten Vernunft ist. Vulgärer hat eine gute Hausfrau denselben Tatbestand ausgedrückt, indem sie meinte, ihr sei, wenn sie Bach höre, zumute, wie wenn sie in ihren Schubladen Ordnung mache.«

14 Vgl. unten S. 41.

15 *Zu Johann Sebastian Bachs Ostinato-Technik*, Bericht über die Wissenschaftliche Bachtagung Leipzig 1950.

16 W. Gurlitt, *Johann Sebastian Bach in seiner Zeit und heute*, ebenda, S. 75.

17 Nach der Urtextausgabe von C. Krebs, neu durchgesehen von L. Hoffmann-Erbrecht, Leipzig 1953.

18 C. Ph. E. Bach, *Versuch über die wahre Art das Clavier zu spielen*, Berlin 1753, III. Hauptstück *(Vom Vortrage)*, § 7.

19 Es gelten die unterstrichenen Glieder. Unterschlängelt sind die Hauptglie-

der des mittelalterlichen Modells. Im Hintergrund (kursiv): das System der Artes liberales.

20 Vgl. die Einleitung zum Faksimiledruck der *Musica Nicolai Listenii* (^{2}1549) von G. Schünemann, Berlin 1927.

21 Das heißt die Zahlengrundlagen der Musik als den Gegenstand der quadrivialen Ars musica mit der Zielsetzung, die Musik auf Grund ihrer Zahlhaftigkeit kosmologisch (in Richtung auf die Harmonie der Welt) und theologisch (in Richtung auf die Welt als Schöpfung Gottes) zu deuten.

22 Zu Herbstens Lehrbuch vgl. H. H. Eggebrecht, *Zum Wort-Ton-Verhältnis in der Musica poetica von J. A. Herbst*, Bericht über den Internationalen Musikwissenschaftlichen Kongreß Hamburg 1956.

23 *Praecepta der Musicalischen Composition* (= musikalische Elementarlehre und Musica poetica), NA von P. Benary, Leipzig 1955.

24 Zu dieser Definition der Musica poetica vgl. unten S. 45.

25 Soweit ich sehe, kommt es überhaupt nur hier vor. – Die italienische Musiklehre kannte nur die Zweiteilung in Musica theoretica und practica (vgl. W. M. Luther, *Gallus Dreßler*, Kassel 1941, S. 39), wobei aber die Musica theoretica ihre spekulative (kontemplative) Zielsetzung verlor, indem sie als Materialbestimmung ausschließlich in den Dienst der praktischen Musik gestellt wurde. Schon für Zarlino ist die Musica speculativa »eitle Spekulation (speculatione … vana, senza frutto), wenn die Musik nicht ihrer eigentlichen Bestimmung gemäß realisiert, aufgeführt, musiziert und gehört wird« (nach H. Zenck, *Zarlinos ›Istitutioni harmoniche‹ als Quelle der Musikanschauung der italienischen Renaissance*, Zeitschrift für Musikwissenschaft XII, 1929/30, S. 551). – Vgl. zu Italien in diesem Aufsatz auch S. 47 ff.

26 *Praecepta* 1708, NA S. 13, und *Musicalisches Lexicon* 1732, Art. Musica.

27 Grundlegend hierzu: W. Gurlitt, *Zur Bedeutungsgeschichte von musicus und cantor bei Isidor von Sevilla*, Mainzer Akademie-Abhandlung, Jg. 1950, Nr. 7.

28 H. Zenck, *Grundformen deutscher Musikanschauung*, Jahrbuch der Akademie der Wissenschaften in Göttingen, 1941/42, S. 28. Ebenda S. 39: »Die Stilwende, die in Italien zur Monodie, zur Oper und bald darauf zu der freien ästhetischen Formgebung einer ›klassischen‹ Instrumentalmusik geführt hat, besitzt für Deutschland *nicht* die gleiche Bedeutung. Obgleich die italienische Formenwelt im Norden leidenschaftlich ergriffen wurde, bleibt die religiöse Grundhaltung in der deutschen Musik und Musikanschauung … bestehen. In der deutschen Entwicklung schließen sich die beiden eigen-sinnigen musikgeschichtlichen Wachstumsstufen des Reformations- und Barockzeitalters zu einer den Gegensatz der musikalischen Stile übergreifenden Einheit zusammen, deren innerstes Wesen weitgehend von den Kräften der spätmittelalterlichen Musikanschauung bestimmt wird.«

29 Vgl. W. Gurlitt, *Johannes Walter und die Musik der Reformationszeit*, Luther-Jahrbuch 1933, und dessen Ausgabe von Walters *Lob und Preis der löblichen Kunst Musica*, Kassel 1938.

30 *Cribrum musicum*, Quedlinburg und Leipzig 1700 (Cap. III). – Vgl. die schöne Arbeit von R. Dammann über *Die Musiklehre des Andreas Werckmeister*, Archiv für Musikwissenschaft 1954, S. 206 ff.

31 W. Gurlitt, *Die Kompositionslehre im deutschen 16. und 17. Jahrhundert*, Bericht über den internationalen musikwissenschaftlichen Kongreß Bamberg 1953.

32 Vgl. Anm. 9 dieses Textes.

33 H. Zenck, *Grundformen*, a. a. O., S. 28.

34 Den Begriff »Realitätscharakter« entnehmen wir dem Buche von D. Frey, *Kunstwissenschaftliche Grundfragen*, Wien 1946.

35 W. Gurlitt, *Musik und Rhetorik*, Helicon V, 1944.

36 Nachdem 1416 ein vollständiges Exemplar von Quintilians *Institutiones* gefunden war, erschienen gegen Ende des 15. Jahrhunderts in 30 Jahren 12 und im Verlauf des 16. Jahrhunderts 80 Neuausgaben; vgl. H. H. Unger, *Die Beziehungen zwischen Musik und Rhetorik im 16. bis 18. Jahrhundert*, Würzburg 1941, S. 12.

37 Trotz der Arbeit von D. P. Walker, *Der musikalische Humanismus im 16. und 17. Jahrhundert*, Kassel und Basel 1949.

38 G. Fock, *Der junge Bach in Lüneburg*, Hamburg 1950, S. 63f. Dem Rhetorikunterricht lag dort die *Rhetorica Gottingensis* des Theologen H. Tolle (Göttingen 1680) zugrunde, die sehr getreu auf Aristoteles fußt.

39 Spieß gibt im Cap. XXVII *(De Figuris Musicis)* »die bekanntesten Figuren nach *alphabetischer Ordnung*«, ein Zeichen dafür, daß diese Lehre hier in dieser Zeit nicht mehr wirklich lebendig ist. In der in enger Anlehnung an Spießens (und J. J. Fuxens) Lehrbuch geschriebenen Mannheimer Kompositionslehre von F. X. Richter (*Harmonische Belehrung oder Gründliche Anweisung zu der Musicalischen Ton-Kunst*, hs. 1767, Bibl. Royale de Belgique, Brüssel) ist die Figurenlehre gänzlich beiseite gelassen, was aber vor allem auch mit der italienisch-süddeutschen Tradition zusammenhängt, der Richters Lehrbuch zugehört.

40 Eine Zusammenstellung der Quellen gibt A. Schmitz im Artikel *Figuren*, in: *Die Musik in Geschichte und Gegenwart* IV, 1955.

41 Burmeister ist der eigentliche »Erfinder« und erste Systematiker der musikalisch-rhetorischen Figurenlehre. Als er die beiden obersten Klassen der Lüneburger Lateinschule (Johanneum) besuchte, unterrichtete dort der Rektor wöchentlich drei Stunden Dialektik und zwei Stunden Rhetorik (nach Melanchthons Lehrbüchern), zwei Stunden über die Reden Ciceros (rhetorisches Praktikum), eine Stunde Verslehre und -übung (Poetik); seit 1586 studierte Burmeister an der Rostocker Universität. Vgl. M. Ruhnke, *Joachim Burmeister, Ein Beitrag zur Musiklehre um 1600*, Kassel und Basel 1955.

42 *Tractatus compositionis augmentatus* und *Ausführlicher Bericht vom Gebrauch der Con- und Dissonantien*, NA v. J. M. Müller-Blattau, Leipzig 1926.

43 »Die Praxis kannte wohl eine noch höhere Zahl«, A. Schmitz, *Die Bildlichkeit der wortgebundenen Musik J. S. Bachs*, Mainz 1950, S. 24.

44 Zu den Ausnahmen gehört vor allem die *Musurgia* (1650) des Würzburger Jesuiten A. Kircher, der seit 1633 in Italien lebte. Die *Musurgia* ist jedoch keine Kompositionslehre! Wahrscheinlich ist hier der Grund für die Behandlung der Figuren das starke Interesse Kirchers an der Affektenlehre

und an den musik-»physiologischen« Fragen überhaupt. (Hier fehlt eine Vorarbeit über das *Organum Mathematicum* des Würzburger Jesuiten Caspar Schott.)

45 M. Praetorius (nach Agostino Agazzari), *Syntagma musicum* III (1619), NA v. E. Bernoulli, Leipzig 1916, S. 119.

46 *Tractatus*, NA S. 82.

47 Unger, a. a. O., S. 124.

48 C. Dahlhaus, *Die Figurae superficiales in den Traktaten Chr. Bernhards*, Bericht über den internationalen musikwissenschaftlichen Kongreß Bamberg 1953 (Kassel und Basel 1954), S. 135ff., und in: Die Musikforschung IX, 1956, S. 227. – Indessen entspringt doch jede Bezeichnung zunächst einem Mangel; aber Bezeichnungen können Namen sein: Begriffe im Sinne von Begreifungen dessen, was als das Wesentliche galt.

49 Dies betont auch H. Zenck in seiner Arbeit über Zarlinos *Istitutioni harmoniche* (Zeitschrift für Musikwissenschaft XII, 1929/30, S. 556ff.): »Die Wirkung auf die Sinne wird ausschlaggebend«, und »das ›ästhetische‹ Verhalten« beginnt sich in den Mittelpunkt der Musikwirklichkeit zu stellen. Es fehlen »die Qualitäten des Inhaltlich-Bedeutungsvollen, die die deutsche Auffassung zu bevorzugen pflegt«. Vgl. auch H. H. Eggebrecht, *Studien zur musikalischen Terminologie*, a. a. O., S. 40ff.

50 »*Modulus* wird gebraucht... vor ein musicalisches Förmelchen«, J. G. Walther, *Musicalisches Lexicon*, Leipzig 1732.

51 Nachweislich hat noch Beethoven wahrscheinlich durch Vermittlung seines Lehrers Albrechtsberger diese Moduli-Lehre gekannt: siehe *Ludwig van Beethovens Studien im Generalbasse, Contrapuncte und in der Compositions-Lehre*, hg. von J. v. Seyfried, Wien 1832, S. 338ff. *(Vom Rezitativ)*.

52 *Heinrich Schütz, Sein Leben und sein Werk*, Kassel und Basel [2]1954, S. 445.

53 Siehe S. 46 mit Anm. 42.

54 Vgl. W. Rehm, *Der Todesgedanke in der deutschen Dichtung vom Mittelalter bis zur Romantik*, Halle/S. 1928, aber hier nicht das Barock-Kapitel, sondern den Abschnitt über Luther (S. 138ff.), dessen Todes-Auffassung im gottesdienstlichen Bereich des 17. Jahrhunderts doch wohl maßgebend bleibt: »Der Sünde Sold ist der Tod, und wo Sünde ist, da muß auch der Tod folgen«; dazu F.-W. Wentzlaff-Eggebert, *Das Problem des Todes in der deutschen Lyrik des 17. Jahrhunderts*, Diss. Berlin 1931, S. 36ff.: das Kapitel über Paul Gerhardt.

55 Eine im Sinne des »Passus duriusculus« textexplizierende Bedeutung hat der in Halbtonschritten auf- oder abwärtssteigende Quartgang bei Schütz z. B. noch bei folgenden Stellen: *Auferstehungs-Historia*, GA I, 12 *(Sie haben den Herren weggenommen)*; *Cantiones sacrae*, GA IV, 122 *(et languores nostros suo livore sanavit)*; ebenda 124 *(Domine, ne in furore tuo arguas me)*; *Symphoniae sacrae* I, GA V, 68 *(ut ego moriar)*; *Musikalische Exequien*, GA XII, 93ff. *(Herr, ich lasse dich nicht)*; *Kleine Geistliche Konzerte* I, GA VI, 30f. *(durch dein bitter Leiden)*; *Geburts-Historia*, GA XVII, 39 *(viel Klagens, Weinens und Heulens)*.

56 Vgl. zu diesem Abschnitt über Schütz G. Toussaint, *Die Anwendung der musikalisch-rhetorischen Figuren in den Werken von H. Schütz*, Diss.

Mainz 1949 (maschinenschriftlich) – eine Arbeit aus der Schule von Arnold Schmitz (Mainz), dessen Anm. 2 u. ö. genanntes grundlegendes Buch über die Anwendung der musikalisch-rhetorischen Figuren zur Textexplikation bei Bach auch im Hintergrund dieses Aufsatzes steht.

57 H. Zenck, *Grundformen*, a. a. O., S. 28.

58 Vgl. H. H. Eggebrecht, *Zur Antithese Geistlich–Weltlich*, Musica 1950, S. 247ff.

59 Die Scheidung in geistliche und weltliche Musik erscheint als Stillehre zuerst bei Pietro Pontio (1588), dann bei Lodovico Zacconi (*Prattica di Musica* II, 1622: »Le Musiche ordinariamente dividendosi in due classe, cioè nelle secolari e nelle ecclesiastiche«), später u. a. bei Marco Scacchi und Angelo Berardi; vgl. E. Katz, *Die musikalischen Stilbegriffe im 17. Jahrhundert*, Diss. Freiburg i. Br. 1926, S. 33ff.

60 Bernhard betont an anderer Stelle ausdrücklich (NA S. 43), daß der Stilus theatralis auch in der Kirche gebraucht werden kann.

61 Walthers Kompositionslehre wurde nicht gedruckt. Und sein Lexikon galt in seinem terminologischen Teil bald als veraltet; eine von ihm sorgfältig vorbereitete 2. Auflage desselben fand keinen Verleger; vgl. H. H. Eggebrecht, *J. G. Walthers Musikalisches Lexikon in seinen terminologischen Partien*, Acta musicologica XXIX, 1957, S. 23f.

62 *Joh. Seb. Bach in seiner Zeit und heute*, Bericht über die Wissenschaftliche Bachtagung Leipzig 1950.

Leben und Werk

Bei Bach lernt man das Staunen, das Sich-Verwundern darüber, wie es möglich war, daß es ihn gibt. Und dies soll unsere Frage sein. Wie läßt es sich erklären oder, bescheidener: wie weit ist es erklärbar, daß Bach möglich war? Hierbei kann uns nichts hilfreicher sein als seine Biographie. Wir werden sie nacherzählen, um – eingedenk jener Frage – von hier aus zu einem Verständnis seines Schaffens, seiner Art und Fülle von Musik zu gelangen, die man schon zu Bachs Lebzeiten als unaktuell anzusehen begann und die heute eine Weltgeltung erlangt hat wie kaum eine andere.

Zunächst werfen wir einen Blick auf das Bild einer deutschen Stadt der Bach-Zeit. Drei bauliche Komplexe heben sich ab: das Rathaus, die Stadtkirche mit der Stadtschule und das Schloß mit der Schloßkirche oder Schloßkapelle. Jeder dieser drei Bereiche hatte seine eigene Musik: Im Rathaus verwaltete der Stadtrat die Ratsmusik, die Stadtmusik, den Stadtmusicus mit seinen Gesellen, die zunftmäßig organisierte musikalische Compagnie der Stadtpfeifer; in der Stadtkirche amtierten der Stadtorganist und der Stadtkantor mit der Stadtkantorei, die aus Schülern der städtischen Lateinschule bestand, in welcher der Kantor zugleich als Lehrer tätig war; und im Schloß und in der Schloßkirche wirkten der Hoforganist und der Hofkapellmeister mit seinen Hof- und Kammermusici. Die drei Musikbereiche waren berufsständisch gegeneinander abgegrenzt (nicht selten gab es Streitereien um ererbte Privilegien), doch zugleich waren sie miteinander verbunden (häufig warteten die Stadtmusici mit ihren Instrumenten auch bei der Musik in der Stadtkirche oder bei Hofe mit auf, und vielerorts verwaltete der Stadtrat nicht nur die Rats-, sondern auch die Kirchenmusik). Auch waren die drei Berufsarten dynamisch gestuft: Der Stadtkantor, der als Lehrer an der Lateinschule in der Regel studiert haben mußte, stand nach Ansehen und Besoldung höher als der Stadtpfeifer und der Stadtorganist; und der Hofkapellmeister wurde zumeist besser besoldet als der Stadtkantor und hatte zudem oft einen größeren Spielraum für das kompositorische Schaffen und die besseren Möglichkeiten zum Aufführen von Musik. Bei aller Verschiedenheit indessen bildeten die drei Bereiche eine Einheit: die musikalische Repräsentation der Stadt in ihrer Lebensordnung.

Bachs Biographie ist gleichsam als eine Auseinanderfaltung dieses musikalischen Städtebildes in die Sukzessivität von Lebensstationen zu verstehen. Und zunächst verfolgen wir an Hand der Graphik auf S. 66 in aller Knappheit diese Stationen, um Bachs Biographie als Ganzes präsent zu haben, wenn wir sie dann anschließend systematisch von jenen Aspekten her betrachten, die uns in Richtung einer Beantwortung unserer Ausgangsfrage führen werden.

Bach wurde am 21. März 1685 in Eisenach als Sohn des Leiters der dortigen Stadtmusik, Johann Ambrosius Bach, geboren, dessen Vater und Großvater ebenfalls Stadtmusiker gewesen waren. Die Mutter, Elisabeth Lämmerhirt, stammte aus einer alteingesessenen Erfurter Handwerkerfamilie. An der Sankt-Georgen-Kirche war Bachs Oheim Johann Christoph Bach als Organist bestallt, zugleich »ein profunder Componist«. Im väterlichen Haus gingen die Lehrbuben und Gesellen des Vaters mit ihren Instrumenten ein und aus. Mit ihnen zusammen hatte Johann Ambrosius »jeden Tag 2 mal aufm Rathaus« das Abblasen zu verrichten, bei den fest- und sonntäglichen Gottesdiensten regelmäßig »nach Anordnung des Herrn Cantoris aufzuwarten«, ferner je nach Bedarf bei der Hofkapelle mitzuwirken und außerdem die Festlichkeiten der Bürger mit Musik zu versehen. Der junge Bach war bei alldem dabei, gewiß bald auch als Lehrbube und sofern der Besuch der Lateinschule (ab 1692) und das Kurrende-Singen ihm Zeit ließen. Hier wurde er geprägt, wurden Fundamente gelegt: die Selbstverständlichkeit, mit der die Musikbereiche eine Einheit bildeten, das Leben im Rahmen von Bestallung und Aufwartung, der Handwerks- und Meisterbegriff, das In-die-Lehre-Gehen und In-die-Lehre-Nehmen, das Musizieren und Unterrichten in Familie und Haus. Dies alles blieb für Bach konstant.

Nach dem Tod der Mutter (Mai 1694) und des Vaters (Januar 1695) wurde Bach im Frühjahr 1695 im Hause seines ältesten Bruders, Johann Christoph Bach, aufgenommen, der – ein Schüler des bedeutenden Orgelkomponisten Johann Pachelbel – in Ohrdruf Organist an der Sankt-Michaelis-Kirche war. Für Bach bedeutete dies den Weg aus dem väterlichen Haus des Stadt-

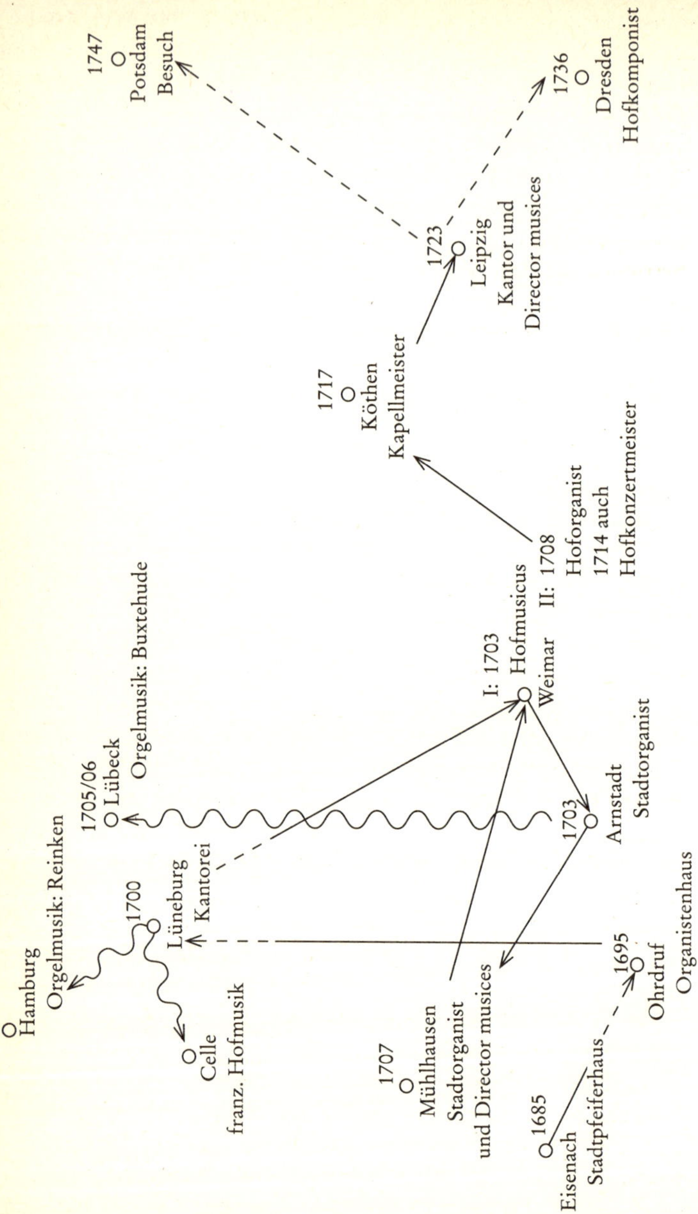
1685 Eisenach Stadtpfeiferhaus
1695 Ohrdruf Organistenhaus
1700 Lüneburg Kantorei
Celle franz. Hofmusik
Hamburg Orgelmusik: Reinken
I: 1703 Hofmusicus Weimar
1703 Arnstadt Stadtorganist
1705/06 Lübeck Orgelmusik: Buxtehude
1707 Mühlhausen Stadtorganist und Director musices
II: 1708 Hoforganist 1714 auch Hofkonzertmeister
1717 Köthen Kapellmeister
1723 Leipzig Kantor und Director musices
1736 Dresden Hofkomponist
1747 Potsdam Besuch

musikers in das des Organisten und zugleich eine Vorentscheidung für seinen Beruf. Er besuchte, zuerst als Quartaner, ab Herbst 1699 als Primaner und beständig auffallend erfolgreich die damals hoch angesehene Ohrdrufer Lateinschule, das Lyceum illustre Ordruviense, wo – neben Latein und Griechisch, Arithmetik und Musica sowie den Elementen der Naturwissenschaften – im Fach Rhetorik unter anderem die Briefe und Schriften Ciceros gelesen und nach deren Muster Exercitia styli betrieben wurden und wo ab Sekunda das 1610 in Wittenberg erschienene *Compendium locorum theologicorum* von Leonhard Hutter, einem strengen Verfechter der lutherischen Orthodoxie, auswendig zu lernen war. Mit Sicherheit erhielt er eine ausgezeichnete Unterweisung im Spielen von Tasteninstrumenten durch seinen Bruder, und dieser Unterricht – heißt es in einem Brief Carl Philipp Emanuel Bachs an Johann Nikolaus Forkel vom 13. Januar 1775 – »mag wohl einen Organisten zum Vorwurf gehabt haben und weiter nichts«.

Wegen beengter Wohnverhältnisse – der Bruder hatte geheiratet, und das dritte Kind war unterwegs – und auf Empfehlung des Ohrdrufer Kantors Elias Harder kam Bach im April 1700 auf die Klosterschule der Sankt-Michaelis-Kirche in Lüneburg, wo er mit seinem »ungemein schönen Sopran« als Mitglied des Mettenchors (des Auswahlchors der Kantorei) eine Freistelle erhielt. Hier schloß Bach seine Schulbildung ab; man lehrte auch dort Theologie nach dem *Compendium* von Hutter und las im rhetorischen Unterricht neben Cicero die *Rhetorica Gottingensis* von 1680, die ziemlich genau die aristotelische Lehre der Redekunst vermittelt. Musikalisch wichtig war für Bach der Kantoreidienst im Mettenchor, der ihm eine umfangreiche Repertoire-Kenntnis an älterer und zeitgenössischer Kirchenmusik verschaffte. An der Lüneburger Johanneskirche war der hochbedeutende Georg Böhm als Organist beamtet. Und bezeugt sind mehrere Lehrreisen zu dem rund fünfundvierzig Kilometer entfernten Hamburg, um – wie es im Nekrolog heißt – »den damals berühmten Organisten an der Catharinenkirche Johann Adam Reinken zu hören«, der ein Schüler Heinrich Scheidemanns und somit ein Enkelschüler von Jan Pieterszoon Sweelinck war, den man mit Recht den »deutschen Organistenmacher« nannte. Bezeugt sind ferner mehrere Reisen an den Hof von Celle, dem »Klein-Versailles«, wo Herzog Georg Wilhelm von Hannover zusammen mit der Herzogin, einer französischen Adligen, glanzvolle Residenz hielt im französischen Stil; auch die dortige Hofkapelle bestand größtenteils aus Musikern aus Frankreich, und französisch orientiert waren Ballett und Oper, Violin- und Tastenmusik, Orchestermusik und -spiel.

Wie Bach in Lüneburg nach dem Stimmbruch musikalisch beschäftigt war, ist nicht dokumentiert. Wir wissen nur, daß er sich im August 1702 um das Organistenamt in Sangerhausen (Sachsen) bewarb – wodurch bestätigt wird, daß er sich als Organist ausgebildet wußte und diesen Beruf anstrebte; zugleich allerdings war ihm in Lüneburg durch den Abschluß der Lateinschule potentiell auch der Weg zu einem Kantorat geöffnet.

Wahrscheinlich auf Grund einer Absprache zwischen Herzog Johann Georg von Sachsen-Weißenfels und Herzog Wilhelm Ernst von Weimar wurde Bach nicht als Organist in Sangerhausen angestellt, sondern ab Anfang März 1703 am Weimarer Hof aufgenommen. Und bei diesem etwa fünf Monate währenden ersten Weimarer Aufenthalt handelte es sich vermutlich nur um eine Wartestation, indem die Obrigkeit von vornherein beabsichtigte, Bach auf die Organistenstelle der Neuen Kirche in Arnstadt zu berufen, dies aber erst zu dem Zeitpunkt, an dem der Neubau der dortigen Orgel fertiggestellt sein wird: im Sommer 1703. In Weimar wurde Bach als Hofmusicus (»Laquey«) aus der Hofhaltung des Herzogs Johann Ernst besoldet, des jüngeren Bruders des regierenden Herzogs Wilhelm Ernst, in dessen privatem Kammerorchester er vermutlich als Cembalist, Geiger und Bratscher mitwirkte; außerdem war er mit ziemlicher Sicherheit auch dem alternden und durch seine zusätzlichen Sekretärspflichten in der herzoglichen Kanzlei überlasteten Hoforganisten Johann Effler behilflich – dessen Nachfolger er dann 1708 werden sollte.

Am 14. August 1703 wurde dem achtzehneinhalbjährigen Bach die Bestallungsurkunde an der Neuen Kirche (der ehemaligen Bonifaziuskirche) in Arnstadt ausgehändigt. Die gräfliche Residenzstadt mit ihren damals etwa 3800 Einwohnern war schon durch vier Generationen hindurch eine der Hauptstädte des musikalisch Bachischen Geschlechts gewesen. Ein reiches, für die damalige Zeit typisches städtisches und gräfliches Musikleben fand Bach vor. An der »Frühkirche« (Liebfrauenkirche) versah Andreas Börner den Organistendienst. An der Hauptkirche, der die Stadtschule angeschlossen war, wirkten als Kantor Ernst Dietrich Heindorff und als Organist Christoph Herthum, der auch den Organistendienst in der Schloßkapelle versah. Auf dem Schloß, der Residenz des Grafen Anton Günther II., gab es neben den privilegierten Hoftrompetern eine Hofkapelle unter der Direktion von Paul Gleitsmann; und einer der Hofmusiker versah mit einigen Gesellen und Lehrjungen die Aufgaben des Stadtmusikers. Auf dem Tuchmacherboden des Rathauses fanden die Aufführungen des gräflichen Theaters statt, die hauptsächlich von den Bürgern bestritten und gegen Eintrittsgeld auch von diesen besucht werden konnten. Hier wurde im Mai 1705 die sogenannte »Arnstädter Bieroper« aufgeführt *(Die Klugheit der Obrigkeit in Anordnung des Bierbrauens)*, im Arnstädter Dialekt; zuweilen vermutete man in Bach den Komponisten der (verlorengegangenen) Musik dieser »Operette«.

Als Organist an der Neuen Kirche, die der oft überfüllten Hauptkirche als Entlastung diente, hatte Bach nicht viel zu tun (obwohl er mit jährlich 84 Gulden ganz überdurchschnittlich hoch besoldet wurde): Hauptsächlich hatte er bei den sonn- und feiertäglichen Hauptgottesdiensten die Orgel zu spielen, einschließlich der Begleitung des Gemeindegesangs. Außerdem gab es an der Neuen Kirche einen kleinen Knabenchor unter Leitung eines Präfekten, den sogenannten »Vor-Chor«, in dem Schüler der Stadtschule sangen, die noch nicht Mitglieder der eigentlichen Kantorei, des »Hauptsingechors« (Chorus symphoniacus) der Hauptkirche waren; Bach hatte auch die Aufführung der figuralen, das heißt mehrstimmigen Kirchenstücke durch diesen Chor auf der Orgel zu begleiten.

Hier nun gab es nach Ausweis der Konsistorial-Akten eine jener Schwierigkeiten, auf die wir später unter dem Stichwort »Bachs Empfindlichkeit gegenüber der Qualität des musikalischen Aufführungsapparats« zurückverweisen werden. Da diese Figuralmusik-Aufführungen nur von einem Chorpräfekten, also einem älteren Schüler, nicht aber von einem ausgebildeten Fachmann, einem – wie Bach forderte – Director musices geleitet wurden, streikte Bach. In einem Vernehmungsprotokoll vom 14. August 1705 wird ihm vorgeworfen, daß er nur den Choral [den einstimmigen Gemeindegesang], nicht aber die »Musicalischen Stücke« [die mehrstimmigen Kirchenstücke, die Figuralmusik] »mit musicieren helfen« wolle.

Ille [Bach antwortet]:

»Er weigere sich nicht, wann nur ein Director musices da wäre.«

Nos [die Behörde]:

»Man lebe mit imperfectis [Unvollkommenheiten] und müßte er sich mit den Schülern vergleichen.«

Nach seiner Rückkehr aus Lübeck, im Protokoll vom 21. Februar 1706, wird der Vorwurf von neuem erhoben:

Er solle sich erklären, »ob er sowohl Figural als Choral mit den Schülern spielen wolle. Denn man ihm keinen Capellmeister halten könne.«

Ille:

»Würde man ihm einen rechtschaffenen Director schaffen, wollte er schon spielen.«

Aber es änderte sich nichts, und Bach blieb hartnäckig. Am 11. November 1706 wird protokolliert:

»Wird dem Organisten Bachen vorgestellet, daß er sich zu erklären, ob, wie ihm bereits anbefohlen, er mit denen Schülern musiciren wolle oder nicht; denn wann er keine Schande es achte, bei der Kirchen zu sein und die Besoldung zu nehmen, müßte er sich auch nicht schähmen, mit den Schülern, so darzu bestallet, so lange bis ein anders verordnet, zu musicieren. Dann es sei das Absehen, daß dieselben sich exercieren sollten, um dereinst zur music sich besser gebrauchen zu lassen.«

Ille:

»Will sich deswegen schriftlich erklären.«

Wie diese Erklärung gelautet hat, kann man sich vorstellen.

Ende Oktober 1705 unternahm Bach – mit vierwöchigem Urlaub, wobei er sich von seinem Vetter Johann Ernst Bach vertreten ließ (der dann sein Amtsnachfolger wurde) – eine Reise nach der etwa 450 Kilometer entfernten Hansestadt Lübeck, »und zwar zu Fuße«, wie der Nekrolog berichtet, und mit dem Ziel, »den dasigen berühmten Organisten an der Marienkirche, Diedrich Buxtehuden, zu behorchen«. Gegenüber der Urlaubsüberschreitung um etwa drei Monate scheint die Behörde großzügig gewesen zu sein.

Dafür aber berichten die Protokoll-Akten von drei weiteren Untaten Bachs, von denen die ersten beiden uns bei der späteren Interpretation der Biographie sub specie der Frage »Kirchenmusik und Gemeinde« (oder weiter gefaßt: »Kunst und Publikum«) interessieren werden, während die dritte anderweitige Folgen haben sollte.

Am 21. Februar 1706, also ein paar Wochen nach Bachs Rückkehr aus Lübeck, wurde protokolliert:

»Halten ihm vor, daß er bisher in dem Choral [bei der Choralbegleitung] viele wunderliche variationes gemachet, viele fremde Töne [Tonarten] mit eingemischet, daß die Gemeinde darüber confundiret worden. Er habe ins Künftige, wenn er je einen tonum peregrinum [eine fremde Tonart] mit einbringen wollte, selbigen auch auszuhalten und nicht zu geschwinde auf etwas anderes zu fallen, oder wie er bisher im Brauch gehabt, gar einen tonum contrarium zu spielen.« Am gleichen Tag wird wohl mit Bezug auf Bachs Choralvorspiel und freies Orgelspiel vorwurfsvoll berichtet:

»Der Organist Bach habe bishero etwas gar zu lang gespielet, nachdem ihm aber vom Herrn Superintendenten derwegen Anzeige beschehen, wäre er gleich auf das andere extremum verfallen, und hätte es zu kurz gemachet.«

Die dritte Untat schließlich betraf im November 1706 die Sache mit der »frembden Jungfer«:

»Stellen ihm hierauf fener vor, aus was Macht er ohnlängst die frembde Jungfer auf das Chor bitten und musiciren lassen.«

Wahrscheinlich handelte es sich bei diesem Verstoß gegen das Verbot einer Mitwirkung von Frauen bei der Kirchenmusik (– vielleicht aber war es auch nur ein privates Musizieren –) um Maria Barbara Bach, Bachs Base (zweiten Grades), Tochter des Organisten Johann Michael Bach in Gehren, die nach dem Tode ihrer Mutter 1704 zu ihrer Tante nach Arnstadt gezogen war, wo Bach sie kennenlernte, um sie dann ein Jahr später zu heiraten, auf daß sie ihm in fast dreizehnjähriger Ehe sieben Kinder schenkte, darunter Wilhelm Friedemann und Carl Philipp Emanuel.

Der Wechsel von Arnstadt nach Mühlhausen, der Freien

Reichsstadt, wo Bach am 15. Juli 1707 als Organist an der Kirche Divi Blasii bestallt wurde, bedeutete für ihn zweifellos eine Verbesserung. Mit dieser angesehenen und begehrten Organistenstelle war die Aufsicht über die Kirchenmusik der Stadt und des Landkreises verbunden. Wahrscheinlich war Bach hier auch für die Aufführung von Figuralmusik verantwortlich, zumal er bei seinem Weggang nach Weimar in seinem Entlassungsgesuch betonte, er habe »nicht sonder Kosten einen guten Apparat der auserlesensten Kirchenstücke« sich angeschafft. Außerdem hatte der Organist der Blasiuskirche alljährlich im Februar auch die kirchliche Festmusik bei dem turnusmäßigen Ratswechsel zu besorgen. Hierfür entstand 1708 Bachs *Glückwünschende Kirchen-Motetto* »Gott ist mein König« (Kantate 71), die – entsprechend einer Gepflogenheit bei den Ratswechsel-Musiken – anschließend im Druck erschien. Sie ist die einzige Veröffentlichung einer größeren Vokalkomposition Bachs zu seinen Lebzeiten. Zugleich bietet sie den einzigen fest datierbaren Anhaltspunkt innerhalb von insgesamt acht Kirchenkantaten, die möglicherweise schon vor der Weimarer Zeit entstanden sind und zu denen wahrscheinlich auch das frühe Meisterwerk des Actus tragicus »Gottes Zeit ist die allerbeste Zeit« (Kantate 106) gehört.

Schon seit acht Jahren schwelte bei Bachs Ankunft in Mühlhausen ein Kanzelstreit zwischen dem Hauptprediger an der Kirche Divi Blasii, dem Superintendenten Johann Adolph Frone, einem heftigen Verfechter des Spenerschen Pietismus, und dem Pfarrer an der Marienkirche, Georg Christian Eilmar, einem ebenso eifrigen Vertreter der altlutherischen Orthodoxie. Womöglich hat es Bach nicht sonderlich interessiert, ob das Wort der Heiligen Schrift – wie die Pietisten sagten – zunächst nur als »äußerliches Schrift-Wort« vorliegt, das nur durch Erleuchtung und Bekehrung zu einem »innerlichen Herzens-Wort« werden kann, oder ob es – wie die Orthodoxen dem entgegenhielten – das Wort nicht zweimal, sondern nur einmal gibt. Jedenfalls hat Bach seine Hochschätzung des Pfarrers Eilmar (auf dessen »Begehren« er die Kantate »Aus der Tiefen rufe ich, Herr, zu dir« in Mühlhausen »in die Musik gebracht« hatte) dadurch bekundet, daß er ihn zum Paten seines ersten (in Weimar geborenen) Kindes erwählte.

Nicht erwiesen ist es, ob sich auf jene Kirchenquerelen der

Passus in Bachs an den Mühlhausener Stadtrat gerichteten Entlassungsgesuch vom 25. Juni 1708 bezieht, in dem es heißt: »Wenn auch ich stets den Endzweck, nämlich eine regulierte Kirchenmusik zu Gottes Ehren, und Ihren Willen nach, gerne aufführen mögen... so hat sichs doch ohne Widrigkeit nicht fügen wollen...« Wahrscheinlich war es die pietistische Ablehnung der kunstvollen Kirchenmusik, die sich auf Bachs Tätigkeiten widrig auswirkte und die zur Folge hatte, daß – wie Bach in dem Gesuch vermerkte – die »Harmonie« (das heißt die Aufführungsmöglichkeit von Musik) an Divi Blasii weniger »fasonirt« sei als in manchen der umliegenden Dorfschaften.

Jene vielzitierte Passage von dem »Endzweck, nämlich einer regulierten Kirchenmusik zu Gottes Ehren«, ist oft in dem Sinne mißverstanden (ideologisch mißbraucht) worden, als habe Bach hiermit seinen Lebenssinn, »den Endzweck seines Strebens« (Philipp Spitta) angesprochen. »Endzweck« heißt hier Hauptabsicht und bezieht sich lediglich auf das jeweilige, in diesem Falle Mühlhausener, Amt. Und »regulierte Kirchenmusik« übersetzt Bach in jenem Schriftstück selbst mit »wohlzufassender Kirchenmusik«, und dies betrifft nichts anderes als die Qualität der Aufführungsmittel und den Freiraum der musikalischen Möglichkeiten, die beide von der Einstellung der zuständigen Behörde abhängig waren. »Zu Gottes Ehre« schließlich bezeichnet die Instanz, gegenüber der sich Bach mit seiner Forderung der Reguliertheit in erster Linie verantwortlich wußte.

Anfang Juli 1708 wurde Bach am Hof des Herzogs Wilhelm Ernst zu Weimar als Hoforganist und Kammermusicus eingestellt. In letzterer Funktion diente er vermutlich auch in der Privatkapelle des im sogenannten Roten Schloß residierenden sehr musikliebenden Herzogs Johann Ernst, des Mitregenten und jüngeren Bruders des regierenden Herzogs. Die Hofkapelle leitete der kränkelnde Hofkapellmeister Johann Samuel Drese, der zunehmend von seinem Sohn, dem Vizekapellmeister Johann Wilhelm Drese, vertreten wurde. Der Kapellmeister (beziehungsweise sein Stellvertreter) hatte neben der musikalischen Aufwartung bei der Tafel, bei Empfängen und Festlichkeiten auch die Aufgabe, in der Schloßkapelle neue konzertierende Kirchen-Stücke (Kirchenkantaten, wie man es später nannte) aufzuführen. An der Weimarer Stadtkirche wirkte als Organist Johann

Gottfried Walther, ein Verwandter Bachs (Vetter zweiten Grades), bedeutend als Komponist von Orgelmusik und als Musiktheoretiker. Stadtkantor war Georgius Reineccius, ein – wie Walther in seinem *Musicalischen Lexicon* von 1732 schrieb – »guter Componist«.

Im Dezember 1713 wurde Bach das Organistenamt an der Liebfrauenkirche in Halle angeboten, die Nachfolge Friedrich Wilhelm Zachows. Diplomatisch verhandelte er in Richtung einer Aufbesserung seiner Weimarer Stellung. Am 2. März 1714 wurde ihm hier »das Prädikat eines Concert-Meisters mit angezeigtem Rang nach dem Vice-Capellmeister Dreßen gnädigst conferiret, dargegen er monatlich neue Stücke aufführen und zu solchen Proben die Capell-Musici auf sein Verlangen zu erscheinen schuldig und gehalten sein sollen«. Das bedeutet, daß Bach – neben seinen bisherigen Tätigkeiten und an Stelle des Vizekapellmeisters – nun auch monatlich eine Kantatenkomposition und -aufführung übernahm.

Reisen führten Bach von Weimar aus unter anderem 1709 nach Mühlhausen zur Einweihung des von ihm entworfenen Umbaus der Orgel in der Kirche Divi Blasii (hierfür komponierte er die Orgel-Choralbearbeitung »Ein' feste Burg ist unser Gott«, BWV 720); im Februar 1713 im Rahmen einer Hofreise nach Weißenfels, wo zum Geburtstag des Herzogs Christian von Sachsen-Weißenfels Bachs »Jagdkantate«, BWV 208, aufgeführt wurde; Ende 1714 ebenfalls anläßlich einer Hofreise nach Kassel, wo Bach sich auf der Orgel hören ließ; im September 1717 nach Dresden, wo der Improvisationswettbewerb mit dem französischen Clavecinisten Louis Marchand zu Bachs Gunsten ausging – indem der Gegner vorher das Weite gesucht hatte.

Anfang August 1717 wurde Bach zum Köthener Hofkapellmeister ernannt. Doch bevor er die neue Stelle antreten konnte, wurde er inhaftiert: Am 6. November 1717 »ist der bisherige Concert-Meister und Hof-Organist, Bach, wegen seiner halsstarrigen Bezeugung und zu erzwingenden Dimission auf der Landrichter-Stube arretiret, und endlich den 2. Dezember darauf, mit angezeigter Ungnade, ihm die Dimission durch den Hofsekretär angedeutet, und zugleich des arrests befreiet worden«. Der Grund für die Arretierung ist nicht mit Sicherheit auszumachen. Wegen »zu erzwingender Dimission« deutet darauf hin, daß Bach die Köthener Stelle entgegen dem herzoglichen Willen angenommen hatte. Und wegen »halsstarriger Bezeugung« kann sich darauf beziehen, daß Bach sich weigerte, weiterhin monatlich neue Kirchenstücke zu liefern und aufzuführen, als er bemerkte, daß er bei der Besetzung der Hofkapellmeister-Stelle nach dem Tod Dreses (1. Dezember 1716) übergangen werden sollte. Jedenfalls wurde er »in Ungnaden dimittirt«, was zugleich bedeutete, daß ihn die Zensur aus der Hof- und Stadtgeschichte Weimars ausstrich.

Bachs kompositorisches Schaffen in den neun Weimarer Jahren entspricht seinen dortigen Dienstobliegenheiten. Gemäß seiner Bestallung als Hoforganist hat er in Weimar – mit den Worten des Nekrologs – »die meisten seiner Orgelstücke gesetzet«, etwa zwanzig freie Orgelkompositionen (darunter wahrscheinlich die berühmte Toccata d-Moll, BWV 565) und zahlreiche Choralbearbeitungen, von denen etliche später für die Leipziger Sammlungen überarbeitet wurden. Als Organist war Bach zugleich Lehrer für das Spiel von Tasteninstrumenten und für Komposition; zu seinen Weimarer Schülern gehörten unter anderem Johann Martin Schubert, der Bachs Nachfolger als Weimarer Hoforganist wurde; Johann Caspar Vogler, der 1721 wiederum Schuberts Nachfolge antrat; Johann Tobias Krebs, dessen Sohn Johann Ludwig in Leipzig ein Lieblingsschüler Bachs werden sollte, und Johann Bernhard Bach, ein Sohn und der spätere Nachfolger von Bachs Bruder Johann Christoph in Ohrdruf. Im Mittelpunkt von Bachs Weimarer Lehrwerken steht – bestimmt als Anleitung für einen »anfahenden Organisten« – das *Orgelbüchlein* (»Dem Höchsten Gott allein zu Ehren / dem Nächsten, draus sich zu belehren«). Vielleicht entstanden auch schon in Weimar Vorarbeiten zu den Köthener Unterrichtswerken, den Inventionen und Sinfonien sowie dem Wohltemperierten Clavier. Wohl teils als Spiel- und Unterrichtsrepertoire, hauptsächlich aber in eigener Auseinandersetzung mit der Gattung des Instrumentalkonzerts bearbeitete Bach in Weimar zweiundzwanzig Instrumentalkonzerte verschiedener Meister, sechs für das Orgel-, die anderen für das Klavierspiel, darunter neun Konzerte des Italieners Antonio Vivaldi, des zu dieser Zeit modernsten Instrumentalkomponisten Europas.

Bachs regelmäßiges Weimarer Kantatenschaffen begann mit

seiner Ernennung zum Konzertmeister im März 1714 und endete im Dezember 1716 aus Protest im oben berichteten Sinn. Diskutiert werden für die Weimarer Zeit knapp dreißig Kirchenkantaten (man könnte sie die Weimarer »Konzertmeister-Kantaten« nennen), von denen die meisten allerdings nur in einer Umarbeitung vorliegen, die Bach vornahm, als er diese Kantaten in Leipzig wiederaufführte und in seine Kantatenjahrgänge aufnahm. Zu den Weimarer Kantaten gehören so bedeutende Kompositionen wie »Weinen, Klagen, Sorgen, Zagen«, »Ich hatte viel Bekümmernis«, »Komm, du süße Todesstunde«. Die meisten Texte der Weimarer Kantaten – so auch die der eben genannten – stammen von Salomon Franck, der seit 1701 als Sekretär im Weimarer Konsistorium diente, die herzogliche Bibliothek verwaltete und als Weimarer Hofdichter fungierte. In der Zeit zwischen 1694 und 1718 dichtete Franck fünf Jahrgänge mit Texten für Kirchenkompositionen. Gegenüber dem Texttypus der älteren, motettischen Kantaten Bachs, der aus Bibelversen, Gedichtstrophen und Chorälen bestand, rückte bei Franck die Solo-Arie in den Vordergrund. Und in seinem Jahreszyklus für 1715 *Evangelisches Andachts-Opfer... in geistlichen Cantaten*, aus dem Bach dreizehn Texte vertonte, schloß sich Franck dem Texttypus Erdmann Neumeisters an, bei dem der Wechsel von Rezitativ und Arie den Mittelpunkt bildete.

Erdmann Neumeister hatte als Hofdiakon in Weißenfels (1704–06) die dort unter dem Hofkapellmeister Johann Philipp Krieger nach italienischem Vorbild gepflegte Oper kennengelernt; er war dann Hofprediger in Sorau und ab 1715 Hauptpastor der Jacobikirche in Hamburg. Er veröffentlichte in den Jahren 1700 bis 1716 fünf Jahrgänge *Geistliche Cantaten statt einer Kirchen-Music* (zweite Auflage als *Fünffache Kirchen-Andachten*, Leipzig 1716/17), wobei er die italienische Form der Dacapo-Arie und des Rezitativs in die Kirchenkantate einführte. Für diesen Texttypus verbreitete sich seit Neumeister die Bezeichnung Cantata, terminologisch wahrscheinlich im Anschluß an die italienische weltliche Solo-Cantata (Johann Gottfried Walther definierte 1732: »Cantata... ist eigentlich ein langes Music-Stück, dessen Text italienisch und aus Arien mit untermischtem Recitativ«). Sachlich indessen knüpfte Neumeister an die Oper an; in der zweiten Auflage (1704) seines ersten Kantatenjahrgangs schreibt er: Es »siehet eine Cantate nicht anders aus als ein Stück aus einer Opera, von Stylo Recitativo und Arien zusammengesetzt«, und er rechtfertigte sein Unterfangen gegen die Angriffe vor allem seitens der Pietisten, indem er fragt, »ob diese Art Gedichte, wenn sie gleich ihr Modell von theatralischen Versen erborget, nicht dadurch geheiliget, indem daß sie zur Ehre Gottes gewidmet wird«?

Bach vertonte in Weimar zwei und insgesamt nur fünf Kantatentexte von Neumeister; doch diese Textform – nun wieder vermischt mit Bibelversen, Chorsätzen und Chorälen – wurde zum Grundtypus der Kantaten, Passionen und Oratorien Bachs. Die Aufnahme von Rezitativ und Arie in die Kirchenkantate bedeutete eine mächtige Bereicherung der Kirchenkomposition seitens der Moderne, nämlich der weltlichen Solokantate und der Oper. Und auf der theologischen Ebene bot das in freien (madrigalischen) Versen gedichtete Rezitativ die Möglichkeit der Begebenheits-Erzählung und der theologischen Erörterung, während die Arie Raum gab für die Betrachtung seitens des Ichs, des Einzelnen, oder seitens des Wir, der Gemeinde.

Anfang Dezember 1717 übersiedelte Bach als »Capellmeister und Director der Cammermusiken« nach Köthen, der Residenzstadt des kleinen Fürstentums Anhalt-Köthen. Die Bedingungen, die er dort vorfand, waren ausgezeichnet. Wohnung erhielt er – im Range eines »Hausoffiziers« – im Schloß. Die Bezüge betrugen von Anfang an das Doppelte gegenüber der Weimarer Besoldung. Der junge Fürst Leopold war – mit Worten Bachs – ein die »Musik sowohl liebender als kennender Fürst«. Mit ihm, der höchste musikalische Ansprüche stellte und anerkannte und der sich bei den Musikaufführungen selbst als Sänger, Cembalo- und Gambenspieler betätigte, verband Bach ein durchaus einverständliches Verhältnis. Die Hofkapelle war ein Jahr vor Bachs Dienstantritt durch Einstellung von Musikern aus der Berliner Hofkapelle Friedrich Wilhelms I. (die 1713 aufgelöst worden war) auf siebzehn Mitglieder verstärkt worden. Einige Besonderheiten des Ensembles, vor allem die gute Besetzung der ersten Violine und der Oboe sowie das Vorhandensein zweier Flötisten, spiegeln sich in Bachs Kompositionen der Köthener Zeit. Als eine der fest besoldeten fürstlichen Sängerinnen war ab 1720 die damals neunzehnjährige Anna Magdalena Wilcke angestellt, die Tochter eines Zeitzer Hoftrompeters, die Bach im Dezember 1721 heiratete, nachdem Maria Barbara im Juli des Vorjahres gestorben war.

Gemäß seiner Bedienstung als Direktor der Kammermusiken stand in Bachs Köthener Zeit das instrumentalmusikalische Schaffen im Mittelpunkt. Es entstanden die meisten der Solosonaten und -partiten für Violine, für Flöte und für Violoncello, ein Großteil der klavierbegleiteten Violin-, Flöten- und Gambensonaten, ferner Triosonaten, Violinkonzerte und Orchesterouvertüren. An der Spitze stehen hier die (seit Philipp Spitta) so genannten »Brandenburgischen Konzerte«, genauer die *Six Concerts / Avec plusieurs Instruments*. Bach hatte sie im Laufe mehrerer Jahre und – nach Ausweis der Besetzungen – wohl hauptsächlich für die Köthener Kapelle komponiert. 1721 stellte er sie in einer autographen Reinschrift in der uns bekannten Reihenfolge zusammen, um sie in Erfüllung einer Zueignungsbitte dem Markgrafen Ludwig von Brandenburg zu widmen, dem jüngsten Sohn des Großen Kurfürsten, dessen kleine Hofkapelle den Ansprüchen dieser Kompositionen freilich kaum gewachsen war. Wie die sechs Konzerte in jenem Widmungsexemplar uns vorliegen, bilden sie insofern ein zusammenhängendes Ganzes, als sie nach Besetzung und Form je eine andere Idee des Konzertierens verwirklichen und dabei eine durch neue Züge bereicherte Summa des spätbarocken instrumentalen Gruppenkonzerts darstellen.

An Klavierwerken der Köthener Zeit sind der erste Teil des Wohltemperierten Claviers, die je sechs »englischen« und »französischen« Suiten sowie die Chromatische Fantasie und Fuge zu nennen. Zu den Köthener Lehrwerken gehören das ab 1720 angelegte Klavierbüchlein für Friedemann sowie die zweistimmigen Inventionen und die dreistimmigen Sinfonien. Die Orgelkomposition blieb auf wenige Gelegenheiten beschränkt; so – um nur ein Beispiel zu nennen – schrieb Bach das Präludium und die Fuge g-Moll (BWV 542) vermutlich 1720 anläßlich einer Reise nach Hamburg, wo er sich »vor dem Magistrat und vielen Vornehmen der Stadt« auf der Orgel der Katharinenkirche hören ließ, unter anderem auch mit einer halbstündigen improvisierten Variation über den Choral »An Wasserflüssen Babylons« – woraufhin der Katharinen-Organist Jan Adams Reinken, damals fast hundert Jahre alt, sehr bezeichnend gesagt haben soll (nach Johann Nikolaus Forkel): »Ich dachte, diese Kunst wäre ausgestorben, ich sehe aber, daß sie in Ihnen noch lebt.«

Auch in Köthen hat Bach pflichtgemäß Kantaten komponiert, und zwar regelmäßig zum Geburtstag des Fürsten am 10. Dezember und für die Neujahrsfeier am 1. Januar. Der Köthener Hof war reformiert, wenn auch konfessionell ausgesprochen tolerant; Kirchenmusik jedoch war hier nicht gefragt. Indessen hat Friedrich Smend in seinem Buch *Bach in Köthen* (1951) nachzuweisen versucht, daß Bach für die beiden genannten Festlichkeiten jährlich wahrscheinlich je eine weltliche und eine gottesdienstliche (?) Kantate komponiert hat. Insgesamt dürften in Köthen mindestens dreizehn Kantaten entstanden sein, darunter aber wahrscheinlich nur eine kirchliche. Nahezu alle diese Kantaten hat Bach dann in Leipzig als Kirchenkantaten wiederverwandt. So zum Beispiel wurde aus der Serenata »Durchlaucht'ster Leopold« zum Geburtstag des Fürsten am 10. Dezember 1717 (?) die Leipziger Kantate zum zweiten Pfingstfeiertag 1724 (?) »Erhöhtes Fleisch und Blut«.

Zu beobachten ist auch bei den Kantaten jener Zeit, wie Bach sein Komponieren den gegebenen Verhältnissen anpaßte, wobei ein spezifisch Köthener Kantatentypus entstand: Bevorzugt sind entsprechend den Kapellverhältnissen der solistische Gebrauch der ersten Violine und der Einsatz zweier Flöten; der Choral fehlt, und da nur ein bescheidener Chor zur Verfügung stand, tritt der Chorgesang stark zurück. Dies wird aufgewogen durch neue Formen des solistischen Singens, namentlich durch den Rezitativ-Dialog und das cantable Dialog-Duett sowie durch die Aufnahme von Tanzformen in die Kantatenkomposition: Menuett, Gavotte, Polonaise und Passepied.

Man kann ohne Übertreibung sagen, daß wir das hauptsächliche orchester- und kammermusikalische Schaffen Bachs dem biographischen Umstand seiner Köthener Kapellmeister-Anstellung verdanken. Und hinzuzufügen ist, daß er in Köthen, also abseits von der Kirchenmusik, wohl die glücklichste Zeit seines Lebens verbrachte; hier gedachte er, wie er selbst äußerte, seine »Lebenszeit zu beschließen«. Andererseits: Wäre es nicht anders gekommen, würde der weitaus größte Teil seiner kirchenmusikalischen Werke nicht entstanden sein.

Im Juni 1722 starb in Leipzig der Kantor der Thomasschule, Johann Kuhnau. Auf der Suche nach einem Nachfolger – und dies wirft ein Licht auf die Geltung des Leipziger Thomaskantorats – verhandelte der Rat der Stadt mit drei der angesehensten Musiker der damaligen Zeit, mit dem Hamburger Kantor und Director musices Georg Philipp Telemann, der seine Bewerbung im November zurückzog, daraufhin mit dem Zerbster Hofkapellmeister Johann Friedrich Fasch, der aber der Aufforderung zur Bewerbung nicht Folge leistete, worauf man sich um den Darmstädter Hofkapellmeister Johann Christoph Graupner bemühte, der das Anerbieten ablehnte und Bach empfahl.

Am 7. Februar 1723 führte Bach in Leipzig als Probestück die Kantate »Jesus nahm zu sich die Zwölfe« auf. Am 13. April erfolgte Bachs »gnädigste Dimission« aus dem Köthener Dienst. Am 5. Mai wurde ihm die Wahl »zum Cantorn-Dienste bei der Schule zu St. Thomae« offiziell mitgeteilt, nachdem vereinbart worden war, daß er sich in dem pflichtgemäßen Lateinunterricht auf seine Kosten durch einen anderen Schulkollegen dauernd könne vertreten lassen. Am 22. Mai »zu Mittage kamen 4 Wagen mit Hausrat beladen von Cöthen allhier an, so dem gewesenen dasigen Fürstlichen Capell-Meister, als nach Leipzig vocierten Cantori Figurali, zugehöreten; um 2 Uhr kam er selbst nebst seiner Familie auf 2 Kutschen an, und bezog die in der Thomas-Schule neu renovierte Wohnung«. Am 30. Mai wurde in der Nikolaikirche vor und nach der Predigt »mit gutem applausu« als Antrittsmusik seine Kantate »Die Elenden sollen essen« aufgeführt. Und am 1. Juni wurde Bach förmlich in sein Amt eingewiesen und dabei von dem Thomas-Pastor und -Schulinspektor Christian Weiß ermahnt, »daß Er sich dem löblichen Consistorio zu unterwerfen, E. E. Rat als Patronum zu ehren, den Herrn Superintendenten als seinen Vorgesetzten zu erkennen, friedlich und schiedlich mit denen Herren Collegis insgesamt, sonderlich mit dem Herrn Rectore zu leben, der Jugend pflichtgemäß vorzustehen, und überhaupt, das Cantorat-Amt zu St. Thomae, dem Herkommen gemäß, gebührend zu verwalten habe«.

Schon aus diesem Katalog von Ermahnungen wird verständlich, daß es Bach »anfänglich gar nicht anständig sein wollte, aus einem Capellmeister ein Cantor zu werden«, wie er sieben Jahre später, am 28. Oktober 1730, an seinen einstigen Schulkameraden, den derzeitigen russischen Diplomaten Georg Erdmann in Danzig, schrieb, als er sich, enttäuscht von den Leipziger Verhältnissen, insbesondere von der »wunderlichen und der Music wenig ergebenen Obrigkeit«, genötigt sah, seine »Fortun anderweitig zu suchen«. Im gleichen Brief führte Bach die Gründe für seine »Mutation« von Köthen nach Leipzig an: Die »musicalische Inclination« des Fürsten Leopold war nach seiner Vermählung im Dezember 1721 »etwas laulicht« geworden, »zumalen da die neue Fürstin schiene eine amusa zu sein«; im übrigen wurde ihm die Leipziger Stelle als durchaus »favorable« (»erklecklich«) beschrieben, und nicht zuletzt lockte ihn die Universitätsstadt, da seine Söhne »denen Studiis zu inclinieren schienen«. Man kann hinzufügen, daß, wie schon gesagt, das Leipziger Thomaskantorat in einem hohen, traditionsreichen Ansehen stand, und vielleicht auch, daß Bach in der konzertierenden Kirchenmusik (der »Concert-Musique«, wie er sie auch nannte), die in Leipzig von ihm vornehmlich gefordert wurde, einen Anreiz erblickte, nachdem diese Seite seines kompositorischen Vermögens in Köthen so gut wie brachgelegen hatte – was freilich mit einer planvollen »Rückkehr zu einer kirchenmusikalischen Schaffensbestimmung«, die man in Bachs Amtswechsel glaubte erkennen zu können, wenig oder nichts zu tun hat. Daß Bach sich ideell zum Kirchenkomponisten berufen glaubte, ist nicht nur nicht nachweisbar, sondern ganz unwahrscheinlich.

Als Thomaskantor und Director musices war Bach für die vokale Kirchenmusik in vier Leipziger Kirchen verantwortlich. Dementsprechend mußte der aus den Alumnen der Thomasschule bestehende Chorus musicus in vier Chöre geteilt werden. Jeder Chor hatte einen Inspektor (beim ersten Chor war dies der Kantor, beim zweiten der Konrektor und so weiter) und einen Präfekten, der nach altem Brauch vom Kantor ernannt wurde und ihn zu vertreten hatte, wenn der Kantor bei Proben und Aufführungen nicht selbst anwesend sein konnte. Das Instrumental-Ensemble setzte sich – nicht ohne beständige Schwierigkeiten – aus Stadtmusikern, Studenten und Thomasalumnen zusammen. Der erste Chor sang in regelmäßigem Wechsel in der Nikolai- und in der Thomaskirche; dabei wurde unter Bachs Leitung an jedem Sonn- und Festtag eine Konzertmusik (in der Regel eine Kantate) aufgeführt, »meistens von meiner Composition«, wie Bach bemerkte. An der jeweils anderen der beiden Kirchen wirkte der zweite Chor; eine Konzertmusik erklang hier nur an den Festtagen. An der Neuen Kirche wurden von dem dritten Chor lediglich Motetten und Choräle gesungen (die Konzertmusik oblag hier dem Organisten). Und »in die Peters-Kirche kömmt der Ausschuß, nämlich die, so keine Music verstehen, sondern nur notdürftig einen Choral singen können«.

Wahrscheinlich gleich in den ersten Leipziger Jahren schuf Bach den bei weitem größten Teil seiner geistlichen Kantaten, die er – auch unter Rückgriff auf die schon in Weimar und Köthen entstandenen Kompositionen – zu mehreren Kantatenjahrgängen zusammenstellte, von denen drei erhalten sind (während der Nekrolog von fünf Jahrgängen spricht). Und mit eindeutigem Schwerpunkt im ersten Jahrzehnt seines Kantorats schrieb er an weiterer Kirchenmusik die Johannespassion (erste Aufführung am Karfreitag 1724), das Magnificat (1723), das Sanctus der h-Moll-Messe (1724), das Osteroratorium (1725), die Matthäuspassion (erste Aufführung am Karfreitag 1727 oder 1729), die Markuspassion (1731, die Musik ist verschollen, aber zum Teil Parodie erhaltener Kompositionen und aus diesen rekonstruierbar), den Kantatenzyklus des Weihnachtsoratoriums (1734), ferner vermutlich auch einige der Motetten.

Ein weiteres Schaffensgebiet stellen die weltlichen Kantaten dar, die der Director musices bei verschiedenen Gelegenheiten, insbesondere als Huldigungen für Fürstlichkeiten und Persönlichkeiten des städtischen Lebens, zu komponieren hatte, so zum Beispiel die Schäferkantate »Entfliehet, verschwindet, entweichet, ihr Sorgen« 1725 zum Geburtstag des Herzogs Christian von Sachsen-Weißenfels oder dic als Bauernkantate bekannte *Cantate en burlesque* »Mer hahn en neue Oberkeet« zur Huldigung des Kammerherrn Carl Heinrich von Dieskau. Insgesamt sind während Bachs Leipziger Zeit mehr als fünfzig Festakte nachweisbar, bei denen Bach Konzertmusik aufführte, die er zum großen Teil selbst komponiert hat. – Einen instrumentalmusikalischen Schaffensanreiz eröffnete ab 1729 die Übernahme des »Schottischen« Collegium musicum, das bis dahin der Organist der Neuen Kirche, Georg Balthasar Schott, geleitet hatte und das nun von Bach bis 1737 und dann wieder von 1739 bis 1746 (?) betreut wurde. Mit den Studenten dieses Collegiums musizierte Bach einmal wöchentlich im Zimmermannschen Kaffee-Haus oder -Garten neben weltlichen Kantaten Orchester-, Kammer- und Cembalomusik, wofür er insbesondere die Konzertbearbeitungen für Cembalo (BWV 1052 bis 1065) geschaffen hat.

Bachs Arbeitskraft muß enorm gewesen sein. Denn neben der Haupttätigkeit des Komponierens, die beständig mit der Beschaffung der Kantatentexte, der Überwachung der Kopistenarbeiten und mit Proben verbunden war, standen die Verantwortung für die regelmäßige Musik an den genannten vier Kirchen, die Materialbeschaffung bei den Aufführungen von Kompositionen anderer Komponisten, die musikalische Unterweisung der Thomaner und anderer Schüler, die Verpflichtungen, die ihm die Titel eines »Hochfürstlichen Anhalt-Cöthenischen Kapellmeisters« (bis zum Tode Fürst Leopolds, 1728) und eines »Hochfürstlichen Sächsisch-Weißenfelsischen Kapellmeisters« (bis zum Tode Herzog Christians, 1736) brachten, sowie eine ausgedehnte, mit vielen Reisen verbundene Tätigkeit als begehrter Orgelsachverständiger und nicht zuletzt das häusliche Leben in einer großen Familie, deren Angehörige, wie Bach versicherte, »insgesamt... geborene Musici« waren, so daß er mit ihnen »schon ein Concert vocaliter und instrumentaliter... formieren« konnte.

In Leipzig hat Bach nun allerdings manche Verdrießlichkeiten und gravierende Enttäuschungen hinnehmen müssen. Und dies betraf nicht nur die wirtschaftliche Lage, insbesondere die Erfahrung, daß Leipzig »ein sehr teurer Ort« war und daß die »accidentia«, das heißt die zu dem festen Gehalt hinzukommenden Einkünfte, etwa aus Hochzeiten und Beerdigungen, großen Schwankungen unterlagen. Mehr noch machte ihm der fortschrittliche Geist der Obrigkeit zu schaffen. Die aktenkundig gewordenen Auseinandersetzungen mit den Behörden (zum Beispiel als man ihm 1728 das Recht zur Auswahl der im Gottesdienst zu singenden Lieder streitig machte und als ihm 1736 der Rektor der Thomasschule aus unsachlichen Gründen einen unfähigen Präfekten des ersten Chors aufzwingen wollte) waren nur äußere Anzeichen jenes auch in Leipzig an Boden gewinnenden neuhumanistischen Bildungskonzepts der Aufklärung, das der Musik wenig Wert beimaß und somit die für Bachs Amtsauffassung maßgebende evangelisch-lutherische Schul- und Kirchenmusiktradition unterhöhlte.

Am empfindlichsten mußte ihn der – von den Behörden teils verschuldete, teils hingenommene – Niedergang der Aufführungsbedingungen der in seiner Verantwortung stehenden Musik treffen. Dies war Bachs neuralgischer Punkt. In einer Eingabe vom 23. August 1730, überschrieben: »Kurzer, jedoch höchst nötiger Entwurf einer wohlbestallten Kirchen-Music, nebst einigem unvorgreiflichen Bedenken von dem Verfall derselben«, rechnete er dem Stadtrat vor, daß er für die ordentliche Durchführung der sonntäglichen Musik an den vier Leipziger Kirchen zu allermindest 36 taugliche Vokalisten benötige, daß aber – zufolge des derzeitigen Aufnahmeverfahrens der seit alters her für den Chorgesang bestimmten Alumnen der Thomasschule (indem man ihm sogar Knaben zumutete, die »nicht einmal eine Secundam im Halse formieren« können) – unter den derzeit 54 Alumnen nur »17 zu gebrauchende, 20 noch nicht zu gebrauchende und 17 untüchtige« sich befänden und zudem von den mindestens 18 bis 20 fest zu besoldenden Instrumentalisten wegen Entzugs der finanziellen Mittel elf Stellen vakant seien. So klagt Bach zwei Monate später in dem bereits zitierten Brief an Georg Erdmann über die »wunderliche und der Music wenig ergebene Obrigkeit«, so daß er »fast in stetem Verdruß, Neid und Verfolgung leben muß«. Und er sieht sich nach einer anderen Stelle um.

Nicht also Amt und Aufgaben haben Bach in Leipzig enttäuscht, sondern die Leipziger Verhältnisse, die dieses Amt zu drangsalieren begannen: Hier waren Zeichen gesetzt für einen Niedergang der Kirchenmusik, dem Bach sich widersetzte – nicht allerdings aus religiösem Pathos, sondern aus der Verantwortung des Musikers gegenüber der Bedrohung der qualitativen Voraussetzungen seines Tuns. Bach hat in Leipzig nicht eine Tradition des Kantorenamts, sondern er hat sich selbst in seinen Ansprüchen als Musiker und Komponist zu verteidigen versucht, und zwar vergeblich.

Wesentliche Züge von Bachs Verhalten während der letzten anderthalb Jahrzehnte seines Lebens sind von hier aus zu verstehen, nämlich als eine Reaktion auf die Zeichen der Zeit, die wir heute als einen Traditionsbruch erkennen, jenen, den das Wort

»Aufklärung« umschreibt. Indem sich Bach nach 1730/35 mehr und mehr von den kirchenkompositorischen Aufgaben zurückzog, reagierte er auf die Unaufhaltsamkeit der schul- und kirchenmusikalischen Veränderungen, die das Thomaskantorat untergruben. Und indem er fortan das Sammeln und Abrunden seiner Werke, das Publizieren von Klavier- und Orgelkompositionen, das Arbeiten an den zyklischen Spätwerken und bei alldem das Demonstrieren und Lehren kontrapunktisch geprägter Kompositionskunst in den Mittelpunkt seiner Arbeit stellte, spielte er – bewußt und unbewußt – seine Art von Musik gegen jenen tiefgreifenden Geschmackswandel aus, der in den aufklärerischen Begriffen der musikalischen »Natürlichkeit« und »Annehmlichkeit« sich anzeigte, von daher Bachs Musik als gekünstelt, schwülstig und verworren tadelte und der in den vorklassischen Erscheinungen des empfindsamen und galanten Stils jene neue Musikkultur initiierte, die bis heute währt: die unsrige.

Überblickt man Bachs Schaffen ab etwa Mitte der dreißiger Jahre, so fällt auf, daß fast alle wichtigeren Werke »Clavier«-Musik, das heißt für Cembalo oder Orgel geschrieben sind und daß die meisten von ihnen zur Veröffentlichung bestimmt waren: Entweder wurden sie gedruckt oder von Bach für den Druck vorbereitet (wobei nur das Wohltemperierte Clavier, dessen zweiter Teil 1744 fertiggestellt war, aus mir nicht bekannten Gründen eine Ausnahme zu bilden scheint).

An größeren Vokalwerken ist hier nur noch die h-Moll-Messe zu nennen. Schließen wir uns den Forschungen von Alfred Dürr an, so ergibt sich, daß das Sanctus als Einzelsatz bereits 1723 komponiert war; Kyrie und Gloria entstanden als Missa (»Kurzmesse«) 1733, und mit diesen beiden Sätzen bewarb sich Bach im Juli dieses Jahres (– nicht ohne Hinweis auf die beschränkten Leipziger Verhältnisse –) beim sächsischen Kurfürsten Friedrich August II. um »ein Praedikat« der Dresdener Hofkapelle, das ihm aber erst nach erneuter Bewerbung 1736 mit der Ernennung zum »Königlich Polnischen und Churfürstlich Sächsischen Hofkomponisten« gewährt wurde. Die weiteren Teile der Messe entstanden dann wohl im Hinblick auf die mit dieser Ernennung verbundenen Verpflichtungen.

Nachdem von Bachs Werken bis dahin nur zwei Mühlhausener Ratswechselmusiken gedruckt worden waren (die eine von

1708, siehe oben S. 72, die andere von 1709 ist nicht erhalten), begann Bach seine Drucktätigkeit 1726 mit den sechs Klavier-Partiten, die unter dem Titel *Clavier-Übung* zunächst in Einzelheften und 1731 als »Opus 1« zusammengefaßt erschienen und die er – wie auch die folgenden Clavier-Übungen – »denen Liebhabern zur Gemüths-Ergötzung« verfertigt hatte. An Klaviermusik-Veröffentlichungen folgten als *Clavier-Übung* II 1735 das Italienische Konzert und die »Ouverture [Partita h-Moll] nach Französischer Art« und als *Clavier-Übung* IV 1741 (?) die Goldberg-Variationen.

Bei den Orgelwerken, die Bach ab 1739 teils im Druck erscheinen ließ, teils für den Druck vorbereitete, handelt es sich – außer den sechs Triosonaten, die den ersten Teil der heute als »Leipziger Originalhandschrift« bezeichneten Druckvorlagen bilden – fast ausschließlich um Choralbearbeitungen. Und dies kann dahin gehend verstanden werden, daß es die an einen Cantus firmus und an eine Textvorstellung gebundene Orgelmusik war, die Bach in besonderem Maße für sich gelten ließ. Zu nennen sind an gedruckten Arbeiten die Choralvorspiele der 1739 erschienenen *Clavier-Übung* III; die *Canonischen Veränderungen über das Weihnachtslied Vom Himmel hoch, da komm' ich her*, die Bach 1746/47 anläßlich seiner Aufnahme in die von Lorenz Mizler in Leipzig gegründete »Societät der musikalischen Wissenschaften« komponiert hatte und nach ihrer Veröffentlichung (vermutlich 1748) in einer überarbeiteten Form ebenfalls in jenen Leipziger Sammelband eintrug; ferner die *Sechs Choräle von verschiedener Art*, die nach 1746 bei Schübler erschienen, und schließlich die siebzehn Choralbearbeitungen, die – plaziert vor den Canonischen Veränderungen – den zweiten Teil jener »Leipziger Originalhandschrift« bilden, wobei Bach weitgehend auf Stücke aus der Weimarer Zeit zurückgriff.

Als ein Werk, das entstanden ist, um in extremer Weise Bachs Kunstvermögen – man kann auch sagen: Komposition als Wissenschaft – zu repräsentieren, kann das Friedrich dem Großen »geweihte« *Musicalische Opfer* angesehen werden, eine Zusammenstellung von zwei Ricercaren, zehn Kanons und einer Triosonate über jenes »königliche Thema«, das Bach während seines Besuchs in Potsdam im Mai 1747 von Friedrich II. zur Improvisation aufgegeben worden war.

Kann das *Musicalische Opfer* als ein aus bestimmtem Anlaß entstandenes Gelegenheitswerk angesprochen werden, so ist die *Kunst der Fuge* neben dem *Wohltemperierten Clavier* das Hauptwerk der auf freier Entscheidung beruhenden zyklischen Großwerke. Die Bindung besteht hier in der Vorsätzlichkeit, mit der Bach das Demonstrieren und Lehren der Kunst des Kontrapunkts in der Form von Fugen und Kanons über ein einziges Thema mit der künstlerischen Qualität, dem Ausdrucks- und Aussagereichtum der Musik verband. Während der Überwachung der Druckausgabe und der Arbeit an dem Contrapunctus XIV, jener Fuge, in der als drittes Soggetto das B-A-C-H-Thema eingeführt ist und die – indem als viertes Thema noch das Grundthema hinzutreten sollte – wahrscheinlich als Schlußfuge mit vier Themen und einem Spiegelungs-Schlußteil geplant war, ist Bach gestorben. Der Tod erreichte ihn körperlich unerwartet. Durch ein Augenleiden schon längere Zeit behindert, unterzog er sich Ende März 1750 einer Augenoperation. Diese aber – so berichtet der Nekrolog – »lief sehr schlecht ab. Er konnte nicht nur sein Gesicht nicht wieder brauchen: sondern sein im übrigen überaus gesunder Körper wurde auch zugleich dadurch und durch hinzugefügte schädliche Medicamente und Nebendinge gänzlich über den Haufen geworfen«. Eine zweite vergebliche Augenoperation Anfang April beförderte diesen Zustand, der am 28. Juli zu Bachs Tode führte.

Kurz vor seinem Tod hatte Bach den Orgelchoral »Wenn wir in höchsten Nöten sein«, den er in Weimar für das *Orgelbüchlein* komponiert und in Leipzig überarbeitet hatte, in der überarbeiteten Fassung an den Schluß der oben (S. 86) erwähnten Leipziger Originalhandschrift »diktierend« eintragen lassen, indem er einige Verbesserungen vornahm und – situationsbegründet – den Titel in »Vor deinen Thron tret ich hiermit« verändern ließ. Dies war Bachs letzte kompositorische Handlung.

Die Fertigstellung der Druckausgabe der *Kunst der Fuge* übernahm Carl Philipp Emanuel Bach, der sich dabei vor die Aufgabe gestellt sah, dem Werk als Schlußstück eine andere Komposition anzufügen, da die Veröffentlichung eines Werkfragments zu jener Zeit nicht möglich war. Vermutlich war ihm berichtet worden, daß sein Vater sich auf seinem Krankenbett mit jenem Orgelchoral beschäftigt hatte, und da er die »Diktat«-Version nicht kannte (die Leipziger Originalhandschrift gelangte wahrscheinlich zunächst in den Besitz Friedemann Bachs), bezog er den »Diktat«-Vorgang auf die in seinen Händen befindliche, mit dem Titel »Wenn wir in höchsten Nöten sein« überschriebene Fassung und löste mit ihr das Fragmentproblem. Hätte er die letzte, verbesserte Fassung gekannt, so hätte er zweifellos sie gewählt, und dies bedeutet, daß – sofern man heute überhaupt diesen Anhang beibehalten möchte – der Orgelchoral mit der Überschrift »Vor deinen Thron tret ich hiermit« als Schlußstück der *Kunst der Fuge* zu gelten hat.

*

Die Frage, von der wir ausgegangen waren: wie läßt es sich erklären, daß Bach möglich war?, führt in das Rätselhafte, das Unerklärbare des schöpferischen Vermögens. Aber man kann Voraussetzungen benennen, Konstellationen oder Ereignisse, die der Entfaltung des künstlerischen Vermögens zugute kamen. Im Blick auf die form-, gattungs- und kompositionsgeschichtlichen Traditionen, die in Bachs Schaffen gleichsam einmündeten und zu ihrem Höhepunkt gelangten, kann mit Albert Schweitzers Worten gesagt werden: »Jahrhunderte und Generationen haben an dem Werk gearbeitet«; Bach ist »ein historisches Postulat« gewesen. Und mit diesem berühmten Diktum ist es durchaus vereinbar, wenn man zugleich die Grenzposition Bachs bedenkt und hervorkehrt, nämlich Bachs geschichtlichen Ort so kurz vor und sogar gleichzeitig mit dem Traditionsknick, dem Aufkommen der neuen bürgerlichen, öffentlichen, vorklassischen Musikkultur: das progressive »schon«, das in dem traditionellen »noch« des Bachschen Werks sich zeigt und den Reichtum vermehrt.

Wir aber hatten uns vorgenommen, die aus dem Staunen geborene Frage: wie denn es möglich war, daß es Bach gibt, von Bachs Biographie her zu bedenken, die wir nicht zuletzt deshalb hier relativ ausführlich dargestellt haben, um sie nun als das Material zu benutzen, das wir unter dem Aspekt jener Frage interpretieren, gleichsam auswerten. Dabei handelt es sich nicht, im Augenblick noch nicht, um die konkrete Art des Bachschen Komponierens (obwohl sie – die wir dann abschließend betrachten werden – schon hier mit im Spiel ist), sondern unsere Frage betrifft zunächst grundsätzlich die Qualität, die Sinnfülle, den künstlerischen Rang dieser Musik, dasjenige, was ihr die Weltgeltung verschafft hat. Vier Aspekte seien benannt und belegt.

Erstens: *Bachs systematische Adaption der Künste des Komponierens.* Hier sei zunächst jener Vorfall während Bachs Ohrdrufer Schulzeit nachgetragen, den der Nekrolog berichtet und der trotz seiner anekdotischen Färbung durchaus glaubhaft erscheint. »In kurzer Zeit hatte er [der junge Bach] alle Stücke, die ihm der Bruder freiwillig zum Lernen aufgegeben hatte, völlig in die Faust gebracht. Ein Buch voll Clavierstücke [das heißt Stücke für Tasteninstrumente, einschließlich Orgel] von den damaligen berühmtesten Meistern, Frobergern, Kerlen, Pachelbeln aber, welches sein Bruder besaß, wurde ihm ... versaget.« Daraufhin habe Bach dieses Notenbuch nächtlicherweise heimlich abgeschrieben und es sich »mit ausnehmender Begierde zu Nutzen zu machen« gesucht. Dieser Vorfall bezeugt Bachs frühes Kennenlernen der südlichen Tastenkunst: Johann Pachelbel war in Wien (vermutlich) Schüler des dortigen Domorganisten Johann Kaspar Kerll gewesen, und dieser war seinerseits – ebenso wie Johann Jacob Froberger – in Rom bei Girolamo Frescobaldi ausgebildet worden, der auf dem Gebiet der Tastenmusik epochemachend gewesen ist und dessen 1635 erschienene *Fiori musicali* sich Bach dann später in Weimar in einer Abschrift verschafft hat.

Im Gedanken an die Adaptionsbegierde Bachs erinnern wir uns an die Lehrreisen während der Lüneburger Zeit nach Hamburg, der Metropole der norddeutschen Orgelkunst, und nach Celle, einer Hochburg der französischen Moderne, sowie von Arnstadt aus nach Lübeck, wo abermals die norddeutsche Orgelmusik den Anziehungspunkt bildete. Wir denken ferner an die systematische Auseinandersetzung mit dem Konzertwerk Antonio Vivaldis während der Weimarer Zeit und erwähnen hier auch, daß Bach besonders nach seiner Ernennung zum Dresdener Hofkomponisten (1736), mit der ein verstärktes Interesse für die Komposition von Messen in Zusammenhang stand, in Abschriften, Bearbeitungen und Aufführungen sich intensiv mit der italienischen Kirchenmusik beschäftigt hat, namentlich mit Giovanni Battista Pergolesi, Antonio Caldara, Antonio Lotti, Giovanni Battista Bassani bis zurück zu Palestrina.

Zweitens: *Bachs Empfindlichkeit gegenüber der Qualität des musikalischen Aufführungsapparats.* Sie spiegelt Bachs Qualitätsanspruch gegenüber sich selbst, seinem Komponieren, auf der Ebene der Exekution, der Ausführung von Musik, deren qualitative Möglichkeiten jeweils weitgehend von den behördlichen, den städtischen, schulischen, kirchlichen oder den höfischen Bedingungen abhängig waren. Diese Empfindlichkeit, die Bach den Behörden gegenüber als aufmüpfig und unbequem erscheinen ließ, durchzieht Bachs Biographie wie ein roter Faden und wird jedesmal dann aktenkundig, wenn die Bedingungen mangelhaft waren.

Wir erinnern uns: Als man für die Aufführungen der Figuralmusik in der Arnstädter Neuen Kirche keinen versierten Chorleiter (»Director musices«) bewilligte, verweigerte Bach seine Mitwirkung. Die »Widrigkeit«, die er gegenüber dem Mühlhausener Rat als Grund für die Behinderung der Durchführung einer »regulierten Kirchenmusik« ins Feld führte, betraf zusammen mit dem Freiraum der musikalischen Möglichkeiten auch die Qualität der Aufführungsmittel. Weil Bach die in jeder Hinsicht qualitativ bessere Köthener Kapellmeisterstelle gegen den Willen des Weimarer Herzogs angenommen hatte (wegen »zu erzwingender Dimission«), wurde er eingesperrt. Länger als ein Jahr und bis zur Anrufung des Kurfürsten von Sachsen verteidigte Bach in Leipzig ab 1736 das Recht zur Einsetzung des Chorpräfekten, das ihm der Thomasrektor Johann August Ernesti aus musikfremden Gründen streitig gemacht hatte. Und entscheidend für Bachs kompositorisches Verhalten während der letzten zwei Jahrzehnte seines Lebens war der qualitative Niedergang der Thomaskantorei gewesen, den Bach schon 1730 dem Leipziger Rat ausführlichst als »Verfall« beschrieben hatte.

Drittens: *Bachs progressiver Anspruch an die reproduktiven Fähigkeiten der Instrumentalisten und Sänger.* Diesen Aspekt – er ist aus unserer biographischen Darstellung nicht abzulesen – fügen wir hier ein, weil er der kompositorischen Qualität der Bachschen Musik in starkem Maße zugute kam. Zu konstatieren ist zunächst, daß Bachs Anforderungen an die Ausführenden seiner Musik im Bereich der Klavier-, Orgel-, Kammer- und Konzertmusik, aber auch in seinen Kirchenkompositionen, über das in seiner Zeit gewohnte Maß weit hinausgingen. Dies war einer der Gründe dafür, daß Bachs Werke in den ab 1730/40 sich stark vergrößernden musikalischen Liebhaberkreisen des aufstrebenden Bürgertums wenig Verbreitung fanden. Die Schwierigkeit der Ausführung der Musik Bachs kommt zur Sprache in dem in den Jahren 1737 bis 1739 geführten Federkrieg zwischen einerseits dem Hamburger Musikkritiker und Komponisten Johann Adolph Scheibe, der in seiner Wochenzeitschrift *Der critische Musikus* Bachs Art der Musik getadelt hatte, und andererseits dem Leipziger Universitätsdozenten Johann Abraham Birnbaum, der Bach gegen Scheibe verteidigte.

Scheibe hatte Bach als Klavier- und Orgelspieler höchstes Lob gezollt: Seine Art des Spielens könne man »kaum begreifen«. Aber von Bach als Komponisten hatte er (– gewiß auch im Namen jenes an Macht gewinnenden Musikliebhabertums –) behauptet, daß er »seinen Stücken durch ein schwülstiges und verworrenes Wesen das Natürliche entzöge und ihre Schönheit durch allzugroße Kunst verdunkelte«, und dies vor allem aus folgendem Grund: »Weil er nach seinen Fingern urteilt, so sind seine Stücke überaus schwer zu spielen; denn er verlangt, die Sänger und Instrumentalisten sollen durch ihre Kehle und Instrumente eben das machen, was er auf dem Clavier spielen kann. Dieses aber ist unmöglich.« Dem entgegnete Birnbaum (der als Sprachrohr Bachs anzusehen ist): »Ich gebe zu, daß die von dem Herrn Hof-Compositeur gesetzten Stücke sehr schwer zu spielen sind, aber [– und nun hebt Birnbaum zunächst auf Bachs Clavierstücke ab –] nur denen, die ihre Finger zu einer fertigen Bewegung und richtigen Applicatur [Fingersetzung] nicht gewöhnen wollen... Es ist alles möglich, wenn man nur will, und die natürlichen Fähigkeiten durch unermüdeten Fleiß in geschickte Fertigkeiten zu verwandeln eifrigst bemühet ist.« Von hier aus kommt Birnbaum auf Bachs instrumental- und vokalchorische Musik zu sprechen: Was mit zwei Händen vollkommen ausführbar sei, »wie sollte das einem ganzen Chore, welches aus so viel Personen besteht, davon jede nur auf eine Stimme Achtung zu geben hat, unmöglich sein«?

Bachs von Birnbaum mitgeteilte Maxime: »Wozu ich es durch Fleiß und Übung habe bringen können, dazu muß es ein anderer, der nur halbwege Naturell und Geschick hat, auch bringen«, ist insofern geschichtsträchtig geworden, als späterhin – und nicht zuletzt auf dem Wege über die Ausführungsanforderungen der Musik Haydns, Mozarts und Beethovens – der Schwierigkeitsgrad der Musik Bachs in breitesten Musikkreisen zu einem selbstverständlichen Anspruch wurde. Wichtig in unserem Zusammenhang ist es, daß Bachs Vorausnahme dieses Anspruchs, das heißt: seine Rücksichtslosigkeit gegenüber den zeitgenössischen musikalischen Fertigkeiten der breiteren Öffentlichkeit, ihm jenen Freiraum zur Entfaltung seines schöpferischen Vermögens gab, der für die zeitlos gültige Qualität seiner Musik eine der wichtigsten Voraussetzungen war und der bereits eng den folgenden Aspekt berührt.

Viertens: *Die Koppelung von Amt und Schaffen.* Sie macht sozusagen das Prinzip der Bachschen Biographie aus. Einerseits begründet sie die Universalität seines Schaffens: Der Weg vom Organisten in Arnstadt, Mühlhausen und Weimar zum Köthener Hofkapellmeister und zum Kantor in Leipzig und Dresdener Hofcompositeur hatte als Durchlauf durch die verschiedenen Ämter auf Grund jener Koppelung gleichsam zwangsläufig einen Schaffensgang durch die verschiedenen Musikarten und -gattungen zur Folge. Und andererseits – und dies ist im Blick auf unsere Eingangsfrage der biographisch wichtigste Aspekt – bedeutet die funktionale Bindung des Komponierens an die jeweilige Dienststellung, dieses zutiefst traditionelle Moment, im Blick auf die künstlerische Qualität des Schaffens das Gegenteil von Bindung, nämlich Freiheit: Ermöglichung der uneingeschränkten Entfaltung des Kunstvermögens zufolge der existentiellen Sicherheit durch die Anstellung und der Unabhängigkeit von Publikumsrücksichten. Bachs Musik war frei von Öffentlichkeitszwängen. Die Stadträte, denen er sich musikalisch zu repräsentieren hatte, um eine Anstellung zu erlangen, waren vermutlich nicht musikverständiger als die Stadträte heute. Auf die Klavierbüchlein-Stücke, die Glückwunschmusiken und die Collegium-musicum-Zuhörerschaft konnte Bach sich – bis zu gewissen Grenzen – einstellen. Seine beständigsten Richter waren seine Schüler, die ihm über die Schulter guckten. Bachs eigentliches »Publikum« aber waren die Kirchengemeinde, die, auch wenn sie sich verwunderte, keine Kritikfunktion übernahm, und der fürstliche Hof, der – besonders in Köthen – durch Kunstverständnis und -ehrgeiz sich auszeichnete.

Und dies betrifft auch das Spätwerk, bei dem die Berufsfunktionen weitgehend aufgehoben waren und Bach durch Veröffentlichungsaktivitäten ein Publikum suchte. Nirgends ist hier – etwa bei den Clavier-Übungen – ein Abweichen von den spieltechnischen Anforderungen zu verzeichnen, sondern auch hier blieb – eingebettet in die Bestallungssicherheiten, wenn nun auch in einer durch die Leipziger Verhältnisse veranlaßten Zurückstellung des Bestallungsauftrags – das kompositorische Gewissen die entscheidende Instanz. Was dabei an unmittelbarem Publikumserfolg herauskam, kann am Druck der *Kunst der Fuge* abgelesen werden, von der bis 1756, als Carl Philipp Emanuel Bach die in seinem Besitz befindlichen Kupferstichplatten »für einen billigen Preis« loszuwerden suchte, nur erst etwa dreißig Exemplare verkauft waren.

*

Nachdem Bachs Biographie – begründetermaßen – relativ ausführlich behandelt wurde, soll die Kompositionsart Bachs, der wir uns nun zuwenden, nur an Hand von drei kurzen Beispielen betrachtet werden, und das bedeutet, daß hierbei sehr selektiv verfahren werden muß; gleichwohl soll versucht werden, möglichst viel Grundsätzliches anzusprechen.

Das erste Beispiel wählen wir aus dem Actus tragicus »Gottes Zeit ist die allerbeste Zeit« (Kantate 106), der schon oben (S. 72) erwähnt wurde. Wann und das heißt hier: für welche Trauerfeier, Bach diese Kantate komponiert hat, ist nicht bekannt. Bestimmt entstand sie vor Bachs Ernennung zum Weimarer Konzertmeister (1714) und wahrscheinlich sogar vor seiner Berufung nach Weimar, also vor 1708.

Der Text besteht ausschließlich aus Bibelworten (mit einigen freien Hinzufügungen im ersten Satz) und Kirchenliedern. Er behandelt in axialsymmetrischer Form das Sterben des Menschen zunächst unter dem Aspekt des alttestamentlichen Gesetzes und dann – nach einem Mittelstück – in der neutestamentlichen Gewißheit der aus Gnade geschehenden Erlösung. In dem Mittelstück des Werkes beginnt sich der Umschwung vom Gesetz zur Gnade zu vollziehen. Die drei tieferen Chorstimmen singen als Chorfuge »Es ist der alte Bund: Mensch, du mußt sterben« (Sirach 14,18). Zunächst zwischen, später auch gleichzeitig mit den Themendurchführungen des Chors singt der (hier solistisch zu besetzende) Sopran die Bitte (Offenbarung 22,20): »Ja komm, Herr Jesu« (melodisch in Anlehnung an den Anfang der Choralmelodie »Herzlich tut mich verlangen«). Und etwas später setzen in einer dritten Schicht die Instrumente ein mit der Choralweise »Ich hab mein Sach Gott heimgestellt«, so daß im Wechsel und gleichzeitig mit der stetig beibehaltenen »Gesetzes«-Aussage des Chorgesangs das Ich des einzelnen als bittendes und die Gemeinde als Träger gläubiger Zuversicht hervortreten.

Was somit sich anbahnte: die Wende vom Gesetz zum Evangelium, wird am Schluß dieses Mittelstücks zum Ereignis. Im zweiten Takt unseres Beispiels sehen wir, wie der Basso continuo, der als Basso continuo obligato den ganzen Satz hindurch unerschütterlich (»gesetz«-mäßig) in Achtelbewegung verläuft,

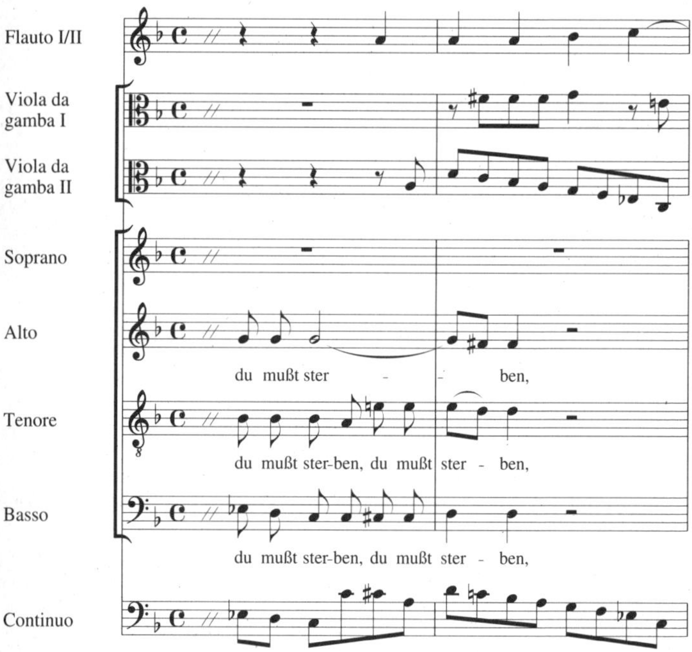

tr
p
pp
Ja, komm, Herr Je -
Mensch, du mußt ster - - - - - ben!
Mensch, du mußt ster - - - - - - ben!
Mensch, du mußt ster - - - - - ben!
tasto solo
- - - - - su, Herr Je - su!

bei dem Wort »sterben« gleichsam in die Erde niederfährt, während die Instrumente die Melodie des letzten Choralverses anstimmen. Im folgenden Takt gleichen sich die drei Stimmen des Chorsatzes dem Anfang der Melodie »Herzlich tut mich verlangen« an, die zuvor von dem Solosopran auf die Worte »Ja komm, Herr Jesu« gesungen wurde. Dann sehen wir, wie – während die Trillerbewegung in den Flöten vielleicht als Verlöschen des Lebenslichts gemeint sein könnte – bei dem Wort »sterben« alle drei Chorstimmen mächtig sich aufwärtsbewegen (gen Himmel). Im nächsten Takt verstummt der Basso continuo obligato in seiner Gesetzmäßigkeit, und der Solosopran, der Mensch als einzelner, tritt mit seinem bittenden Verlangen vor Jesu hin. Der letzte Takt, die mit Fermate versehene Generalpause, ist der wichtigste: In ihm vollzieht sich, stumm, ohne Zutun des Menschen, der Gnadenakt. – »In deine Hände befehl' ich meinen Geist, du hast mich erlöset, Herr, du getreuer Gott« (Psalm 31,6), heißt es dann zu Beginn des folgenden Teils als Ausdruck der vollzogenen Gnade.

In diesem Beispiel des jungen Bach ist die einen Textgehalt abbildende musikalische Erfindungskraft, die exegetische Kunst, die Bachs gesamtes Vokalwerk kennzeichnet, bereits voll ausgeprägt, und dies in einer Weise, die in dem musikalisch-rhetorischen und figürlichen Denken des Barocks zwar als Allgemeinbesitz angelegt war, bei Bach aber schon hier in diesem frühen Stadium zu ihrem Höhepunkt gelangte und dabei – so darf man sagen – alles zeitgenössische Komponieren weit hinter sich zurückließ.

Das zweite der Beispiele, an denen wir Bachs Art der Komposition betrachten wollen, entnehmen wir dem *Orgelbüchlein*, das heißt dem Bereich von Bachs choralgebundenem Schaffen, in welchem das instrumentalmusikalisch organistische und das textexegetische Moment miteinander verbunden sind.

Das *Orgelbüchlein* entstand hauptsächlich in Bachs Weimarer Zeit. Der Anlage nach sollte es etwa 150 mehrstimmig bearbeitete Choräle im Zyklus des Kirchenjahrs enthalten, ausgeführt sind aber nur 46 Sätze; wahrscheinlich hat diese Unvollständigkeit etwas zu tun mit Bachs Wechsel vom Organisten- zum Kapellmeister- und dann zum Kantorenamt. Dem Typus nach, den

Bach schon seit seiner Arnstädter Zeit wesentlich selbst entwikkelt hat, handelt es sich bei diesen Choralbearbeitungen um die je einmalige, in der Regel vierstimmige Durchführung der zumeist in der Oberstimme geführten Choralmelodie mit obligatem Pedal und einem großen und immer wieder neuen Reichtum an kontrapunktisch-polyphoner Erfindungskunst. Die Grundbestimmung der Sammlung ist wohl nicht in der gottesdienstlichen Einbindung zu suchen, sondern ist vorwiegend die Unterweisung (»Anleitung«) im Sinne der Elaboratio (Kompositionslehre) und Executio (Spiellehre), entsprechend dem originalen Titel: »Orgel-Büchlein, worinne einem anfahenden Organisten Anleitung gegeben wird, auf allerhand Art einen Choral durchzuführen, anbei auch sich im Pedalstudio zu habilitieren, indem in solchen darinne befindlichen Chorälen das Pedal ganz obligat tractieret wird. Dem Höchsten Gott allein zu Ehren, dem Nächsten, draus sich zu belehren.«

Mit dem Belehren verbindet sich hier, wie bei allen Lehrwerken Bachs, ein Kunstwert höchsten Ranges, wobei eingeschlossen ist, daß diese Orgelchoräle auch zu privater Erbauung und christlicher Andacht bestimmt sind. Insbesondere schließt das Belehren den rhetorischen Charakter des *Orgelbüchleins* ein, und das heißt hier: die den Choral als Gesang von Text musikalisch abbildende Kunst der Polyphonie. Diese Abbildlichkeit, das den Aussagesinn des Textes erfassende, musikalisch sprechende, redende Moment, ist nicht in allen, aber in den meisten dieser Orgelchoräle ausgebildet, wenn auch in unterschiedlich ausgeprägter Weise, je nachdem, wie sich der Choraltext solcher Abbildlichkeit anbietet. Erstmals in voller Deutlichkeit hat Albert Schweitzer diesen Grundzug des Werkes erkannt. »Das Orgelbüchlein«, heißt es in seinem Bach-Buch von 1908, »ist eines der größten Ereignisse in der Musik überhaupt. Nie zuvor hat jemand Texte so in reine Musik hineingezwungen...: die charakteristischen Motive der verschiedenen Choräle entsprechen ebenso vielen Ausdrücken für Gefühle und Bilder, die Bach in Tönen wiederzugeben sich getraut. Darum ist das Orgelbüchlein das Wörterbuch der Bachschen Tonsprache. Von hier muß man ausgehen, wenn man verstehen will, was er in den Themen der Kantaten und Passionen ausdrücken will.« Noch nicht erfaßte Schweitzer den vollen Umfang der Abbildungskunst dieser

Choräle, die nicht nur die Motive betrifft, sondern auch die Satztechniken, die Intervallbildung und die Harmonik, und noch nicht erkannte er den geschichtlichen Hintergrund dieser musikalischen Sprache, die barocke Tradition der Musica poetica mit ihrem Herzstück der musikalischen Rhetorik, die alles Komponieren Bachs wesenhaft bestimmt hat. Das in dieser Tradition beheimatete musikalisch abbildliche Denken ist es, das jenes hier zuerst gebotene Beispiel (»Mensch, du mußt sterben«) aus dem Actus tragicus mit der organistischen Kunst der Choralbearbeitung verbindet, wie sie in Bachs *Orgelbüchlein* sich zeigt.

Bei dem Beispiel, das wir nun wählen, dem Neujahrslied *Das alte Jahr vergangen ist*, mag die Wiedergabe der ersten drei Choralzeilen genügen. Wir sehen, daß die in der Oberstimme liegende Choralmelodie koloriert, das heißt durch kleine Notenwerte »ausgeschmückt« ist (die Choraltöne habe ich durch + bezeichnet). Durch das Umspielen der Melodietöne in kleinen Tonschritten bei häufiger Wiederkehr der Halbtonfolge a′–b′–a′ verändert sich der Charakter der Melodie im Sinne des Textes, nämlich in Richtung der Innigkeit des Betens und Bittens, das in diesem Neujahrslied vom Bewußtsein der Sündigkeit des Menschen durchdrungen ist. Die beiden anderen Choralbearbeitungen im *Orgelbüchlein*, bei denen die Melodie ebenfalls koloriert ist, sind dem Text nach von analoger Art: das Lied der Karwoche *O Mensch, bewein dein Sünde groß* und der Choral *Wenn wir in höchsten Nöten sein.*

Im Zuge der Kolorierung ist der Beginn der dritten Melodiezeile zu einem chromatischen Quartgang (a′–b′–h′–c″–cis″–d″) verändert, der im *Orgelbüchlein* auch bei den Passionschorälen *Christus, der uns selig macht* und *O Mensch, bewein dein Sünde groß* begegnet. Der chromatische Quartgang, als musikalisch rhetorische Figur Passus duriusculus genannt, war geeignet, als Abweichen von der diatonischen Ordnung ein musikalisches Abbild im Begriffsfeld der Sünde, des Abweichens von der göttlichen Ordnung, zu sein. Im Text des Chorals bittet die christliche Gemeinde:

Hilf daß wir von der Sünd ablan
Und fromm zu werden fahen an,
Kein'r Sünd im alten Jahr gedenk,
Ein gnadenreich neu Jahr uns schenk.

Der kontrapunktische Satz ist von der Aussage der Sündhaftigkeit des Menschen vollkommen beherrscht. Der chromatische Quartgang auf- und abwärts erscheint fast ununterbrochen: in Takt 1 im Alt, gleich anschließend im Tenor; in Takt 3 im Alt, anschließend im Baß; in Takt 4/5 im Tenor (und in der Oberstimme), gleich darauf abwärts im Alt – insgesamt in den zwölf Takten des Chorals zwölfmal. Und hinzu kommen die zahlreichen chromatischen Gänge, die den Quartrahmen nicht vollständig beanspruchen oder ausfüllen, wie zum Beispiel gleich zu Beginn des Basses.

Dieser Orgelchoral zeigt einen Prototyp der figürlichen Komposition in der Tradition des Barocks: Der chromatische (Quart-)Gang ist ein tradierter Tonfolgetypus, eine musikalische Figur, die im rhetorischen Denken als Abbild, als Benennung begrifflich faßbarer Inhalte fungiert, durch die Choralüberschrift, die Choralweise und den Choraltext Konkretheit gewinnt und von hier aus auch wieder innerhalb eines rein instrumentalmusikalischen Kontexts als Inhaltsträger gebraucht und verstanden werden kann.

Dieses abbildliche musikalische Denken vermag potentiell alle Parameter der musikalischen Satzbildung einzubeziehen. In unserem Beispiel hat eine abbildliche Bedeutung nicht nur, wie gesagt, die Kolorierung der Choralmelodie, die die Innigkeit des Betens unterstreicht, sondern auch die antithetische Zusammengehörigkeit von Oberstimme und Begleitsatz, die als kompositorische Durchführung des Chorals eine Einheit bilden und zugleich als Gegenüber von (kolorierter) Choralweise als Cantus-firmus-Gesang und chromatischem Begleitsatz antithetisch sind: Dem durch die beständige Chromatik ausgedrückten Sündenbewußtsein steht die Gnadengewißheit gegenüber, die im Choralgebet beschlossen liegt.

Als letztes Beispiel für Bachs Kompositionsart betrachten wir eine Stelle aus Bachs *Kunst der Fuge*, die im biographischen Zusammenhang schon oben S. 87 erwähnt wurde. Das Beispiel stammt aus dem XI. Contrapunctus, einer vierstimmigen Fuge über zwei Themen und zwei Kontrasubjekte, die die Gruppe der vier Fugen über mehrere Themen – den Mittelteil des symmetrisch angelegten Gesamtzyklus – abschließt. Ihrem Charakter nach bildet diese Fuge den Höhepunkt der Aussage über den Menschen in seiner Sündhaftigkeit und Erlösungsbedürftigkeit, in die sich Bach durch Einweben der Buchstabensymbolik B-A-C-H selbst einschließt – bevor dann in den nachfolgenden Spiegelfugen der Gnadenakt zum Ereignis wird.

Der Contrapunctus XI besteht aus vier Teilfugen über je ein neues Thema oder Kontrasubjekt, die dann in der letzten Teilfuge miteinander kombiniert werden.

Unser Beispiel zeigt den Beginn der dritten Teilfuge. Das hier eingeführte Thema – zuerst im Tenor erscheinend – ist eine Variante des Grundthemas in der Umkehrung; die Variante ist gekennzeichnet durch die fast durchgängigen Achtelwerte, die Einfügung von zwei Tönen und – vor allem – durch die Achtelpause bei jedem Taktbeginn. Bei diesen Pausen handelt es sich, auch der Wirkung nach, ganz eindeutig um die musikalisch-rhetorische Figur der Suspiratio, deren Ausdruck die Figurenlehre als »Seufzen und Stöhnen« umschreibt. Der Baß zeigt hier die Figur der Tmesis, der »Zerschneidung« des Stimmverlaufs durch Pausen, hier zu verstehen im Sinne der Trennung des Menschen von Gott. Die beiden Oberstimmen seufzen zu Beginn dieses Fugenteils in melodischen Vorhaltsfiguren, deren zweite aus dem verminderten Septakkord heraus im Sopran die B-A-C-H-Tonfolge anklingen läßt.

Während ab Takt 6 unseres Beispiels der Sopran das Thema

übernimmt, wobei im Tenor abermals die B-A-C-H-Konstellation anklingt, erscheinen zwei neue figürliche Ausdrucksträger, die ebenfalls in die Richtung der bisherigen Abbilder weisen: chromatische Wendungen im Baß und Alt (in der vorherigen Teilfuge bildete der chromatische Gang das Kontrasubjekt) und Synkopenbildungen im Tenor (Takt 9), das heißt: Verstöße gegen die diatonische Ordnung und gegen die reguläre Taktordnung, beides hier im Sinne der Gesamtaussage dieser Fuge. Bei der folgenden Themendarstellung im Baß (Takt 10 ff.) werden diese beiden Ausdrucksträger besonders herausgestellt: Im Sopran erklingt ein zwei Takte währender chromatischer Gang abwärts, der im Alt durch eine erweiterte Synkopenfolge abgelöst wird.

Unser Beispiel zeigt aufs eindringlichste die Intensität des Ausdrucks auch in Bachs reiner Instrumentalmusik. In eins mit seiner höchst kunstvollen Konstruktion zeigt dieser Satz ein dichtes Geflecht von Ausdrucksträgern: Suspiratio, Tmesis, melodische Seufzer, Chromatik und Synkopen, die in Verfolgung einer Ausdrucksidee alle in die gleiche Richtung weisen. Man könnte sagen, sie weisen in die Richtung eines Affekts, umschreiben ihn, wollen ihn bewirken, den Affekt der Beklagung, Zerknirschung und Reue. Aber derartige typisierte Empfindungs- und Stimmungsgehalte sind hier zu vage, zu unscharf und unbestimmt. Bachs Musik spricht weit konkreter, sie »redet«; ihre Ausdrucksmittel sind – vollgesogen von geschichtlich erworbener Nennkraft – wie Wörter einer Sprache, die einen begrifflich faßbaren Inhalt ansprechen und zu verstehen geben wollen. Sie sind wie Bausteine, mit denen das Gebäude der Komposition als eine Ordnung der Welt errichtet wird, und zugleich sprechen sie über das Wesen dieser Welt. Auch wenn der Hörer dieses musikalische Sprechen nicht ins begrifflich Konkrete zurückzuübersetzen vermag, von dem Bachs Klangrede zweifellos ausgegangen ist, vernimmt er doch dieses Ineinandersein von Ordnung und Ausdruck, das über alles Affektmäßige und alles bloße Empfinden und Fühlen hinaus Wahrheit hat als Aussage über die Welt – wie Bach sie damals sah und wie solches Sehen als Kunst eine zeitlose Wahrheit zu erfassen und mitzuteilen vermag.

Literatur

Bach-Dokumente, hg. vom Bach-Archiv Leipzig, Band I: Schriftstücke von der Hand Johann Sebastian Bachs. Vorgelegt und erläutert von Werner Neumann und Hans-Joachim Schulze, Leipzig 1963

Philipp Spitta, *Johann Sebastian Bach*, 2 Bände, Leipzig 1873 und 1880, 5. Auflage Wiesbaden und Darmstadt 1962

Wilibald Gurlitt, *Johann Sebastian Bach. Der Meister und sein Werk*, Berlin 1936, 4. Auflage Kassel und Basel 1958

Arnold Schmitz, *Die Bildlichkeit der wortgebundenen Musik Johann Sebastian Bachs*, Mainz 1950

Johann Sebastian Bach, = Wege der Forschung CLXX, hg. von Walter Blankenburg, Darmstadt 1970

Alfred Dürr, *Die Kantaten von Johann Sebastian Bach*, 2 Bände, Kassel 1971

Ulrich Siegele, *Bachs Stellung in der Leipziger Kulturpolitik seiner Zeit*, in: Bach-Jahrbuch 1983, 1984 und 1986

Hans Heinrich Eggebrecht, *Bachs Kunst der Fuge. Erscheinung und Deutung*, München 1984, 3. Auflage 1988

Thomaskantor Bach

Bach gilt auch im heutigen Bach-Bewußtsein noch immer weitesthin als »der Thomaskantor Bach« oder anders ausgedrückt: als »Bach, der Thomaskantor«, wobei das Thomaskantorat und das mit ihm verbundene Schaffen geistlicher Vokalmusik als der Mittelpunkt der Gesamterscheinung Bach aufgefaßt wird: Bach wird schlichtweg als »der Thomaskantor« identifiziert. Das ist als Vorstellung und Aussage ein Resultat der Wirkungsgeschichte Bachs. Und es kann noch so oft gesagt, eindringlichst erörtert und in den Details nachgewiesen werden, daß diese Auffassung (»Bach, der Thomaskantor«) mit Bachs eigenem Denken und Handeln nicht übereinstimmt – das Resultat der Wirkungsgeschichte bleibt unumstößlich, wie eine uneinnehmbare Festung; es behauptet sich auch entgegen der geschichtlichen Wirklichkeit und Wahrheit von Bachs eigenem Lebensentwurf, seinem Denken über sich selbst und seinem faktisch dokumentierten Handeln.

So stehen sich hier zwei Positionen gegenüber, die eine, die ich die Rezeptionswahrheit nenne: Bach, der Thomaskantor, und die andere, die geschichtliche, die biographische, die faktische Wahrheit: Bach, nicht »der Thomaskantor«. Und mein Text soll davon handeln, daß es sich bei beiden Positionen in der Tat um Wahrheiten handelt, das heißt um Standortbestimmungen, die – obwohl sie sich auszuschließen scheinen – beide ihre Richtigkeit und ihr Daseinsrecht haben, so also daß die faktische Wahrheit nicht dazu aufgerufen ist und auch nicht imstande wäre, die Rezeptionswahrheit zu korrigieren; weder kann die faktische Wahrheit seitens der Rezeptionswahrheit tangiert und eingeschüchtert werden, noch braucht die Rezeptionswahrheit gegenüber der faktischen Wahrheit das schlechte Gewissen einer ideologischen Verzerrung zu haben.

Zu fragen ist nun, wie jede dieser beiden Wahrheiten als Wahrheit beschaffen, zu erklären und zu begründen ist; inwiefern sie sich ausschließen und doch beide berechtigt sind; und in welcher umfassenden Wahrheit sie vereint werden können.

Wir beginnen mit der biographischen, der faktischen Wahrheit.

Bach ist nicht in eine Lebenssituation hineingeboren, zu deren Erwartungshorizont ein Kantorat gehörte. Obwohl alles, was er vor seinem Leipziger Dienstantritt lernte, studierte, beruflich ausführte und komponierte, dem Kantorat unmittelbar benachbart war, sogar mit vielen Berührungen und mancherlei Überschneidungen, gehörte die Berufung als Kantor nicht zu Bachs Lebensvorstellung – im Gegenteil. Und dieses Gegenteil läßt sich an zahlreichen Fixpunkten erweisen.

Bachs Heimat war das väterliche Stadtpfeiferhaus in Eisenach, also die instrumentalmusikalische Sphäre. Und es läßt sich vorausblickend behaupten, daß diese, die instrumental-, nicht die vokalmusikalische Sphäre Bachs innerste Beheimatung zeitlebens geblieben ist.

Seine erste Station außerhalb des Elternhauses war 1695 bis 1700 das Organistenhaus des Bruders in Ohrdruf, eines Schülers Johann Pachelbels. Es ist mit Sicherheit anzunehmen, daß Bach durch ihn eine ausgezeichnete Unterweisung im Spielen von Tasteninstrumenten erhielt, und dieser Unterricht – schrieb Carl Philipp Emanuel Bach 1775 an Johann Nikolaus Forkel – »mag wohl einen Organisten zum Vorwurf gehabt haben und weiter nichts«. Das heißt: Die instrumentalmusikalische Sphäre wurde auf die clavieristische Sphäre spezialisiert, und man kann schon hier hinzufügen, daß diese Spezialisierung für Bach zeitlebens gültig blieb.

Nach dem Abschluß der Schulbildung in der Klosterschule der Sankt-Michaelis-Kirche in Lüneburg (von wo aus sich Bach mehrmals nach Hamburg begab, um – wie es im Nekrolog heißt – »den damals berühmten Organisten an der Catharinenkirche Johann Adam Reinken zu hören«) bewarb sich Bach im August 1702 um das Organistenamt in Sangerhausen, wodurch bestätigt wird, daß er sich als Organist ausgebildet wußte und diesen Beruf anstrebte. Wahrscheinlich auf Grund einer Absprache zwischen den Obrigkeiten wurde Bach nicht in Sangerhausen angestellt, sondern als Instrumentalist in die Weimarer Hofhaltung aufgenommen, wobei es sich vermutlich um eine Wartestation handelte, indem von vornherein beabsichtigt war, Bach auf die Organistenstelle der Neuen Kirche in Arnstadt zu berufen, sobald dort der Neubau der Orgel fertiggestellt sein würde.

Ich rufe nun zunächst nur summarisch in die Erinnerung, daß Bach bis zu seinem Dienstantritt als Hofkapellmeister in Köthen 1717, also in den ersten vierzehn Jahren seiner beruflichen Tätigkeit und bis zu seinem 32. Lebensjahr, als Organist bestallt war: zuerst in Arnstadt ab August 1703 an der Neuen Kirche (und hier ist als Indiz für das Orgelprimat die Lehrreise zu Dietrich Buxtehude nach Lübeck zu nennen), dann in der freien Reichsstadt Mühlhausen ab Juli 1707 an der Kirche Divi Blasii und dann in Weimar ab Juli 1708 bei Hofe. Dementsprechend steht – wie es besonders für Arnstadt und Weimar bezeugt ist – das organistische Schaffen in dieser Zeit voran.

Auf allen drei Berufsstationen gab es für Bach Berührungen und Überschneidungen mit der geistlichen Vokalmusik und dem Kantorendienst, wobei es sich durchweg um Tätigkeiten handelte, denen Bach sich nicht aus Neigung und eigenem Antrieb widmete, sondern stets aus Amtspflicht, und die er aufkündigte und abbrach, sobald die äußeren Bedingungen eine Widrigkeit zeigten.

Arnstadt: Die kirchenmusikalische Berührung mit der geistlichen Vokalmusik bestand hier – soweit wir wissen – einzig in der Verpflichtung, daß Bach in seiner Amtskirche auch die Aufführung der figuralen Kirchenstücke durch den sogenannten »Vor-Chor« auf der Orgel zu begleiten hatte; da aber diese Aufführungen nur von einem älteren Schüler, einem Chorpräfekten, nicht aber – wie Bach forderte – von einem ausgebildeten Fachmann, einem Director musices, geleitet wurden, weigerte sich Bach hartnäckig, an diesen Aufführungen mitzuwirken.

Mühlhausen: Hier hatte Bach auch die Aufsicht über die Kirchenmusik der Stadt und des Landkreises inne, war also als Organist an der Blasius-Kirche zugleich Director musices des Territoriums der freien Reichsstadt. Als solcher hatte er alljährlich im Februar die kirchliche Festmusik bei dem turnusmäßigen Ratswechsel zu besorgen, und hierfür entstand 1708 Bachs *Glückwünschende Kirchen-Motette »Gott ist mein König«* (Kantate 71). Mehr über Bachs Mühlhausener Dienst im Blick auf den Bereich der geistlichen Vokalmusik wissen wir aus seinem Entlassungsgesuch an den Rat der Stadt Mühlhausen vom 25. Juni

1708; hier schreibt er den oft zitierten und oftmals mißverstandenen Satz: »Wenn auch ich stets den Endzweck, nemlich eine regulirte kirchen music zu Gottes Ehren, und Ihren Willen nach, gerne aufführen mögen, und sonst nach meinem geringen vermögen der fast auf allen Dorfschafften anwachsenden kirchen music, und offt beßer, als allhier fasonierten harmonie möglichst aufgeholfen hätte, und darumb weit u. breit, nicht sonder kosten, einen guthen apparat der auserleßensten kirchen Stücken mir angeschaffet,... und sonst aller Ohrt meiner Bestallung mit Lust nachkommen währe: so hat sichs doch ohne wiedrigkeit nicht fügen wollen...«

Zunächst sei klargestellt: »Endzweck« bezieht sich auf den Mühlhausener Bestallungsauftrag, auf nichts sonst; »kirchen Stücke« bedeutet Stücke geistlicher vokal-instrumentaler Ensemble-Musik; »kirchen music« heißt Aufführung solcher Kirchenstücke; »regulirte kirchen music« heißt geordnete Kirchenmusik in Analogie zu »fasonierte harmonie« und zu – wie es Bach im gleichen Schriftstück etwas später selbst übersetzt – »wohlzufaßende kirchenmusic«.

Bach kündigte die Mühlhauser Bestallung, weil es »Wiedrigkeit« (»Verdrießlichkeit«) dort gab; sie bestand darin, daß – aus welchen Gründen auch immer – die Kirchenmusik nicht reguliert, nicht wohlgefaßt, die Harmonie nicht fasoniert, das heißt daß die Aufführungsbedingungen nicht in Ordnung waren. Bach kündigte also aus dem gleichen Grund, aus dem er in Arnstadt gestreikt hatte. Von einer inneren Verpflichtung des Organisten Bach zum Umgang mit geistlicher Vokalmusik, geschweige zum Schaffen derselben, ist hier nichts zu spüren: Bach erstrebte als Organist »das entree« zu der »Hoffcapell und Cammermusic« in Weimar, wo zwar die Erhaltung des »endzweckes wegen der wohlzufaßenden kirchenmusic ohne verdrießlichkeit anderer« gewährleistet erschien, während aber Bach zugleich genau wußte, daß seine Aktivität im Bereich der geistlichen Vokalmusik dort nicht gefordert war.

Weimar: Gleichwohl gibt es ein Weimarer Kantatenschaffen Bachs. Es umfaßt knapp dreißig Werke. Diese entstanden aber ebenfalls nicht aus einer inneren Neigung Bachs zur Komposition geistlicher Vokalmusik, sondern in Erfüllung einer ihm auferlegten Verpflichtung im Zusammenhang mit seiner Ernennung zum »Concert-Meister« des Weimarer Hofes im März 1714, nachdem Bach das Angebot des Organistenamtes an der Liebfrauen-Kirche in Halle diplomatisch in Richtung einer Aufbesserung seiner Weimarer Stellung benutzt hatte. Die Ernennung zum Konzertmeister war mit der Auflage verbunden, daß Bach zusätzlich zu seinen bisherigen Tätigkeiten monatlich eine Kantatenkomposition und -aufführung zu übernehmen hatte. Daß diese »Konzertmeister-Kantaten« von höchster kompositorischer Qualität sind, besagt nichts über Bachs innere Einstellung zu dieser Verpflichtung, sondern geht in der Tatsache auf, daß Bach überhaupt nicht anders konnte, als höchst qualitativ zu komponieren.

Dagegen ist in unserem Zusammenhang bemerkenswert, daß Bach, wie schon in Arnstadt und in Mühlhausen, so auch hier diese Tätigkeit aus äußeren Umständen abbrach. Als er im Dezember 1716 bemerkte, daß er bei der Besetzung der Weimarer Hofkapellmeister-Stelle nach dem Tode Johann Samuel Dreses zugunsten von dessen Sohn übergangen werden sollte, verweigerte er aus Protest die Kantatenkomposition abrupt und andauernd – was mit einem fälschlich generalisierten »Endzweck einer regulierten Kirchenmusik zu Gottes Ehre« wahrlich in keinen Einklang zu bringen ist. Indessen wird in Bachs Weimarer Zeit deutlich, auf welchen Gebieten die eigentlichen Kompositionsneigungen Bachs angesiedelt waren: auf den Gebieten der klavieristischen Werke, der freien Werke, der Lehrwerke und der Adaption italienischer Instrumentalmusik.

Im Blick auf Bachs Zeit als »Capellmeister und Director der Cammermusiken« in Köthen ab Dezember 1717 braucht in unserem Zusammenhang nur daran erinnert zu werden, daß Bach genau wußte, daß an diesem reformierten Hof die Kirchenmusik kaum gefragt war. Pflichtgemäß hatte er hier zum Geburtstag des Fürsten und zur Neujahrsfeier je eine oder zwei Kantaten zu komponieren; nachzuweisen ist für die gesamte Köthener Zeit neben mindestens zwölf weltlichen Kantaten mit Sicherheit nur eine Kirchenkantate. Dagegen lag hier bekanntlich alles Schwergewicht auf dem Schaffen kammermusikalischer und klavieristischer Werke. Und man muß es mit großen Buchstaben über Bachs Lebensentwurf schreiben – der eben nicht mit dem Gedanken an ein Kantorat verbunden war –, daß sich Bach (wie er

1730 an Georg Erdmann in Danzig schrieb) bei dem »gnädigen und Music so wohl liebenden als kennenden Fürsten« so wohl fühlte, daß er vermeinte, dort seine »Lebenszeit zu beschließen«.

1723 nun aber wurde Bach ein Kantor, Thomaskantor zu Leipzig. Aber in Entsprechung zu allem bisher Festgestellten wurde er es nicht aus Neigung, sondern aus Berechnung. Bach hat dies in seinem schon erwähnten Brief an Erdmann unmißverständlich bezeugt: Die »musicalische Inclination« des Köthener Fürsten neigte dazu, »etwas laulicht« zu werden; die Station als »Director Musices und Cantor an der Thomas Schule« wurde ihm finanziell als »favorable« beschrieben; und für die Söhne bot Leipzig die Möglichkeit des Universitätsstudiums. Und wiederum ist es mit großen Buchstaben hinzuschreiben, daß es Bach »anfänglich gar nicht anständig seyn wolte, aus einem Capellmeister ein Cantor zu werden«.

Daß Bach – wie Ulrich Siegele es 1985 formulierte – »nach seiner eigenen Ansicht wie nach Ansicht seines Dienstherrn nie ein Kantor geworden« sei, ist gewiß übertrieben, da der Lateinunterricht, von dem sich Bach auf eigene Kosten dispensieren ließ – und hierauf bezieht sich Siegeles Diktum –, das Thomaskantorat nicht wesenhaft definiert. Aber Thomaskantor mit Leib und Seele war Bach nicht: Dieses Amt hatte – wie wir gezeigt haben – nicht in Bachs Lebensentwurf gelegen, und die Übernahme des Kantorats geschah demgemäß nicht aus innerer Neigung zu ihm hin.

Dem entsprechen einige gravierende Verhaltensformen Bachs als Thomaskantor. Und ich fasse sie hier in folgende vier Punkte zusammen.

1) *Die Kantorats-Kompositionen.* Bach hat sich 1723 in das Kantatenschaffen gleichsam hineingestürzt. Drei Jahrgänge sind erhalten. (Daß Bach wesentlich mehr als drei Kantatenjahrgänge komponiert beziehungsweise zusammengestellt hat, halte ich – trotz der Angabe im Nekrolog – für sehr unwahrscheinlich.) Die drei Jahrgänge entstanden 1723 bis 1727. Man kann es nicht beweisen, aber man kann es so sehen (und ich neige sehr zu dieser Sichtweise), daß Bach die Produktion von Kirchenkantaten gleich zu Beginn seines Kantorats vorantrieb, um sich durch Schaffung eines Kantaten-Fundus von dieser Amtspflicht zu entlasten. Fast alle anderen großen Kantorats-Kompositionen,

von dem *Magnificat*, dem *Sanctus* der *h-Moll-Messe* und der *Johannespassion* bis hin zur *Markuspassion* und dem *Weihnachtsoratorium*, entstanden zwischen 1723 und 1734, also ebenfalls im ersten Jahrzehnt des Kantorats. Dann ist im wesentlichen auch damit Schluß. Man kann dies so sehen, daß Bach vor der (wie es im Erdmann-Brief heißt) »wunderlichen und der Music wenig ergebenen Obrigkeit« kapitulierte und sich – wie schon in Arnstadt, Mühlhausen und Weimar – so nun auch in Leipzig zufolge äußerer Widrigkeiten von den kirchenmusikalischen Aufgaben zurückzog. Man kann es aber auch so sehen (und womöglich gelten beide Sichtweisen), daß Bach aus innerer, nämlich gleichsam angeborener instrumentalmusikalischer Neigung anderen Tätigkeits- und Schaffensbereichen ab etwa 1730 den Vorrang einzuräumen begann.

2) *Director musices*. Siegele schreibt in einem Aufsatz von 1988 (S. 75), Bach sei zwar auf das Kantorat an der Thomasschule berufen worden. »Aber er ist nie Kantor geworden, sondern hat die Stelle als Kapellmeister verwaltet, war von Anfang an und durchaus Musikdirektor der Stadt Leipzig.« Vielleicht ist auch dies etwas überspitzt formuliert. Fest steht jedoch, daß Bachs Rückzug aus dem Kantorats-Schaffen verbunden war mit der Übernahme des Collegium musicum 1729. Bis zum Beginn der vierziger Jahre – mit einer nur zweijährigen Unterbrechung – widmete sich Bach in einer gleichsam zweiten Periode seines Kantorats dieser Collegium-musicum-Tätigkeit, eingespannt somit in das bürgerliche Konzertwesen der Stadt mit weltlichen Kantaten und vor allem mit Orchester-, Kammer- und Cembalomusik.

3) *Publikationen*. Das Schwergewicht des Schaffens Bachs verlagerte sich seit den dreißiger Jahren – eine gleichsam dritte Periode seines Leipziger Kantorats eröffnend – auf das Sammeln, Abrunden und Neukomponieren von Werken zwecks deren Veröffentlichung, wobei es sich fast ausschließlich um Tastenmusik handelt, also um jene Art von Musik, die Bachs Ausgangspunkt bezeichnet. Genannt seien die *Clavier-Übungen* I bis IV, die *Canonischen Veränderungen*, das *Musikalische Opfer*, die sechs Triosonaten für Orgel, die »Schübler-Choräle«, die siebzehn Choralbearbeitungen der sogenannten »Leipziger Originalhandschrift« und die *Kunst der Fuge*. Alle diese Werke haben mit Bachs Thomaskantorat nichts zu tun.

4) *Die h-Moll-Messe*. Sie ist als Ganzes ebenfalls keine Kantorats-Komposition Bachs. Mit dem Kyrie und Gloria bewarb er sich 1733 – wohl um seine Leipziger Position gegenüber den Behörden zu stärken – um ein »Prädikat« bei der Kapelle des katholischen Dresdner Hofes, der ihm 1736 den Titel eines »Hofkompositeurs« verlieh, und die weiteren Teile der Messe entstanden dann vermutlich im Hinblick auf die Verpflichtungen, die mit dieser Ernennung verbunden waren.

In Summa: Es ist – wie Bachs Lebensweg, seine Berufseinstellung und sein Kompositionsinteresse es eindringlich erweisen – nicht die faktische, die biographische, die historische Wahrheit, daß Bach mit dem Begriff des Thomaskantors zu identifizieren ist: Das Thomaskantorat und somit das Schaffen geistlicher Vokalmusik bezeichnet nicht den Mittelpunkt und Inbegriff des Phänomens Bach. Bach war in seinem Mittelpunkt Organist, Instrumentalmusiker und Kapellmeister. Das Thomaskantorat war, wie auch alle Berührung mit der geistlichen Vokalmusik schon vor der Leipziger Zeit, ein dem Lebensentwurf akzidentiell angediehenes Ereignis, eine ihm aus äußerlichen Gründen zugefallene Erfordernis, die Bach allerdings – da er es anders gar nicht konnte – kompositorisch mit höchster Qualität erfüllte.

Gleichwohl gibt es die Wesensbestimmung Bachs als Schöpfer geistlicher Vokalmusik, die Bach insgesamt umfassende Formel: Bach, der Thomaskantor, von der ich eingangs sagte, daß sie im Rahmen der Bach-Rezeption entstanden ist und daß sie der faktisch biographischen Wahrheit entgegensteht und doch auch selbst eine Wahrheit umschreibt – so daß gefragt werden muß, in welcher letztlichen Wahrheit diese beiden entgegengesetzt erscheinenden Wahrheiten zusammengehören.

An das rezeptionsgeschichtliche Zustandekommen der Identifikationsformel »Bach, der Thomaskantor« sei hier nur in wenigen Stichwörtern erinnert, nachdem Siegele in seinem Aufsatz über *Johann Sebastian Bach – »Deutschlands größter Kirchenkomponist«. Zur Entstehung und Kritik einer Identifikationsfigur* dieses Zustandekommen jüngst ausführlich durchleuchtet hat.

Zunächst galt Bach, wo er im Bewußtsein der Nachwelt unmittelbar lebendig blieb, als der große Klavierist und Instrumentalkomponist. Noch Forkel legte in seiner Bach-Monographie von 1802 alles Schwergewicht auf die Klavier- und Orgelwerke, während er Bachs Vokalmusik nur mehr am Rande behandelte. Den Wendepunkt bildete die Wiederaufführung der *Matthäuspassion* in Berlin 1829, die Adolf Bernhard Marx bald darauf enthusiastisch als »die größte evangelische Tondichtung und Religionsfeier« apostrophierte. Im Hintergrund des Aufstiegs Bachs als Komponist geistlicher Vokalmusik stand seitdem zunehmend das Verlangen nach einer vollgültigen evangelischen Kirchenmusik, das Bach mit seinen Kirchenkantaten in optimaler Weise erfüllte. Philipp Spitta war es, der im Vorwort seiner Bach-Monographie von 1873 Bach als »Deutschlands größten Kirchenkomponisten« bezeichnete, und er verband seine Darstellung mit dem Ziel, dazu beizutragen, daß die »an Zahl und Inhalt fast unbegreiflich großen kirchlichen Kunstwerke« Bachs »im Volke lebendig werden«. »Bach, der Kirchenmusiker«, lautete Spittas summarische Kennzeichnung, was mit der Formel »Bach, der Thomaskantor« nahezu identisch ist und nicht weit entfernt ist von den bekannten Epitheta: Bach, »der Erzkantor«, »der Spielmann Gottes«, »der fünfte Evangelist«. Auf Befragen antwortete auch jetzt noch (1985) Helmuth Rilling, der künstlerische Leiter der Internationalen Bachakademie Stuttgart: »Der kirchenmusikalische Aspekt ist heute – für mich jedenfalls – der zentrale Aspekt des ganzen Bachschen Werkes... Also: ›fünfter Evangelist‹ – ja.«

Die Bach-Rezeption in ihrer allmählich entstandenen Apostrophierung Bachs als Thomaskantor ist in ihren geschichtlich bedingten Motiven zu durchschauen, und diese Motive sind nicht mit Bachs Lebensentwurf in Einklang zu bringen. Die Bach-Rezeption widerspricht im Zustandekommen ihres Diktums »Bach, der Thomaskantor« der biographischen Faktizität. Aber wir können das Zustandekommen des Diktums hintansetzen und das Diktum selbst als Faktum nehmen und als Wahrheit gelten lassen. Es widerspricht dem biographischen Bach, aber es widerspricht nicht dem Bachschen Werk. Im Gegenteil: Bachs Werk insgesamt kann in der Tat und unabhängig von aller Rezeptionsgeschichte so angesehen werden, daß als dessen Inbegriff die geistliche Vokalmusik zu gelten vermag, deren Entstehen wiederum inbegrifflich mit dem Thomaskantorat verbunden war.

Dies ist der Angelpunkt, der Drehpunkt meines Textes hier, und ich versuche, ihn zunächst wie folgt verständlich zu machen. Bachs Komponieren insgesamt – ob Instrumental- oder Vokalmusik, Klavier- oder Orgel-, Kantaten- oder Passions-, Kammer- oder Konzertmusik, ob in früher, mittlerer oder später Zeit gelegen – ist im Grundsätzlichsten ein und derselben Art. Dieses Grundsätzlichste, das das stilistische Erkennungszeichen »Bach« darstellt, braucht hier vom Kompositionsfaktischen her, zum Beispiel im Blick auf Generalbaß, Kontrapunkt und Polyphonie, Harmonik und Satzbau, Affekt und Rhetorik, Bearbeitungsintentionen und Parodieverfahren, nicht näher beschrieben zu werden. Entscheidend für unsere Hinsicht ist das alle Musik Bachs betreffende Grundsätzlichste ihrer Aussage, das ich hier mit dem Begriff der Theozentrik umschreibe, das heißt mit dem Verweis auf die aus Bachs Kompositionsart überhaupt sprechende Mittelpunktstellung Gottes, des christlichen Schöpfers und Lenkers der Welt.

Daß diese Theozentrik für Bachs Musik, für alle seine Musik, grundsätzlich gilt, ist hier zunächst eine bloße Behauptung. Sie bedarf des Beweises. In dem Maße aber, in dem dieser Beweis gelingt, kann als Dreh- und Angelpunkt einer Bach-Interpretation gesagt werden, daß jenes Grundsätzlichste aller Bachschen Musik, die theozentrische, die gottbezogene Aussage, in Bachs geistlicher Vokalmusik gleichsam mit Sprache versehen wurde, mit biblischem, choralischem und neu gedichtetem geistlichen (theozentrischen) Text, so daß durch diesen Prozeß, gleichsam durch die »Betextung« der Bachschen Musik, für die das Thomaskantorat den Mittelpunkt bildete, die Theozentrik aller Musik Bachs buchstäblich zur Sprache gelangt ist und von hier aus mit Recht Bach im Blick auf sein Gesamtschaffen als der Thomaskantor bezeichnet werden kann.

Wie aber, so müssen wir nun fragen, um diesem Drehpunkt Stringenz zu verleihen – wie läßt es sich nicht nur begriffslos empfinden und fühlen, sondern wie läßt es sich beweisen, daß in aller Musik Bachs die Theozentrik den Mittelpunkt ihrer Aussage bildet? Ich versuche diese Beweisführung im Blick auf die einzige überlieferte Stelle, an der Bach ausgesprochen hat, was für ihn Musik, die Musik überhaupt ist.

Diese einzige Stelle ist oft zitiert worden und allgemein bekannt, nachdem Spitta sie in seiner Bach-Monographie als Aussage Bachs ausgegeben hatte. Sie lautet:

»... und soll wie aller Music, also auch des General Basses Finis und End Ursache anders nicht als nur zu Gottes Ehre und Recreation des Gemüts sein. Wo dieses nicht in acht genommen wird, da ists keine eigentliche Music, sondern ein Teuflisches Geplärr und Geleyer.«

Diese Aussage findet sich aufgezeichnet in dem Manuskript einer Generalbaßlehre, dessen Titelseite besagt, daß Bach sie 1738 für »seine Scholaren in der Music« aufgesetzt habe. Bach hat also wahrscheinlich diese Generalbaßlehre und somit auch jene Aussage seinen Kompositionsschülern zur Mitschrift diktiert, und bei dem Manuskript handelt es sich um eine Schüler-Mitschrift dieses Diktat-Unterrichts. Jene Aussage ist demnach zwar aus Bachs Mund gekommen und von ihm vertreten worden, sie stammt aber nicht von Bach. Schon Spitta hatte späterhin erkannt, daß die Generalbaßlehre, die Bach hier seinem Unterricht zugrunde legte, eine Vorlage hatte in der im Jahre 1700 in Hamburg erschienenen *Musicalischen Handleitung* von Friedrich Ehrhardt Niedt, der, in Jena gebürtig, dort Schüler von Johann Nikolaus Bach aus Eisenach war, bevor er – im Hauptberuf Jurist – wohl um 1700 über Hamburg nach Königsberg ging.

In Niedts Generalbaßlehre lautet der Passus wie folgt:

»... Endlich soll auch der Finis oder End-Ursache aller Music und also auch des General-Basses sein nichts als nur Gottes-Ehre und Recreation des Gemüts; wo dieses nicht in acht genommen wird, da ist auch keine recht eigentliche Music und diejenigen, welche diese edle und göttliche Kunst mißbrauchen zum Zunder der Wollust und fleischlicher Begierden, die sind Teufels-Musicanten; denn der Satan hat seine Lust solch schändlich Ding zu hören, ihm ist eine solche Music gnug; aber in den Ohren Gottes ist es ein schändliches Geplärr. Wer nun bei seiner musicalischen Profession einen gnädigen Gott und gut Gewissen haben will, der schände diese große Gabe Gottes nicht durch deren Mißbrauch zu unehrbarem Wesen.«

In der verkürzten Diktatfassung Bachs ist diese längere Fassung enthalten und mitgemeint. Die Kernaussage ist folgende: Aller Musik Endursache, das heißt aller Musik Sinngebung und Bestimmung, ist nur Gottes-Ehrung; alle andere Musik ist keine eigentliche Musik, sondern der Mißbrauch dieser Gabe Gottes. Diese Aussage umschreibt in aller Deutlichkeit und Ausschließlichkeit jene für die Musik des Barocks geltende Tradition, der Bachs Musik zugehört und der Bach sich zugehörig wußte.

Des näheren nun läßt sich jene Aussage verstehen, wenn wir die zu Bach führende Tradition der Musikauffassung betrachten, die als humanistisch-protestantische Tradition bezeichnet werden kann. Und hier bietet sich für das Verstehen jener Aussage vor allem anderen der Organist und Musiktheoretiker Andreas Werckmeister an, der als Organist in Quedlinburg und in Halberstadt in der Zeit vor und um 1700 zahlreiche Schriften über Orgelbau und Orgelspiel, Tonsystem und musikalische Temperatur, Generalbaß und Komposition, Ursprung, Historie und Sinn der Musik veröffentlichte. Jener Passus in Niedts *Handleitung* und in Bachs Generalbaß-Diktat steht in seiner Essenz dem Denken Werckmeisters so nahe, daß er auch von ihm hätte geschrieben werden können. Denn auch Werckmeisters Auffassung lautet in ihrem Mittelpunkt: Die Musik ist göttlichen Ursprungs; sie ist Gottes Geschenk, und somit ist alle Musik zur Ehre Gottes bestimmt – jede andere Musik ist ein Mißbrauch. Werckmeister nun aber begründet, er erklärt die Theozentrik der Musik in einer äußerst klaren Weise, die in ihren Grundsätzen mittelalterliche, humanistische und protestantische Tradition miteinander verbindet. Ich referiere dies hier in aller Kürze und Knappheit.

Die Musik ist Ordnung und Ausdruck. Als Ordnung ist die Musik in all ihren wesentlichen Dimensionen (Tonrelationen, Harmonik, Rhythmik, Zeitmaße) zahlhaften Wesens, sie ist eine »scientia mathematica«. Als solche ist sie göttlichen Ursprungs und göttlicher Art und somit fähig, den Menschen zur Freude in Gott zu bewegen. Dem liegt eine aus der Antike gespeiste, christlich mittelalterliche Sichtweise zugrunde. Gott ist »ein harmonisches Wesen«, und er hat »alles harmonice erschaffen und geordnet«, und auch dem Menschen ist »eine lebendige Seele nach dem Ebenbilde Gottes von dem allmächtigen Schöpfer eingeblasen«, auch er ist »ein wohlgestimmtes harmonisches Wesen«. Auch alle zur Musik tauglichen Klänge sind aufgrund ihres göttlichen Ursprungs als »Proportional-Zahlen« harmonischen Wesens, und so wird der Mensch durch sie erfreut (auch wenn sie ihn vorübergehend traurig stimmen); denn der Mensch hat als Ebenbild Gottes »die Gleichheit der musicalischen Proportionen in seiner Seele und äußerlichen Gliedern... Wenn nun der Mensch solche Proportionen durch die Sonos vernimmt, so wird ihm dadurch ebenmäßig sein Eben-Bild vorgestellet, an welchem er sich belustigen kann«. Und so lautet die Maxime: »Weil nun die Music ein ordentliches und deutliches Wesen und solcher Gestalt nichts anders als ein Formular und Ordnung der Weisheit Gottes ist, so muß ja ein Mensch, wenn er nicht einer grimmigen Bestie gleich ist, billig zur Freude bewogen werden, wann ihm die Ordnung und Weisheit seines gütigen Schöpfers durch solche Numeros sonoros ins Gehör und folgends ins Herz und Gemüte geführet wird.«

Mit dieser zahlhaft begründeten Lehre der Musik als »Formular und Ordnung der Weisheit Gottes« verbindet nun Werckmeister aufs engste das emotionale Wesen der Musik, die Ausdruckslehre, die im Barock als Affektenlehre erscheint. Ausgangspunkt ist die »Unität« als die höchste Vollkommenheit, von der alles ausgeht, was ist, und auf die alles bezogen ist: »Gott ist selber die Unität.« Zahlenmäßig wird die Unität als 1 : 1 = 1 ausgedrückt und daher auch »Äqualität« (Gleichheit) genannt. Für alles, was ist, gilt als Axiom: »Je näher ein Ding der Unität [oder Äqualität], je begreiflicher deutlicher, je weiter, je unvollkommener [undeutlicher] und verwirreter es sei.«

Die Musik nun, bei der alles Substanzielle und Wesentliche auf Zahlen und Proportionen beruht, versinnlicht dieses Axiom auf der Ebene der Emotion, der Affekte. Die Oktave als 1 : 2 ist »die erste und allervollkommendste Proportion, weil sie der Unität am nächsten ist, ja selber daraus bestehet«. Und so gilt für die Intervalle, aus denen eine Musik zusammengefügt ist, überhaupt: Je näher sie bei der Unität und den sieben einfachen Zahlen, aus denen die Konsonanzen bestehen, sich aufhalten und bewegen, desto vollkommener, deutlicher, begreiflicher ist die Musik und desto freudiger macht sie den Menschen, und je weiter sich die Intervallproportionen von der Unität und von den sieben einfachen Zahlen entfernen, desto schwerer sind sie vom Intellectus zu begreifen und desto verwirrender und trauriger wirken sie. Zum Beispiel: Der Dur-Dreiklang ist als Trias harmonica perfecta in seinen Proportionen 4 : 5 : 6 der Unität wesentlich näher als der Moll-Dreiklang, die Trias harmonica imperfecta mit den Proportionen 10 : 12 : 15, und »so ist solche Trias sehr traurig und schwach, und ist nur lamentable Dinge in der Music vorzustellen geschickt«; und wenn ein Stück »aus dem Moll gemachet« ist, so schließt es in Dur, »damit doch der Sensus zuletzt sein Vergnügen habe«, denn: »die Natur strebt zur Vollkommenheit«.

Der »Mißbrauch der Music« beginnt auf melodisch-harmonischem Gebiet dort, wo die Musik verdorben wird durch ein Übermaß an übel klingenden Dissonanzen (»Relationes non harmonicae absurdae«). Dann ist sie übermäßig verwirrend und traurig. Denn es ist »gleichsam wider die Natur, vorab in der Music, wenn wir allzuweit von der aequalität und Einigkeit abweichen«. Wir wissen, »wie uns Gott durch die Music zum Guten leiten will«, das heißt zu sich selber hin. »Durch eine reine Harmonie wird der Satan vertrieben«, hingegen durch ein Übermaß an Dissonanzen, das heißt durch eine zu große Entfernung von der Unität, »werden die Gemüter confundiret und wild gemacht, bei denen dann der Satan einen freien Zutritt haben kann«.

Es ist in hohem Maße eindrucksvoll, wie Werckmeister in einer traditionsgesättigten und zwar geschichtlich gebundenen (barocken) und doch zugleich grundsätzlichen Weise die Musik als zahlhafte Ordnung und die Emotionalität der Musik, ihre Fähigkeit, »die Bewegungen des Gemüts zu erregen, zu bessern, zu ändern und zu stillen«, aus theozentrischer Sicht begründet und zueinander vermittelt. In dieser Vermittlung ist der Mensch auch als Affektwesen und ist die Musik, die diesem Menschen entspricht, mit Gott verbunden, in ihm aufgehoben. Die Freude an der Musik, auch an ihrem emotionalen Moment und auch dort, wo die Musik von Traurigkeit spricht, ist – kraft der Proportionalität der musikalischen Form – eine Freude in Gott, eine Unmittelbarkeit von ihm her und zu ihm hin.

Diese theozentrische Auffassung betrifft alle Musik in ihrem rechten Gebrauch, und sie erläutert jene von Bach diktierte

Niedtsche Aussage, von der wir ausgingen, daß »aller Music... Finis und End Ursache anders nicht als nur zu Gottes Ehre und Recreation des Gemüts« sein soll, und »wo dieses nicht in acht genommen wird, da ists keine eigentliche Music« – wobei Werckmeister – wie wohl schon deutlich zu erkennen war – auch den Begriffsgehalt der »Recreation des Gemüts« in seiner theozentrischen Ausrichtung uns erklärt hat. Lateinisch recreatio heißt Wiederherstellung – ab aegritudine, von Erkrankung, Unpäßlichkeit, Gram und Kummer: Recreation des Gemüts ist die Erholung, Erfrischung, Erquickung der Seele gegenüber der Betrübnis, der Verworrenheit, Traurigkeit und Beladenheit. Und so nun wie in dem von Bach diktierten Niedtschen Diktum die »Recreation des Gemüts« der Zielsetzung »zur Ehre Gottes« logisch nachgestellt ist (»nur zu Gottes Ehre und Recreation des Gemüts«), so auch ist in Werckmeisters Sinngebung der Musik – wir berichteten es – die Wirkung der Musik auf das Gemüt, die durch Musik verursachte Gemütsbewegung, eine Wirkung und Bewegung im Sinne einer Erquickung durch Gott, da die Musik in ihrem zahlhaft harmonischen Wesen Gott unmittelbar zu versinnlichen vermag.

Ist mit diesen Ausführungen der Beweis dafür erbracht (nach dem wir suchten), daß die Theozentrik im Mittelpunkt der Aussage aller Musik Bachs steht? Eine Handgreiflichkeit des Beweises im Sinne einer konkret begrifflichen Benennung dieses Mittelpunkts gibt es nicht. Wohl aber eine Annäherung. Sie erfolgte hier an Hand der einzigen Stelle, an der eine Aussage Bachs über den Sinn und das Ziel aller Musik überliefert ist; und wir ließen uns diese Aussage durch Werckmeister erklären – wobei wir der Tatsache eingedenk sein können, daß jene Aussage zum Zentrum der zu Bach führenden Tradition der zugleich mittelalterlichen, humanistischen und protestantischen Musikauffassung gehört und daß es für die musikphilosophische Erklärung jener Aussage keinen besseren Zeugen gibt als Andreas Werckmeister.

Das macht die Annäherung aus. Aber für die Bach betreffende Konkretheit des Beweises der Theozentrik seiner Musik fehlen die näheren verbalen Hinweise und Bestätigungen Bachs. Und für uns heute bleibt uneindeutig und offen, was – wenn von Theozentrik der Musik Bachs die Rede ist – dabei der Begriff »Gott« bedeutet.

Indessen: Als eine Tatsache hat es zu gelten, daß »alle« Musik Bachs insofern eine Einheit bildet, als in ihrer Faktur (ihrem Stil) zwischen kirchlicher, geistlicher und weltlicher Zweckbestimmung keine Trennungslinien verlaufen, wie es am handgreiflichsten Bachs Parodieverfahren bekundet. Daß alle Musik Bachs unter dem Aspekt einer einzigen Sinngebung zusammengebunden werden kann, braucht durch zeitgenössische Aussagen nicht eigens bewiesen zu werden; es wird durch Bachs Musik selbst deutlich und seitens des von Bach übernommenen Niedtschen Diktums und durch Werckmeisters Explikation dieses Diktums nur eindringlich bestätigt. Die Annäherung besteht darin, daß nach Aussage jenes Diktums und jener Explikation die einzige Sinngebung aller Musik die Ehre Gottes und – damit verbunden – die Recreation des Gemüts ist, wobei Gott durch Werckmeister definiert ist im Sinne des biblischen, christlichen, durch Christus geoffenbarten Schöpfers der Welt. Und der Beweis dafür, daß diese Annäherung an die theozentrische Sinngebung aller Musik Bachs, und zwar an eine Theozentrik im Sinne des konkret christlichen Gottes, einen Wahrheitsgehalt hat, liegt in dem Faktum des Thomaskantors Bach beschlossen.

Dabei erblicken, bedenken, interpretieren wir dieses Faktum nicht als Endzweck von Bachs Lebensentwurf (die biographische Wahrheit ist, daß Bach sich nicht zum Kantor auserkoren und berufen fühlte). Und wir interpretieren Bachs Tätigkeit als Thomaskantor auch nicht im Sinne der Rezeptionsgeschichte, die auf der Suche nach großer und vollgültiger evangelischer Kirchenmusik Bach zum Erzkantor stempelte und ihn als Gesamterscheinung mit dem Thomaskantorat, das heißt mit dem Schaffen kirchlicher Vokalmusik, identifizierte unter Hintanstellung der instrumentalmusikalischen Werke, die in Bachs eigener Schaffensauffassung den Vorrang hatten (die Rezeptionsgeschichte bietet in dieser Hinsicht, gemessen an Bach selbst, eine Wahrheit nicht).

Und doch umschreibt auch die Rezeptionsauffassung, die in Bachs kirchlicher Vokalmusik, seiner Kantoratsmusik, seinen Kantaten und Motetten, Passionen, Oratorien und Messen, den

Inbegriff der Bachschen Musik erblickt, einen zutiefst wahren Sachverhalt – Wahrheit und Inbegriff freilich nicht in dem Sinne, daß Bach vor allem anderen ein Kantor war und daß die Kirchenwerke, die Kantoratsmusik, den Mittelpunkt und die Hauptsache seines Schaffens darstellen, sondern Inbegriff und Wahrheit in dem Sinn, daß die Verbindung von Bachs Art des Komponierens mit dem göttlichen Wort und theozentrischen Text dasjenige buchstäblich zur Sprache gebracht hat, was alle Musik Bachs grundsätzlichst bedeutet. In diesem Sinne können auch wir sagen: »Thomaskantor Bach«, oder noch extremer: »Bach, der Thomaskantor«.

Durch die äußeren, geradezu äußerlichen Umstände, die zur Übernahme des Kantorats führten, wurde Bach gleichsam gezwungen, sein Komponieren auf breiter Basis dem geistlichen Text zuzuführen. Durch diesen Prozeß wurde in idealer Vollkommenheit erkennbar, was Bachs Musik auch als reine Instrumentalmusik und als weltliche Vokalmusik ihrer Sinngebung nach ist: Indem Bach als Thomaskantor seine Art der Musik mit dem evangelischen Wort verband, wurde die Finis und Endursache aller seiner Musik, ihre Gottbezogenheit, ihre christliche Theozentrik, in begrifflicher Konkretheit, sprachlicher Verständlichkeit zum Reden gebracht und ausgesprochen.

»Bach, der Thomaskantor« – wenn wir dies sagen und denken, so ist hier das Wort »Thomaskantor« nicht als eine Berufsbezeichnung und auch nicht als Bezeichnung einer Berufung gemeint, sondern als Wesensbezeichnung der Bachschen Musik überhaupt.

Vielleicht ist das so; ich glaube, daß es so sein könnte – so einfach, so schön und so wahr – vielleicht.

Zitierte Literatur

Ulrich Siegele, *Bach in Leipzig: Fremdeinschätzung und Selbsteinschätzung*, in: *Almanach der Bach-Tage Berlin 1985*.

Ders., *Johann Sebastian Bach – »Deutschlands größter Kirchenkomponist«. Zur Entstehung und Kritik einer Identifikationsfigur*, in: *Gattungen der Musik*, hg. von Hermann Danuser, Laaber 1988.

Sinnbildlichkeit in Text und Musik

Mein Vortrag – dies als Vorbemerkung – wird vielleicht nicht ganz dem entsprechen, was die Internationale Arbeitsgemeinschaft für theologische Bachforschung erwartet, indem sie mir dieses Thema stellte, das zugleich das Generalthema ihres Symposiums ist. In meinem Vortrag spreche ich am meisten zu mir selbst. Erlauben Sie mir, es zu sagen: ich bin ein ordnungsliebender Mensch. Ab und zu überkommt mich das Bedürfnis, in meinen Stuben Ordnung zu machen. Eine solche Stube ist auch meine Bach-Stube. Vieles steht da herum. Ich mache Ordnung, indem ich alles anfasse und rausräume. Bis das Zimmer ganz leer ist. Dann überlege ich, was ich, nachdem ich es sauber gemacht habe, wieder reinräume und was nicht. Nichts anderes soll in diesem Vortrag geschehen. Es ist meine Bach-Stube. Jeder hat seine eigene.

*

Um über das Rahmenthema dieses Symposiums sprechen zu können, muß ich zunächst versuchen, den Begriff der »Sinnbildlichkeit« mir klarzumachen. Lexikalisch steht er im Begriffsfeld von Emblem und Symbol. Von einer Verbindung zu diesen Begriffen möchte ich – im Blick auf Bach – das Wort Sinnbildlichkeit zunächst einmal gänzlich freimachen. Als Arbeitsthese nämlich sei gesetzt, daß es bei Bach – vielleicht von einigen Ausnahmen abgesehen (vielleicht!) – keine Verschlüsselung und keine Uneigentlichkeit des musikalischen Ausdrucks gibt, sondern daß im Prinzip alles, was seine Musik bedeuten (erfassen, besagen, benennen) soll, offen zutage liegt – sofern wir uns heute beim Hören der Musik Bachs hinter dasjenige zurückbegeben, was ich den »Traditionsknick« nenne, der das heutige Hören von Musik, das ästhetisch orientierte, von dem Musikverstehen der Bach-Zeit trennt.

Sinnbildlichkeit von Musik – bleiben wir zunächst bei ihr, der Musik – das sollte heißen, daß in der Musik ihr musikalisch sinnvoll Gebildetes intentional so gedacht und gemeint ist, daß ihm ein Sinn eingebildet wurde, den es abbildet, in sich trägt und zu verstehen gibt und der als Sinn noch etwas anderes ist als der sogenannte »rein musikalische« Sinn. Dieser Sinn – als abgebildeter – ist als Gegenstand, Begriff oder Vorstellung auch außerhalb der Musik vorhanden, zum Beispiel als Hohes und Tiefes, als Stehen oder Fliegen, als Welle und Fluß, als Identität oder Kontrast, als Freude oder Traurigkeit, als Sünde und Erlösung, als Kreuzigung und Auferstehung. Und dies außerhalb der Musik Vorhandene erscheint nun in der sinnbildlichen Musik so, daß es als Sinn von dem musikalischen Sinn erfaßt wird, den musikalischen Sinn zu sich hin bildet und – soweit dies nur irgend möglich ist – beide Weisen von Sinn eine partielle Übereinstimmung eingehen, das heißt daß in dem musikalischen Sinn der abgebildete Sinn wahrnehmbar, hörbar, erkennbar ist.

Dies aber, diese Sinnbildlichkeit, ist in seinem Prinzipiellen nichts Besonderes bei Bach, sondern gilt für alle abbildliche Musik, seit es sie gibt. Bei einem Concert von Schütz oder einem Lied von Schubert oder einer Symphonie von Mahler ist es genauso: Ein begrifflich Benennbares, das in der Welt schon außerhalb der Musik vorhanden ist, zum Beispiel das Abweichen des Menschen von Gottes Ordnung oder die Unruhe und Sehnsucht Gretchens am Spinnrade oder bei Mahler die Gefangenheit des Subjekts und der Schrei des Ekels, wird der Musik so eingebildet, daß sie es als Musik zu verstehen gibt.

Was aber ist das Besondere bei Bach? – falls es eine Besonderheit hier gibt. Die Besonderheit – so könnte man nun meinen – ist das Geschichtliche, die geschichtliche, in diesem Fall die spätbarocke und genauer die Bachsche Art der Sujets und der musikalischen Mittel ihres Einbildens in die Musik. Aber auch das gilt im Prinzip: So wie die Musik beständig Geschichte hat, so auch das Was und das Wie ihres Ausdrucks. Nur wenn wir den geschichtlichen Ort der Musik mit bedenken, können wir erkunden und erkennen, was sie ist und besagt.

Die Besonderheit der Musik Bachs könnte nun jedoch in der Fülle, Tiefsinnigkeit und Vielschichtigkeit ihrer Sinnbildlichkeit gelegen sein. Tatsächlich ragt Bach in dieser Hinsicht weit über alles vorhergehende und zeitgenössische Komponieren hinaus; doch auch hier stehen ihm Komponisten wie Schubert in seinen Liedern und Mahler in seinen Symphonien nicht nach. Es gibt das sinn- oder abbildliche Komponieren, und es gibt die kompositorische Größe: Wo beides zusammentrifft, gibt es die große abbildliche Musik.

Oder liegt die Besonderheit der Musik Bachs darin beschlossen, daß sich ihre Sinnbildlichkeit, ihre Abbildhaftigkeit, das Einbilden von Sinn in ihre tönend bewegte Form, nicht oder nur bedingt, nur teilweise unmittelbar zu verstehen gibt? Unmittelbar: das heißt hier auf dem ästhetischen Wege, dem Weg des sinnlichen Wahrnehmens von Musik, oder wie ich es nenne: auf dem Wege des ästhetischen Verstehens. Vielleicht werden wir von dieser Frage her die Besonderheit entdecken. Ich glaube: wir werden es.

Doch zunächst müssen wir hier wiederum feststellen, daß auch bei anderer Musik sehr viel, oft Entscheidendes ihrer vom Komponisten intendierten Abbildlichkeit eines außer ihr gelegenen Sinns sich nicht unmittelbar, das heißt allein vom sinnlichen Wahrnehmen her zu verstehen gibt. Überall in der Musik fordert das Verstehen, daß sich zu dem ästhetischen Verstehen das erkennende Verstehen gesellt, das auf der musikalischen Analyse und auf der Erkundung des geschichtlichen Umfeldes einer Musik beruht und die Aufgabe hat, beides, die analytische Arbeit und die Umfelderkundung, miteinander zu verbinden und das so miteinander Verbundene dem ästhetischen Verstehen zuzuführen. Diese Kreisbewegung des Verstehens von Musik ist – wie gesagt – ein Erfordernis nicht nur bei Bach, sondern bei aller Musik. Und ebenso gilt für alle komponierte Musik, daß man sich oft wundert, wie ein Werk der Musik schon jahrzehntelang oder mehr beständig gehört und immer wieder beschrieben und erklärt wurde und wie dann sein Sinn plötzlich entdeckt wird – nicht nur als eine Interpretation von der Gegenwart her, der sich das Werk in seiner Vielsinnigkeit anbietet, sondern buchstäblich entdeckt im Sinne eines zentralen Befundes der ursprünglichen Intention des Komponisten.

Zu dem ästhetischen Verstehen von Musik, das sich auf dem Weg über die sinnliche Wahrnehmung, das Hören von Musik, jenseits von allem begrifflichen Denken und Sprechen über Musik allein durch die ästhetische Erfahrung, also von selbst herstellt, muß sich das erkennende Verstehen gesellen, damit ein Verstehensoptimum erreicht werden kann. Dies gilt für alle Musik, so auch für Bach. Aber bei Bach ist der ihm adäquate Verstehensansatz, das für ihn gültige Verhältnis zwischen der sinnlichen Unmittelbarkeit des Wirkens seiner Musik und der Notwendigkeit und Art der Arbeit des Erkennens, in einem besonderen Maße kompliziert und belastet. Das liegt nicht an Bach, sondern an der Bach-Rezeption, der Verstehensgeschichte Bachs, die freilich – wie Rezeption es immer tut – auch hier auf die geschichtliche Position ihres Gegenstandes reagiert.

An anderer Stelle – es war im Rahmen des Bach-Jahres 1985 – habe ich darzustellen versucht, daß, als Bachs Musik ab dem beginnenden 19. Jahrhundert als große öffentliche Kunst entdeckt wurde, dies vor dem Hintergrund jener gegenüber Bach neuen Art von Musik geschah, die ich die ästhetisch konzipierte Musik (oder verkürzt: die ästhetische Musik) nenne. Es ist die Musik der Wiener Klassiker und – an ihnen orientiert – die Musik des 19. Jahrhunderts, jene Musik, die bis heute nicht nur das Musikrepertoire, sondern auch das Musikbewußtsein beherrscht und bestimmt. Diese Musik will alles, was sie ist und besagt, offen darlegen und bildet ein Hören heran, das nichts anderes erwartet. Ihre Struktur ist in jedem Augenblick ausschließlich und unmittelbar auf das aufmerksame sinnliche Wahrnehmen, das Hinhören, das begriffslos unmittelbare, das ästhetische Verstehen gerichtet. Musikalische Analyse, ein konkret erkennendes, werkbeschreibendes Verstehen von Musik gab es noch kaum. Sie entwickelte sich erst ab Anfang unseres Jahrhunderts, stark initiiert von der neuen Musik, insbesondere der Wiener Schönberg-Schule.

Auch die musikanalytische Arbeit war von Anbeginn an der ästhetischen Musik orientiert. Die Offenlegung der Struktur, das Erkennen und Mitteilen, wie eine Komposition gemacht ist, war ein Offenlegen dessen, was man hören konnte und sollte. Die sprachbegriffliche Interpretation entwickelte sich als Deutung dieses Offenliegenden. Analyse als Form- und Strukturanalyse war das Motto und ist es weithin noch heute. Die Art, in der sich im Blick auf die ästhetisch konzipierte Musik das (begrifflich) erkennende und das (begriffslos) ästhetische Verstehen miteinander verbinden, möchte ich – das Risiko begrifflicher Kompliziertheit in Kauf nehmend – das erkennende Verstehen der ästhetischen Dimension von Musik oder verkürzt: das ästhetisch erkennende Verstehen nennen (dem wir das sinnbildlich erkennende Verstehen gegenüberstellen werden). Auch Bach bietet sich hierfür an. Seine Musik ist in ihrer geschichtlichen Position und so auch für unsere Ohren nicht »alte« Musik: Sie ist von höchstgradiger ästhetischer Qualität. Und es gibt genug zu tun, um zu erkennen und offenzulegen, wie dasjenige strukturiert ist, was man mit dem ästhetisch erfahrenen Ohr unmittelbar hört.

Aber das genügt nicht bei Bach. Um über die an der ästhetischen Musik orientierte Strukturanalyse hinauszukommen, müssen allerdings drei Prämissen erfüllt sein.

Die erste Prämisse ist die Anerkennung der Frage nach dem Gehalt von Musik, der als musikalische Struktur erscheint – die Frage (um mit dem Titel dieses Symposiums zu sprechen) nach dem Sinn, der sich dem musikalischen Sinn einbildet: nach dem Sinngehalt. Dabei unterscheide ich zwischen dem vom Komponisten ad hoc intendierten Gehalt, zum Beispiel wenn Bach mit weiten konsonierenden Tonschritten Freude ausdrückt, und dem Gehalt, den Musik auch ohne einen derart intendierten Gehalt als geschichtliches System schon in sich selber hat. (Das ist der Gehalt auf der Ebene des geschichtlichen Stands des musikalischen Materials und des normativen Umgehens mit ihm, von dem im Stadium des deutschen Barocks in der Zeit unmittelbar vor Bach Andreas Werckmeister sagen konnte, rechtmäßig komponierte Musik überhaupt sei »nichts anders als ein Formular und Ordnung der Weisheit Gottes«.) Notwendig ist, daß bei der musikalischen Analyse die Frage nach dem Gehalt von Musik überhaupt gestellt wird. Das gilt wiederum für alle Musik. Es ist eine Folge des Auseinanderbrechens der Musikauffassung in eine Autonomie- und eine Ausdrucksästhetik im 19. Jahrhundert, daß noch heute zwischen den beiden Analyseansätzen und -zielen innerhalb der Musikwissenschaft ein Graben sich hinzieht.

Die zweite Prämisse betrifft nun speziell Bach; Stichwort »Traditionsknick«. Obzwar die Musik Bachs auf Grund ihres hohen ästhetischen Ranges der Zeit ab ihrer Neubelebung voll zugehört (oder voll zuzugehören scheint), sind doch in ihr Traditionen lebendig und zu einem Höchstmaß gesteigert, die nach Bach (teils schon zu seinen Lebzeiten) abbrachen, nicht mehr aktuell und präsent blieben und die daher dem auf der ästhetischen Erfahrung gründenden ästhetischen Verstehen von Musik und der ästhetisch orientierten musikalischen Analyse nicht mehr unmittelbar zugänglich sind – weil sie nicht mehr unmittelbar verstanden und erkannt werden können. Hier muß – auf der Basis des Interesses an dem Gehalt von Musik (der ersten Prämisse) – das historisch erkennende Verstehen einsetzen und zwar als Arbeit und Anstrengung des Sich-Zurückversetzens hinter den »Knick«, des Sich-Einfindens in das barocke, das barock-humanistisch-protestantische Musikdenken Bachs. Im Mittelpunkt dieses Denkens, sein Grundprinzip ausmachend, steht das Denken in Analogien, das das sinnbildlich erkennende Verstehen erforderlich macht.

Das Stichwort, das die dritte Prämisse umschreibt, lautet: wissenschaftliche Nüchternheit. Ihr entgegen steht dasjenige, was ich das historisch ideologisierende Verstehen nenne. Diese Art des Verstehens ignoriert den Traditionsknick nicht, im Gegenteil: sie betont ihn – betont ihn, um ihn auszunutzen. Und dies in dreifacher Weise:

a) Was die alten, die geknickten Traditionen beinhalten (oder zu beinhalten scheinen), wird zu Werten stilisiert, um sie der Gegenwart anzubieten: Bach als noch heile Welt, als Wärmstube der Frömmigkeit und so ähnlich.

b) Im Sinne dieses Benutzungseffekts werden Teilphänomene globalisiert: Bach, der Kirchenkomponist, der Thomaskantor und so weiter.

c) Ist diese Art des Redens über Bach heute zwar kaum noch möglich, jedenfalls kaum noch in jener unverborgenen Weise, so wuchert doch noch immer und ungebrochen eine Art von »Bach-Forschung«, der es nicht weniger an Nüchternheit mangelt. Auch sie benutzt den Traditionsknick, das heißt die Tatsache, daß hinter ihm ein Denken zur Musik gelangte, das uns nur durch das historisch erkennende (spezifisch sinnbildliche) Verstehen zugänglich wird. Das unserer unmittelbaren ästhetischen Erfahrung Verborgene (die Sinnbildlichkeit) wird – da es eine solche Verborgenheit nun einmal gibt – zu einer kryptographischen Verborgenheit erweitert und vertieft, die von Zahlen- und anderen Symbolismen aller Art bis hin zu Vignettenschnörkeln und Tintenklecksen in Bachs Handschriften reicht und bei der man nicht weiß, vor wem man mehr in Erstaunen geraten soll, vor Bach oder vor der Scharf- und Tiefsinnigkeit seiner Interpreten.

Sind alle diese Prämissen erfüllt: die Anerkennung der Frage nach dem Gehalt von Musik nicht nur als wissenschaftswürdig, sondern auch als wissenschaftsnotwendig, das Bewußtsein des Traditionsknicks, der das historisch erkennende Verstehen in besonderer Weise herausfordert, und die wissenschaftliche Nüchternheit, die eine ideologisierende und kryptographierende Benutzung des Traditionsknicks verwehrt, so kann die Arbeit des erkennenden Verstehens Bachs beginnen, bei der die Frage nach der Sinnbildlichkeit seiner Musik eine der zentralsten ist.

Indessen hier nun heißt die Devise »Vorsicht!« (mit Ausrufungszeichen). Womit ich es nicht so sehr anderen, sondern vor allem mir selbst schwermachen will. »Vorsicht!« – ich sage es im folgenden in bezug auf sieben Punkte oder Hinsichten oder Ebenen des Denkens und Sprechens über Bach.

Erster Punkt: Bach und die Auffassung der Musik als Abbild der Schöpfungsordnung.

Dies in dem Sinne, daß Bachs Musik ein Spiegel der Ordnung von Gottes Welt sei beziehungsweise daß in ihrer Ordnung die Schöpfungsordnung gemeint sei. Daß Bach diese Auffassung seiner Musik hatte, ist nicht belegbar: Bach hat nie etwas in dieser Richtung verlauten lassen. Man könnte sagen: Es war die Musikauffassung der Zeit, oder es konnte sie im Einzelfall gewesen sein. Doch es gibt auch hierfür kaum Belege. Werckmeister, an den man in erster Linie denken könnte, war vierzig Jahre älter als Bach und sprach in seiner mathematisch orientierten Musiklehre eine zwar höchst eindrucksvolle, jedoch zugleich ausgesprochen rückwärtsorientierte Sprache. – Man könnte sagen: Bachs in eminentem Maße »geordnete Musik« sei – auch wenn er es verbal nicht bezeugt hat – gleichwohl in dieser Richtung gedacht. Indessen war Bachs Kompositionsart zu seiner Zeit moderne Musik, deren Dissonanzenfülle einen Werckmeister wahrscheinlich mit Horror erfüllt hätte. Was uns heute als »das Geordnete« bei Bach affiziert, ist nicht als solches beabsichtigt, sondern gehört in seiner spezifischen Strukturation zu Bachs spezifischer Art des hochqualifizierten Komponierens. Es ist ein der Geschichte zugehöriges Phänomen, bei dem Konstruktion und

Expression, Mathesis und Emotion in einer bestimmten kompositionsgeschichtlichen Relation zueinander stehen und die man heute als sinnbildlich intendierte Ordnung zu verstehen geneigt ist, weil sich in der späteren Musikgeschichte das Verhältnis in Richtung Emotion oder schwer zu durchschaubarer Konstruktion verschoben hat. Diese Verschiebung, sie allein, steht hinter der heutigen Auffassung der Musik Bachs als Abbild der Schöpfungsordnung. Aber die Verschiebung selbst ist im Blick auf die Musik als Kunst nur eine scheinbare. Denn: alle Musik ist »geordnete Musik«, oder sie ist keine Musik.

Zweiter Punkt: Bachs Predigt in Tönen.

Dies in dem Sinne, daß Bach in seiner Vokalmusik in Tönen predigen, Frömmigkeit, womöglich seine eigene, musikalisch versinnlichen oder versinnbildlichen wollte. *Wollte* er das? Bach war in seiner Herkunft, seiner Ausbildung und seiner Berufsvorstellung Organist, im weiteren Sinne: Klavizist, im weitesten Sinne: in der Instrumentalmusik angesiedelt. Ich erinnere an Eisenach – Ohrdruf – die Lüneburger Lehrwanderungen – Weimar I – Arnstadt – Mühlhausen – Weimar II – Köthen – Leipzig nach 1730/40. Bachs Vokalmusik war fast insgesamt – ich möchte nicht sagen: Auftragsmusik, wohl aber: veranlaßte Musik – Musik, die als Auftrag, Pflicht und Dienst veranlaßt war: so die etwa acht Kantaten der Zeit vor 1714, die Weimarer Konzertmeister-Kantaten ab 1714, die Geburtstags- und Neujahrskantaten in Köthen, die Kantatenjahrgänge, Passionen und Oratorien, Messen und Motetten der Leipziger Zeit. »Veranlaßte Musik« – das bedeutet nicht, daß es sich dabei um ein Seiten- oder Nebenwerk handelt. Bach konnte überhaupt nicht anders als gut, qualitativ hoch- und höchststehend komponieren. Aus Bachs Biographie wissen wir, daß er – beginnend mit den Arnstädter Querelen – immer dann losmotzte, wenn die Aufführungsbedingungen von Musik nicht gut waren. Diese Qualitätsforderung ist auf ihn selbst, sein Komponieren, zu übertragen. Vokalmusik, auch sie, war als veranlaßte Musik jedesmal eine kompositorische Aufgabe, die sein kompositorisches Gewissen voll auf den Plan rief, ob das nun eine geistliche oder eine weltliche Kantate war, eine Passionsmusik oder ein opernhaftes Dramma per musica.

Kompositorische Aufgabe, künstlerisches Gewissen, das heißt: auf allen Ebenen alles ausschöpfen, was einer Komposition Qualität, Sinnfülle verleiht. Hierzu gehört auch, und in der Vokalmusik vorweg, die musikalische Darstellung, die Versinnbildlichung des vorgelegten Textes, die musikalische Textexegese. Je mehr ein Text an Versinnbildlichungs-Möglichkeiten anbietet und je mehr Bach dementsprechend angesichts eines Textes an musikalischer Abbildlichkeit einfallen konnte, desto mehr gewinnt die Komposition an künstlerischem Wert, an Qualität, an Sinnfülle, und desto befriedigter war Bachs künstlerisches, sein kompositorisches Gewissen. Mehr nicht. Mehr jedenfalls können wir nicht wissen und dürfen wir nicht sagen. Komponieren war für Bach eine Wissenschaft – nicht der musikalischen Theologie, sondern der Komposition. Komponieren war für ihn eine Gewissensfrage – nicht des religiösen Gewissens (davon wissen wir nichts), sondern des kompositorischen. Komponieren war für Bach eine Leidenschaft – nicht eine Leidenschaft des Predigers oder des Ausdrückens von Frömmigkeit (womöglich seiner eigenen – jedenfalls wissen wir darüber nichts), sondern eine des Schaffens höchstqualifizierter Musik (welcher Art auch immer).

Dritter Punkt: Das Angebot der Texte.

Bachs Kantatentexte sind alles andere als hochqualifizierte Dichtung. Sie haben für sich genommen keinen Kunstwert, der überdauern konnte oder der wiederbelebt werden kann. Aber sie sind für Bachs Art des Komponierens die idealen Texte, und dies auf Grund ihrer Musikabilität im Bachschen Sinne: ihres Angebots an komponablen Bildern, Gegenständen, Geschehnissen, Vorstellungen. Sie waren für Bach gut, wenn und indem sie ihm Fontes inventionis, Erfindungsquellen, anboten, die als solche seinen Kompositionen Abwechslung, Reichtum, Sinnfülle verleihen. Dasselbe gilt für die theologische Aussage. Sehr hart und extrem (und daher *vielleicht* falsch) kann man sagen: Sie war ihm gleichgültig als Theologie, aber er war begierig nach ihr als Fons inventionis.

Bachs Kantaten waren ihrer Funktion nach Predigtmusiken: plaziert im Gottesdienst in der Regel vor und nach der Predigt. Ihre Texte waren Predigttexte; sie erforderten, nicht von Bach her, sondern auf Grund ihrer Funktion, den vollen theologischen Denk- und Spracheinsatz der Zeit. Es ist höchst erstaunlich, diesen Einsatz in Bachs Texten zu beobachten. Zum Beispiel, und ich schlage hier – um alles dem Zufall zu überlassen – in Werner Neumanns Kantatentexte-Edition Nr. 1 auf: Kantate 61, 1. Adventssonntag. Eine Devise wird paraphrasiert in einem progressiven Kursus und in einer dramaturgischen Beteiligung von Gemeinde – Erzähler – Wir – Bibelverheißung – Ich – Gemeinde, mit einer stummen Achse im Aufbau:

Chor-Choral, die Gemeinde singt als Bitte: »Nun komm, der Heiden Heiland«;
Rezitativ erzählt madrigalisch: »Der Heiland ist gekommen... Du kommst«;
In der Arie dann bittet das »Wir«: »Komm, Jesu, komm zu deiner Kirche«;

– Stumme Achse –

Rezitativ (Offenb. Joh. 3,20), Jesus verheißt: Ich komme, werde kommen, »ich stehe vor der Tür«;
In der Arie dann singt das »Ich« in der Kommensgewißheit: »Öffne dich, mein ganzes Herze, Jesu kommt«;
Chor-Choral (Gemeinde): »Amen, Amen. Komm, du schöne Freudenkrone«.

Einen theologischen Text basteln, der komponiert werden sollte, war eine Art Wissenschaft – gefordert von der Predigtfunktion des Textes. So auch war die musikalische Textexegese Bachs eine seitens der Funktion der Kantatenmusik von Bach geforderte Art von Wissenschaft, die außerdem den kompositorischen Erfindungseinfällen zugute kam und somit die Qualität der Musik steigern half. Als entscheidend nachweisbar ist aber auch hier nicht Bachs Predigtwille oder Frömmigkeitsbekundung, sondern auch hier wiederum allein Bachs funktionales und kompositorisches Gewissen. Wenn Bach theologische Bücher in seiner Bibliothek stehen hatte und sie las und wenn er in ihnen oder in der Bibel Stellen anstrich und Bemerkungen inskribierte, so gehört das hierher: zu seinem Komponieren als Wissenschaft in Erfüllung seines kompositorischen Gewissens. Mehr wissen wir in voller Beweisbarkeit kaum – mehr können und dürfen wir nur mit größter Vorsicht sagen und geltend machen.

Vierter Punkt: Die musikalische Rhetorik, genauer hier: die musikalische Figuren-Rhetorik.

Zu bedenken ist immer wieder, daß die Lehre von den musikalisch-rhetorischen Figuren in ihrem Erkenntniswert für die Musik des Barocks und so auch Bachs nicht überschätzt werden darf. Sie ist im Zuge der humanistischen Schultradition des Protestantismus gewissen musikalischen Erscheinungen, die alle vor und jenseits von ihr entstanden waren, nachträglich übergestülpt worden. Sie bekundet freilich auch als solche nachträgliche Überstülpung – und hierin liegt ihr Wert für uns – das barocke, rationalistisch typisierende Denken in Analogien, das eine über den weitmaschigen Affektausdruck hinausgehende musikalisch abbildliche Konkretheit erreichen sollte und konnte, wie das in Bachs Vokalmusik unzählbar mit voller Sicherheit zu konstatieren ist.

Ob nun allerdings Bach beim Komponieren in musikalisch-rhetorischen Figuren gleichsam dachte, ja, ob er diese Lehre überhaupt gekannt hat, das wissen wir nicht. Gleichwohl ist es uns nicht verwehrt, zum Beispiel einen chromatischen Quartgang, der auch bei Bach durchaus ein figürliches, das heißt ein als Kompositionsmittel festes, genormtes, gleichsam bausteinhaftes Gepräge hat, als Passus duriusculus zu bezeichnen. Aber: den chromatischen Gang als einen »härtlichen Gang« analogisch als Abweichen von der diatonischen Ordnung aufzufassen, und zwar in dem Sinn, daß dieses Abweichen als ein Abweichen von Gott, also als ein Ausdruck im Begriffsfeld der »Sünde« verstanden werden kann, ist schon Interpretation (denn genauso könnte nur der allgemeine Affekt im Begriffsfeld des »Schmerzes« gemeint sein), und jene Interpretation als fixierte Bedeutung der Chromatik in dem Sinne einzusetzen, daß sie eine andere Textaussage (zum Beispiel Gott ist Mensch geworden) verdeutlichend »auslegt«, ist Interpretation in Potenz.

Vorsicht also, sage ich zu mir, indem ich diesen Gegenstand, nachdem ich ihn mit dem Staubtuch bearbeitet habe, wieder in meine Bach-Stube zurückstellen werde.

Fünfter Punkt: Konkretes rhetorisches Sprechen der Instrumentalmusik.

Bei den Vokalmusik-Vorspielen kann das konkrete rhetorisch-musikalische Sprechen gegeben sein, solange das Vorspiel als Sinfonia oder Concerto oder Sonatina und so weiter mit der folgenden Textvertonung verbunden, auf sie bezogen bleibt, wobei die Figuren, wenn nicht schon durch den Kantatentitel, nachträglich durch den Text, mit dem zusammen sie wiederkehren, rhetorisch konkret definiert werden. Bei den Orgel-Choralbearbeitungen ist ein konkretes rhetorisches Sprechen der Musik ebenfalls gegeben, da hier der Choraltext gemeint und beim Hören mitzudenken ist. Ich nenne zum Beispiel aus dem *Orgelbüchlein* die diatonischen Baßgänge auf- und abwärts und die Achtelbewegung im Tenor in *Vom Himmel kam der Engel Schar* oder die chromatischen Gänge in *Das alte Jahr vergangen ist* oder den Saltus duriusculus in *Durch Adams Fall ist ganz verderbt*.

Bei der reinen Instrumentalmusik jedoch entfällt die Beweisbarkeit des rhetorischen Sprechens ganz. Zum Beispiel: In der Vokalmusik Bachs kann die Figurenkonstellation, die bei Bach häufig vorkommt: chromatischer Gang, Pathopoiia, Suspiratio, Syncopatio konkret gemeint sein im Begriffsfeld der Sünde, der Erlösungsbedürftigkeit des Menschen. In der barocken Musiklehre jedoch werden diese Figuren, jede für sich und so auch in ihren Konstellationen, immer wieder auch in Richtung des Affectus doloris beschrieben, als typisierte Gebilde also, die einen Affekt ausdrücken, nicht Gegenstände, nicht konkrete Begriffe des Vorstellens und Denkens.

Wenn also mein hochverehrter Lehrer Wilibald Gurlitt in Bachs dreistimmiger *Sinfonia in f-Moll*, in der jene Figurenkonstellation (chromatischer Gang, Suspiratio, Pathopoiia und Syncopatio) das Inventionsmaterial bildet, den chromatischen Gang als theologisch redende Figur, als »ein Sinnbild der theologia crucis«, als »Symbol des Christus crucifixus, der Passion Christi, damit in eins des Lebens des Christenmenschen unter dem Kreuz« deutete, so ist diese Deutung nicht beweisbar. Genausogut kann Bach hier ein reines Affektstück gemeint haben.

In meinem Buch über Bachs *Kunst der Fuge* habe ich nun allerdings diese und andere Figuren als einzelne und in ihrer Zusammenordnung in einem konkreten rhetorischen Sinn zu verstehen versucht. Dies aber war nur möglich, indem ich das ganze Werk auf das B-A-C-H-CIS-D-Thema bezog und dieses Thema als ein begrifflich konkretes Bedeuten, eine bestimmte Aussage-Idee, gleichsam als eine Musik mit Text interpretierte.

Sechster Punkt: Symbolik.

In dem genannten Buch unterscheide ich zwischen ästhetischem Bedeuten und symbolischem Meinen von Musik.

Das ästhetische Bedeuten hat und bewirkt die Musik durch sich selbst, auch die Musik Bachs, sofern man bei ihr das Hören und Erkennen über den Traditionsknick hinweggehievt hat: Einen chromatischen Quartgang hört man als solchen; durch die kompositorische Umgebung wird er als Besonderheit, als Figur, definiert, die einen spezifisch »intensiven«, einen in die Affektrichtung des »Schmerzes« weisenden Ausdruckscharakter hat; und durch das erkennende Verstehen kann man diese Affektfigur in ihrer Potenz als konkret rhetorischen Bedeutungsträger verstehen lernen.

Das symbolische Meinen hingegen hat und macht die Musik nicht durch sich selbst, das heißt nicht auf dem ästhetischen Wege, dem der sinnlichen Wahrnehmung. Hier ist eine Sinnbildlichkeit gemeint, die man nur dann verstehen kann, wenn man das Gemeinte weiß; und auch wenn man es weiß, vermittelt sich dieses Gemeinte dem Hörer nur bedingt oder gar nicht. Die Zahlenalphabet-Symbolik zum Beispiel, etwa die Tönezahl 41 als Symbol für die Zahlenalphabet-Summe der Buchstaben J S B A C H, ist nicht hörbar, das heißt nicht und zwar überhaupt nicht ästhetisch verstehbar.

Beides, das ästhetische Bedeuten und das symbolische Meinen von Musik, beruht, so wie auch das Affekt- und das Figuren-Denken des Barocks, auf dem Denken in Analogien, dessen Hauptmerkmal ich als die Verbindung zweier Dinge oder Vorstellungen auf Grund einer partiellen Übereinstimmung anspreche, sei die Übereinstimmung ästhetisch tatsächlich oder sei sie nur eine ge- oder erdachte und somit gemeinte. Es ist denkbar, daß Bach auf der Schiene des Analogie-Denkens von der hörbaren, der ästhetischen Analogie zuweilen in eine kaum oder gar nicht hörbare, eine bloß gemeinte Analogie abgefahren ist. Letzteres ist jedoch bei Bach, soweit ich sehen kann, nirgends voll beweisbar und daher nicht als Erkenntnismittel, jedenfalls niemals als alleiniges, einzusetzen. Zu Beginn meines Textes sagte ich, man solle es als Arbeitsthese gelten lassen, daß es bei Bach keine Verschlüsselungen und Uneigentlichkeiten des musikalischen Ausdrucks gibt, zumal es sie bei anderen Komponisten seiner Zeit weit und breit auch nicht gegeben hat. Das heißt aber zugleich andersherum gewendet, daß immer wieder erneut zu fragen ist, ob bei Bach nicht doch ein symbolisches Meinen anzutreffen ist, das heißt ob ein solches Meinen bewiesen werden kann. Dies gilt für die reine Zahlensymbolik, die Alphabetzahlen-Symbolik und die Tonbuchstaben-Symbolik, es gilt auch zum Beispiel für das ♯-Zeichen: Ist es hier oder dort als Symbol gemeint? Und wäre es als gemeintes Symbol nicht doch hörbar, verstehbar jedenfalls für den Sänger, der es beachten muß, und für den Dirigenten; eingelassen vielleicht in ein tatsächliches ästhetisches Bedeuten, etwa eines übermäßigen Intervalls? – oder zum Beispiel die Stimmkreuzung, wobei im Blick auf die Sänger, den Dirigenten und die Eingelassenheit ähnliches zu fragen ist.

Wie aber ist es mit dem B-A-C-H-CIS-D-Thema im Schlußstück der *Kunst der Fuge*? Es ist hörbar: Das Gemeinte ist hier ästhetisch verstehbar – einmal durch die musikalische Gestalt dieses Themas: den emphatisch sich wiederholenden pathopoietischen Halbtonschritt abwärts und die folgende emphatische Diskantklausel, zum anderen durch die Tonbuchstaben, die hier – wie gesagt – so fungieren, als wäre dem Thema ein Text unterlegt.

Siebenter Punkt: Bach als Person, oder sagen wir gezielter: Bachs Frömmigkeit.

Schon oben (beim dritten Punkt: Das Angebot der Texte) wurde gesagt, daß die musikalische Textexegese Bachs seitens der Funktion seiner gottesdienstlichen Vokalkompositionen als Predigtmusik gefordert war: Diese Funktion verlangte eine theologische Auseinandersetzung mit dem Text, die in den Bereich des Verständnisses der Komposition als Wissenschaft gehörte und innerhalb dieses Kompositionsbegriffs die Möglichkeiten des kompositorischen Einfalls und somit die künstlerische Qualität der Musik steigerte. Dies ist gewiß; es liegt offen vor uns da. Inwieweit jedoch von hier aus Rückschlüsse auf Bachs privates Ich gezogen werden können, bleibt eine offene und, wie ich glaube, nie mit Gewißheit zu beantwortende Frage.

In meiner Schrift über Bachs *Kunst der Fuge* habe ich diese Frage mit ja zu beantworten versucht, ein Ja, das durch Bachs letzte kompositorische Handlung, das Choral-»Diktat« auf seinem Sterbebett, bestätigt werden könnte. Und doch: Sicherheit des Wissens gibt es hier nicht. Wir möchten jene Frage gern aus voller Gewißheit mit ja beantworten, möchten es gern, um mit diesem Ja eine Bezugsperson zu haben, eine Identifikationsfigur. Doch dann würde sich sogleich eine neue Frage erheben: Was fangen wir damit an? Ist eine geschichtliche Ausprägung von Frömmigkeit, christlicher Gottesglaube der Bach-Zeit, über zweieinhalb Jahrhunderte transportierbar? – Vielleicht als Aufgabe, nicht als Lösung, sondern als neu gestellte Aufgabe.

*

Ich habe beim Aufräumen meiner Bach-Stube sieben Gegenstände mit dem Schild »Vorsicht!« versehen. Die Ausrufungszeichen auf den Schildern besagen, daß alle diese Gegenstände als offene Fragen angesehen werden wollen und daß man – gewarnt durch die Ausrufungszeichen – die Fragezeichen nicht voreilig in Punkte verkürzen sollte. Wir werden mit ihnen, diesen Fragezeichen, leben müssen, leben wollen. Die Musik selbst, wann immer wir erfahren möchten, was sie sei, bleibt eine Frage. Sie ist in der Kunst das Wunderbarste, das es gibt – aber gerade deshalb ist sie – wie jedes Wunder – mit unauflösbaren Fragezeichen versehen. Bach bezeugt es.

Ästhetisches Bedeuten und symbolisches Meinen*

Ästhetisch nenne ich die Wirkungsweise von Musik, die vollständig im Sinnlichen verbleibt. Was ästhetisch wirkt, bewerkstelligt die Musik als ästhetisches Gebilde intentional durch sich selbst – ohne daß es eines Kommentars, einer begrifflichen Erklärung, eines Vorwissens bedarf: Das ästhetische Bedeuten ist ästhetisch vermittelt – und mag das Vermittelte noch so »außermusikalisch« sein.

So ist – zum Beispiel – die Instrumentalmusik von Mozart. Was muß man denn vorher wissen, wenn man sie hört? Nichts! Mozart will es so: Er schreibt Musik für das unmittelbare sinnliche Verstehen, für ein Publikum – bei jeder Note dachte er daran.

Ästhetisch konzipiert ist jede Musik, auch die von Bach. Was sie mitteilen, bedeuten, sagen, ausdrücken, nachahmen will, das transformiert sie ins Ästhetische: ins Dasein von Sinn für die Sinne. Aber bei Bach – wir nehmen ihn hier als konkreten Fall zur Erörterung von Grundsätzlichem –: bei ihm geht die Sache nicht auf. Da gibt es zum Beispiel das B-A-C-H-Thema im letzten Contrapunctus seiner *Kunst der Fuge*. Mit Recht spricht man hier von Symbolik. Und um das vielstrapazierte Wort Symbol dem musikwissenschaftlichen Sprachgebrauch verfügbar zu machen, wollen wir seinen Begriffssinn eingrenzen auf das Prinzipielle, das beispielsweise in der Tonbuchstaben-Symbolik beschlossen liegt und hier im Begriff des Meinens (im Unterschied zu dem des Bedeutens) angesprochen sei.

Die Töne b-a-c′-h sind ein Symbol in dem Sinne, daß zu ihrem musikalisch definierten sinnlichen Bedeuten noch ein Meinen hinzutritt, das aus ihrem ästhetischen Dasein und Wirken nicht unmittelbar hervortritt, sondern das ihnen von einer anderen, einer außersinnlichen Seite her zugedacht, zugeschrieben wurde. Das Ästhetische *meint* nicht etwas, sondern es *ist*: es ist selbst

* Diesen Text schrieb ich im Anschluß an meine Schrift *Bachs Kunst der Fuge – Erscheinung und Deutung* (= Serie Piper Band 367, München 1984, ^{2}1985, 3. Auflage = Serie Musik Piper/Schott Band 8240, München und Mainz 1988).

das, was es bedeutet. Das Symbol aber fügt diesem Ist und Bedeuten ein Meinen hinzu.

Die ersten vier Töne jenes dritten Themas von Bachs Quadrupelfuge ermöglichen die Zuschreibung des Namens BACH, weil sie b-a-c′-h heißen, aber in ihrem ästhetischen Dasein, als Erklingendes, sind sie der Name nicht. Die Zuschreibung von etwas, das die Töne selber nicht sind (wenngleich sie die Zuschreibung ermöglichen), ist das Kennzeichen des musikalischen Symbols. Oder von der Verstehensseite her gesehen: das ästhetische Verstehen jener Töne reicht nicht aus, um das symbolische Meinen zu erkennen; man muß wissen, daß die notierten Töne im Deutschen b-a-c-h heißen (im Französischen zum Beispiel heißen sie: si bémol - la - ut - si). Das Überschreiten des sinnlichen Verstehens, der Zusammenwurf eines ästhetisch-begriffslosen und eines begrifflich wissenden Verstehens, kennzeichnet das musikalische Symbol.

Wenn ich in der genannten Schrift das B-A-C-H-Thema als Verbindung oder Verbundenheit des »Daseins« mit dem »Sein« interpretiere, so ist dies zunächst eine Sache des ästhetischen Bedeutens. Die Töne b-a-c′-h gehören als Wiederholung eines Halbtonschritts aufwärts in eine Sphäre, die von dem Ton d als Grundton einer diatonischen Leiter entfernt ist, mit ihm dann aber über den Leitton cis verbunden wird. Jene chromatische Sphäre wird durch das Symbol zu einem individuellen Ich, einem Namen konkretisiert. Indessen ist auch die Unmittelbarkeit des ästhetischen Bedeutens dieses Themas für den gegenwärtigen Hörer gebrochen: Was bei Bach ein Halbtonschritt abwärts, dessen Wiederholung und eine Diskantklausel bedeuten können, das bedarf heute der »Erinnerung«.

Eine andere musikalische Symbolart ist die Zahlensymbolik, die wir – im Unterschied zur später zu behandelnden Zahlenalphabet-Symbolik – reine Zahlensymbolik nennen. Sie liegt im musikalischen Bereich dann vor, wenn die Zahl, die an einer musikalisch klar abgegrenzten Erscheinung zählbar ist (zum Beispiel als Zahl der Töne oder der Einsätze eines Themas, als Taktzahl eines Formteils, als Satzzahl eines Werkes), eine vom Komponisten beabsichtigte Bedeutung (ein intendiertes Meinen) hat über den faktischen Zahlenwert hinaus. In diesem Fall bezeichnet oder repräsentiert die Zahl (und somit die Erscheinung, an der sie haftet) einen Gegenstand oder Begriff, der seinerseits durch die gleiche Zahl vertreten werden kann.

Zum Beispiel: Das erste Thema der Quadrupelfuge, die Bachs *Kunst der Fuge* beschließt, hat sieben Töne. Betrachtet man – wie ich es in meiner Interpretation dieses Werkes getan habe – dieses Thema als eine Reduktion des Grundthemas der *Kunst der Fuge* in eine halbtonlos diatonische, nur aus vier verschiedenen Tönen symmetrisch gebildete, den Dreiklang hervorkehrende, insgesamt letztmöglich elementarische Gestalt, die als »ein musikalischer Inbegriff der Ereignislosigkeit, des In-sich-Ruhenden, Repräsentation des reinen ›Seins‹ auf der Ebene des Hörbaren« erscheint, so kann man auf den Gedanken kommen, daß hier die Tonzahl sieben symbolisch als »heilige« Zahl gemeint ist, und zwar – entsprechend der Gliederung des Themas – in der geläufigen Auffassung der Zahl 7 als Zusammensetzung aus der Zahl 4 in der Bedeutung von Erde, Mensch (»Dasein«) und der Zahl 3 in der Grundbedeutung von Trinität, Gottheit (»Sein«).

Hier ist nun allerdings folgendes zu vermerken.

Erstens: Von der zahlensymbolischen Spekulationsliteratur, die in jüngerer Zeit auch gerade im Blick auf Bach erschienen ist, gilt es sich in aller Entschiedenheit zu distanzieren, zumal ein zahlensymbolisches Meinen in keinem Falle voll beweisbar ist.

Zweitens: Gleichwohl wäre es voreilig, die reine Zahlensymbolik im Blick auf Musik von vornherein gänzlich auszuschließen. Daß Bach beim Komponieren das symbolische Denken nicht fernlag, das heißt, daß er es sich erlaubte, eine ästhetisch veranstaltete Mitteilung mit einem Meinen zu verbinden, das nur mit Hilfe eines zusätzlichen, spezifisch begrifflichen Vorwissens verstanden werden kann, wird im Blick auf das B-A-C-H-Thema offenkundig. Und die Barockzeit überhaupt war dem Symbol zugeneigt. Dies bestätigt im Blick auf die Zahlensymbolik unter anderen der protestantische Organist Andreas Werckmeister. In seinen 1707 erschienenen *Musicalischen Paradoxal-Discoursen* schreibt er im Kapitel »Von der Zahlen geheimen Deutung« über die Zahl sieben unter anderem: sie sei »eine Ruhe-Zahl« (weil Gott am siebenten Tag geruht hat); sie werde auch »eine Jungfräuliche Zahl« genannt; auch »eine heilige Zahl, weil sie niemand als der Geist Gottes erforschen kann. Darum wird auch der Geist Gottes 7benfalt genennet«; aus sieben Zahlen (1 bis 6 und 8) seien die Proportionen aller Konsonanzen gebildet, wobei die Ruhezahl 7 als solche unbeteiligt bleibe...

Drittens: Damit läßt Werckmeister beispielhaft die Schwierigkeit erkennen, den eindeutigen Gegenstand eines zahlensymbolischen Meinens ausfindig zu machen, eine Schwierigkeit, die sich im Falle der Zahl 7 noch vergrößert, wenn man bedenkt, daß sie als eine der vollkommenen oder heiligen Zahlen seit alters her eine herausragende Rolle spielt: sieben Schöpfungstage, sieben Planeten, sieben Weltwunder, sieben Stufen zum Tempel, siebenarmiger Leuchter, sieben Töne der Oktave und so weiter. Daher muß es – jedenfalls im Blick auf Bach – das Hauptgebot der zahlensymbolischen Interpretation sein, sich die Bedingung aufzuerlegen, daß das symbolische Meinen der Zahl durch die ästhetische Bedeutung der Erscheinung, an der sie haftet, mitgetragen wird, daß also die Symbolik nicht kabbalistisch oder allegorisch über die Aussage der Musik hinausführt, sondern daß beide Seiten, die begrifflich symbolische und die unbegrifflich ästhetische, unmittelbar sich gegenseitig unterstreichen und beleuchten. Mit dieser Forderung wird der Erkundung und Interpretation des symbolischen Meinens die Verselbständigung entzogen; beides wird an das ästhetische Bedeuten festgebunden, vermag es zu unterstreichen, zu vertiefen, auch zu ergänzen, dient aber als selbst Unbeweisbares zu keinem Beweis.

Eine weitere Symbolart – auch sie sei hier an Bach exemplifiziert – beruht auf dem Zahlenalphabet. Hierbei wird jeder Buchstabe des Alphabets durch eine Zahl vertreten: A = 1, B = 2, C = 3 usw., wobei I / J (= 9) und U / V (= 20) als je ein Buchstabe gelten. Die Zahl 14 kann demnach den Namen BACH (2 + 1 + 3 + 8), die Zahl 41 J. S. BACH (9 + 18 + 14) und die Zahl 158 den ausgeschriebenen Namen JOHANN SEBASTIAN BACH meinen.

Auch hinsichtlich der Zahlenalphabet-Symbolik gelten jene drei Bemerkungen: Vorsicht, nicht voll beweisbar! – gleichwohl möglich – aber nicht verselbständigen gegenüber dem ästhetischen Bedeuten! In meiner Interpretation der *Kunst der Fuge* habe ich die Möglichkeit erwogen, das zweite Thema der Schlußfuge, das »Laufthema« mit seinen 41 Tönen, auf J. S. BACH zu beziehen. Muß dies zweifelhaft bleiben, so ist doch in nicht wenigen Fällen ein symbolisches Meinen nach dem Verfahren des

Zahlenalphabets bei Bach in hohem Grade wahrscheinlich. Als Beispiel nenne ich die Choralbearbeitung »Wenn wir in höchsten Nöten sein« (bzw. »Vor deinen Thron tret ich hiermit«). Überall in den Gesangbüchern, auch übrigens in Bachs anderen Bearbeitungen dieses Chorals, weist die erste Melodiezeile 11 Töne auf und besteht die ganze Melodie aus 36 Tönen, während Bach hier durch ornamental zu verstehende Zusätze die erste Choralzeile auf 14 Töne und die Gesamtmelodie auf 41 Töne erweitert hat. Und wichtig ist dabei der Hinweis darauf, daß, wenn man die kolorierte Oberstimme der Choralfassung des *Orgelbüchleins*, die Bach jener Leipziger Bearbeitung zugrunde legte, entkoloriert, ganz eindeutig jene fünf Töne fehlen, die Bach demnach bei der späteren Fassung bewußt eingefügt hat. Dies legt die Vermutung nahe, daß auch die Tonzahl 158 in der kolorierten Fassung kein Zufall ist: Bach hat bei der Bearbeitung dieses Orgelchorals auch das zahlensymbolische Meinen gleichsam umgearbeitet.

Indem wir weitere Symbolarten hier vernachlässigen können – zum Beispiel die Trinitätssymbolik der perfekten Mensur und der Trias harmonica perfecta oder die sogenannte »Augenmusik« des 16./17. Jahrhunderts –, ist es doch vielleicht nicht überflüssig, noch auf die musikalische Zahlen-Abbildung kurz hinzuweisen, die dann vorliegt, wenn eine in dem vertonten Text genannte Zahl die Erfindung der musikalischen Faktur deutlich beeinflußt hat, zum Beispiel »zwei« Blinde/zwei Stimmen oder »zehn« Gebote/zehn Töne. Die musikalische Zahlen-Abbildung berührt sich mit der reinen Zahlensymbolik, gehört jedoch in ihrem Prinzip mehr zur musikalisch-figürlichen Nachahmung, und zwar zur Klasse der von Joachim Burmeister 1606 so genannten Hypotyposis-(»Abschilderungs«-)Figuren, die in Lucas Lossius' *Erotemata* (1544) als rhetorische Figurenklasse Hypotyposis vel descriptio genannt wird. Mit den musikalisch-rhetorischen Figuren hat die Zahlen-Abbildung die Beweisbarkeit, die durch den Text festgelegte Bestimmtheit sowie die Vernehmbarkeit des Bedeutens gemeinsam.

Im Blick auf die Beweisbarkeit, die Eindeutigkeit und die Vernehmbarkeit des Meinens seien abschließend auch die drei anderen Symbolarten miteinander verglichen.

Beweisbarkeit: Im Falle des B-A-C-H-Themas im Schlußstück der *Kunst der Fuge* ist Tonbuchstaben-Symbolik zweifellos intendiert. Sehr wahrscheinlich beabsichtigt ist sie zu Beginn des zweiten Teils des chromatischen Contrapunctus XI (Kontrasubjekt Takt 91 Alt und Takt 94 Sopran), und kaum beweisbar ist die Absicht zum Beispiel in Contrapunctus I, Takt 17/18 Sopran in Verbindung mit Takt 18 Tenor. Die reine Zahlensymbolik hingegen bleibt – wie gesagt – in wohl allen Fällen letztlich ebenso unbeweisbar wie die Zahlenalphabet-Symbolik. Letztere kann aber gerade bei Bach mit einer an Sicherheit grenzenden Beweisbarkeit erscheinen.

Eindeutigkeit: Die Tonbuchstaben-Symbolik kann – wie im Falle des B-A-C-H-Themas – in ihrem Meinen vollkommen eindeutig sein (– wenn damit auch noch nicht feststeht, was mit diesem Meinen gemeint ist). Die reine Zahlensymbolik hingegen ist so vielfältig interpretierbar, wie die Zahlenbedeutungen vielfältig und auch je nach Zeit und Traditionszusammenhang unterschiedlich sind, während die Zahlenalphabet-Symbolik – indem sie gleichsam Wörter buchstabiert – eindeutig sein kann, sofern das Wort, wie im Falle 14 = BACH, naheliegt; doch kann zum Beispiel die Zahl 14 auch mannigfach aus anderen Zahlen (= Buchstaben) zusammengesetzt werden.

Vernehmbarkeit: Die b-a-c'-h-Tonfolge ist als Symbol ästhetisch vernehmbar, sofern man das Vorwissen hat, daß die Töne in ihrer Primärlage auf dem Ton b beginnen und man an die deutsche Benennung der Tonfolge denkt. Bei der reinen Zahlen- und der Zahlenalphabet-Symbolik sind die Zahlen hörbar, sofern man beim Hören die Töne zählt. Aber diese Tätigkeit liegt dem Hören grundsätzlich fern und um so ferner, je größer die Zahl ist, die als Symbol gemeint sein kann.

Klar ist jedenfalls, daß das symbolische Meinen in seinem Prinzip eine andere Art des Daseins hat als das ästhetische Bedeuten. Und wenn nun auch in diesem Essay zu erwägen ist, was dies im Blick auf die Frage *Was ist Musik?* besagt, so bestätigt sich, was schon in den vorhergehenden Abschnitten zur Sprache kam und nun hier – im Blick auf die musikalische Symbolik und am Beispiel Bachs – nochmals umschrieben werden soll.

Eine Definition, die auf »die« Musik gerichtet ist, kann das symbolische Meinen nicht ausklammern, indem sie, orientiert an dem ästhetisch unmittelbaren musikalischen Bedeuten, das Symboldenken und -verwirklichen als außermusikalisch erklärt und beiseiteschiebt. Entweder muß die Definition auch in dieser Hinsicht offenbleiben, oder sie muß diese Möglichkeit von Musik explizit mit einbeziehen.

Das ästhetische Bedeuten ist auf das Hören bezogen, das Vernehmen und Wirken – das Publikum. Ab spätestens Haydn und Mozart wurde es die maßgebende Instanz. Bachs Musik hingegen geht, sofern sie auch symbolisch gemeint ist, in dem ästhetischen Bedeuten nicht auf. Was ästhetisch okkult ist, »geheim« (wie Werckmeister schreibt), gehört zu Bachs Begriff von Musik mit hinzu. Seine Bezugs- und Rechtfertigungsinstanz ist letztlich nicht das Publikum, sondern – so merkwürdig uns das klingen mag – »Gott allein«. Diese Instanz ist maßgebend nicht nur für den ästhetischen Rang seiner Musik, der in seiner Art nur jenseits von Publikumsrücksichten sich verwirklichen konnte, sondern auch für jene Verborgenheiten, die sich nicht ästhetisch zu rechtfertigen brauchen.

Zur Rezeption der »Kunst der Fuge«

Nicht kann ich mir hier die Aufgabe stellen, die Geschichte der Aufnahme und Wirkung, des Verstehens und Beurteilens der *Kunst der Fuge* in Einzelheiten nachzuerzählen und zu interpretieren. Ich gebe statt dessen nur einen Überblick, um – daran anschließend – eine Frage zu bedenken, die mir besonders wichtig erscheint, ich meine die der öffentlichen Aufführung des Gesamtwerks.

In der Frühzeit, das heißt in der Zeit, in der die *Kunst der Fuge* unmittelbar nach ihrer Entstehung als Druckwerk zum Verkauf angeboten wurde, war deren Aufnahme schlicht dadurch bestimmt, daß Bachs Art von Kunst und insbesondere jenes letzte Werk, das sie in ihren Grundprinzipien demonstrieren sollte, nicht mehr verstanden wurden. Die Konstituenten von Kunst, die in Bachs *Kunst der Fuge* zu einer Einheit zusammengebunden waren: Kontrapunkt und Komposition, Lehre und Kunst, Form und rhetorischer Gehalt, jedes der drei Begriffspaare und die Verbundenheit aller zusammen, wurden auseinandergeteilt. Ein gewandelter Kunstbegriff verstand jene Konstituenten in der Weise zu sich hin, daß er, was von ihnen er selber nicht mehr beinhaltete, ablehnte oder umdeutete, auch gar nicht mehr wahrnahm oder zur Besonderheit isolierte und vergrößerte.

Dies kann exemplarisch abgelesen werden aus dem Vorwort zur *Kunst der Fuge*, das – wohl auf Veranlassung Carl Philipp Emanuel Bachs – der Berliner Musiktheoretiker Friedrich Wilhelm Marpurg schrieb und das zum Zeitpunkt der Ostermesse 1752 dem Erstdruck des Werkes vorangestellt wurde, um es (nachdem es zunächst ohne ausführliches Vorwort erschienen war) mit kompetenter Stimme der Öffentlichkeit deutlicher ins Bewußtsein zu bringen.

Wenn Marpurg betont, daß Bachs Art der Komposition »in der tiefen Wissenschaft und Ausübung der Harmonie« von niemandem übertroffen werde, und wenn er ihn hierin »der einreißenden Trödeley eines weibischen Gesanges« und »der hüpfenden Melodienmacherey so vieler heutigen Componisten« gegenüberstellt, so zeigt dies – wenn auch parteiisch überspitzt –

den Wandel an. Und indem Marpurg den Leser davon zu überzeugen sucht, daß Bachs melodische Gedanken in ihrer Tiefsinnigkeit zugleich »natürliche Gedanken« seien, die als solche »in allen Arten des Geschmacks... Beyfall finden müssen« und »allezeit und durchgängig ihren Wert« behalten, so wirbt er für Bach mit einem Geschmacksbegriff – dem der »Natürlichkeit« –, der als modisches Schlagwort bereits anderweitig besetzt war. Und wenn er Bachs Werk vor allem dadurch empfiehlt, daß es »die Regeln der Fuge« vermittele, und jedem Komponisten es anstehe, sich »mit Fugen und Contrapuncten besonders bekannt gemachet« zu haben, gleichzeitig jedoch feststellt, daß man heute weithin »die Fuge für eine Geburt des aberwitzigen Altertums« hält und das Wort Contrapunct »den zärtlichen Ohren unserer itzigen Zeit... barbarisch klinget«, so dividiert auch er – für ihn schon selbstverständlich – Kontrapunkt und Komposition auseinander, isoliert und vergrößert den Lehrbuchcharakter des Werkes und gibt zugleich zu erkennen, daß dessen Gegenstand, die Fugenkomposition, unmodern geworden war. Ehedem wurde »die Fuge unter die prächtigsten Zierrathen einer Kirchen- und Kammermusik gerechnet. Entdecket man sie noch hin und wieder in der ersten: So hat sie aus der letztern gänzlich ihren Abschied genommen.«

Vom Erstdruck der *Kunst der Fuge* waren bis zum Herbst 1756 »nur ungefähr dreyßig Exemplare« verkauft worden. Dies berichtet Carl Philipp Emanuel Bach in einer Anzeige vom 14. September jenes Jahres, in der er für die in seinem Besitz befindlichen Kupferstichplatten einen Verleger sucht, um das Werk unter Einsatz verlegerischer Möglichkeiten zu vertreiben. Den Grund für die Verkaufsmisere der Druckausgabe, deren Spuren sich von hier an vollends ins dunkle verlieren, lieferte Carl Philipp Emanuel in seiner Anzeige gleich mit, indem er an dem Werk rühmt, »daß es das vollkommenste practische Fugenwerk« sei »und daß jeder Schüler der Kunst, mit Zuziehung einer guten theoretischen Anweisung, dergleichen die Marpurgische ist [gemeint ist Marpurgs zweibändige *Abhandlung von der Fuge*, Berlin 1753/54], notwendig daraus lernen muß, eine gute Fuge zu machen, und also keinen mündlichen Lehrmeister, der sich das Geheimnis der Fuge oft teuer genug bezahlen lässet, zu seinem Unterrichte bedarf«.

Es war die Tragik dieses letzten Bachschen Werkes, daß man in ihm, als es in die Welt trat, lediglich ein praktisches Lehrbuch sah, eine Art Beispielsammlung für einen Lehrstoff, den kaum jemand mehr lernen wollte.

Dies änderte sich im 19. Jahrhundert, wenn auch nur zögernd und immer wieder begrenzt durch das Auseinanderteilen und Selektieren der Sinnschichten des Werkes. (Die von Walter Kolneder 1977 als Teil IV seiner Monographie zusammengestellten Dokumente bieten hier ein wertvolles Quellenmaterial.)

Ein hauptsächlicher Anstoß ging von der allmählichen Wiederbelebung des Bachschen Gesamtwerks aus, in deren Rahmen man sich auch für die *Kunst der Fuge* zu interessieren begann. Hierher gehören schon die sehr wahrscheinlich von Wolfgang Amadeus Mozart stammenden Einrichtungen von fünf Fugen Bachs für Streichtrio (KV 404 a), unter denen sich auch der Contrapunctus VIII der *Kunst der Fuge* befindet, unter Voranstellung einer Bearbeitung des Adagio e dolce aus Bachs dritter Orgelsonate. Es kann angenommen werden, daß diese Bearbeitung (sowie fünf weitere Einrichtungen von Fugen des Wohltemperierten Klaviers für Streichquartett KV 405) in Zusammenhang stehen mit den Sonntagsmatineen, die Anfang der achtziger Jahre im Hause des Barons Gottfried van Swieten in Wien stattfanden. »Ich gehe alle Sonntäge um 12 Uhr zum Baron van Swieten«, schrieb Mozart am 10. April 1782 dem Vater, »und da wird nichts gespielt als Händel und Bach. – Ich mach mir eben eine Collection von den Bachischen Fugen, – sowohl Sebastian als Emanuel und Friedemann Bach.« – In dem Rahmen der praktischen Beschäftigung mit Bachs Werk stehen auch die Einstudierungen einzelner Kontrapunkte der *Kunst der Fuge* durch die der Berliner Singakademie zugehörige Orchesterschule, wie dies aus deren Probebüchern der Jahre 1813 bis 1815 belegt ist; von einer öffentlichen Aufführung ist jedoch nichts bekannt.

Das schon von Mozart bekundete Interesse an dem kompositorischen Lehrcharakter des Werkes, das wie kein anderes Einsicht bieten konnte in Bachs harmonisches Denken, seine Kunst des Kontrapunkts und der Fugenkomposition, ist unter anderem auch mit den Namen Beethoven, Schumann, Bruckner und Brahms verbunden: In Ludwig van Beethovens Nachlaß befanden sich sowohl eine Abschrift (von fremder Hand) als auch eine

Druckausgabe (wohl die von Nägeli) des Werkes; von Robert Schumann gibt es das Autograph einer Klavierfassung vom Jahre 1837; Anton Bruckner fertigte sich als Siebzehnjähriger (1840/41) eine Abschrift an; Johannes Brahms erwarb 1845 das Werk als Manuskript.

Nach einer Pariser Partiturausgabe der *Kunst der Fuge* wohl vom Jahre 1801 (bei dem Verleger Vogt, 1802 von Ignaz J. Pleyel übernommen) erschien 1802 in Zürich eine Ausgabe von Hans Georg Nägeli als Band II seiner *Musikalischen Kunstwerke im Strengen Style von J. S. Bach und anderen Meistern*, eine Partiturausgabe mit darunter gedruckter Klavierumschrift auf zwei Systemen. Bach und die »strenge Schreibart« sowie die Bereicherung der Klavierliteratur bildeten die Motivation dieser Ausgabe, die – wahrscheinlich gleichzeitig – auch in Paris herauskam und Mitte der zwanziger Jahre des 19. Jahrhunderts dort (bei Richault) nochmals nachgedruckt wurde. 1838 erschien bei C. F. Peters in Leipzig als Band III einer großangelegten Verlagsausgabe der Werke Bachs die *Kunst der Fuge*, herausgegeben von Carl Czerny, auf zwei Systemen notiert, mit Fingersatz, Zeitmaßangaben und Vortragsbezeichnungen versehen – nachdem, wie es in einer Verlagsanzeige heißt, »die Kunst der Fuge seit einigen Jahren im Musikalienhandel gänzlich fehlte«. Das klavieristische Studium und Spiel war also auch hier die primäre Intention der Veröffentlichung, die – wie Kolneder festgestellt hat (1977, S. 516 ff.) – bei stetiger Auflagenerhöhung beständig nachgedruckt wurde mit einer Verkaufszahl von etwa 2700 Exemplaren bis 1874 und rund 20300 Exemplaren bis 1926. Ab 1838 also stand Bachs *Kunst der Fuge* als praktisches Klavierwerk durchgehend und allgemein zur Verfügung. 1868 erschien im Leipziger Verlag von Rieter-Biedermann eine Ausgabe für Orgel. Und 1875 gab Friedrich Wilhelm Rust das Werk in Partiturdruck mit den originalen Schlüsseln als Band XXV der Bach-Gesamtausgabe heraus. – An analytischen Arbeiten seien die Veröffentlichungen von Moritz Hauptmann (*Erläuterungen zu J. S. Bachs Kunst der Fuge*, 1841), James Higgs (*Bach »Art of Fugue«*, 1877), Hugo Riemann (*Analyse von Bachs »Kunst der Fuge«*, 1894) und Salomon Jadassohn (*»Die Kunst der Fuge« von J. S. Bach*, zuerst 1895, separat 1899) genannt.

Zusammenfassend kann im Blick auf das 19. Jahrhundert gesagt werden, daß Bachs *Kunst der Fuge* zunehmend ins Bewußtsein der Öffentlichkeit trat, und dies auf verschiedenen, sich überschneidenden Ebenen: einerseits auf derjenigen des erstarkenden Interesses an Bach und der alten, gebundenen Schreibart, andererseits auf der Ebene der Klavierschulwerke und der Orgelliteratur; wiederum andererseits wurde es kompositorisch rezipiert und diente im geschichtlich orientierten Lernprozeß als Muster der Fugenkomposition.

Bei der Beurteilung der *Kunst der Fuge* stand im 19. Jahrhundert das kontrapunktische Kunstvermögen im Vordergrund. Man charakterisierte sie als ein Werk, das veranschaulicht, »was möglicher Weise über ein Fugenthema gemacht werden könne« (Forkel, 1802); man bewunderte sie als »Riesenwerk« der Fugenkunst (Nägeli, 1826), als »unübertroffenes Product harmonischen Scharfsinns« (Czerny, 1838); man sah in ihr ein »Monument« der »alten strengen Musik« in »architektonischer Großartigkeit« (Hermann Barth, 1901), eine »kontrapunktische Speculation auf schwindelnder Höhe« (Philipp Wolfrum, 1906). Man wog den ästhetischen und den belehrenden Wert gegeneinander ab: Wollte man diese Musikstücke »nur ihrem musikalisch-poetischen Wesen und Werte nach betrachten«, heißt es 1841 bei Hauptmann, »so wird der hohe Meister auch hier keinen Augenblick zu verkennen sein; das Werk hat aber zunächst eine andere Tendenz als die bloß ästhetische: es will hauptsächlich ein belehrendes sein«. Und schärfer noch schrieb Riemann (1894), die *Kunst der Fuge* sei »als Ganzes betrachtet... kein eigentliches Kunstwerk, sondern ein Schulwerk«; man habe »durchaus von dem ästhetischen Gesamteindruck des Werkes abzusehen«. Dagegen hatte schon Philipp Spitta im zweiten Band seiner Bach-Monographie (1880) betont, man würde dieses Werk mißverstehen, »wollte man in ihm etwa ein Lehrbuch der Fuge in Exempeln und nicht vielmehr ein echtes Kunstwerk erkennen..., eine Composition von unvergleichlicher Kunstvollendung und unermeßlicher Empfindungstiefe«; dieses Werk werde zwar »als Bachs letzte große Arbeit stets mit besonderer Ehrfurcht genannt«, sei aber dem Leben des deutschen Volkes fast fremd geblieben.

Auf dem Boden dieser schon von Spitta vertretenen Auffassung, gefördert durch den Geist der zwanziger Jahre des

20. Jahrhunderts und getrieben von persönlichem Enthusiasmus reifte in dem jungen, frühbegabten Berliner Mathematikstudenten Wolfgang Graeser der Plan, Bachs *Kunst der Fuge* in großem Rahmen öffentlich aufzuführen. In einem umfangreichen Aufsatz über *Bachs »Kunst der Fuge«*, der 1924 im Bach-Jahrbuch erschien und eine Wende in der Beurteilung des Werkes einleitete, nannte er die *Kunst der Fuge* »eine der reinsten, vollkommensten Verkörperungen dieses unseres [abendländischen] Geistes«, »eines der kostbarsten Güter der Nation«. »Das deutsche Volk soll sich in einer Zeit der Knechtung, der inneren und äußeren Armut auf seine großen welthistorischen Geister besinnen.«

Die von Graeser betriebene Aufführung, weithin als »Uraufführung« bezeichnet, fand – nach Überwindung zahlreicher Widerstände seitens derer, die den »ästhetischen Wert« des Werkes noch immer bezweifelten – am 26. Juni 1927 unter Leitung von Karl Straube in der Thomaskirche zu Leipzig statt, in Graesers Einrichtung für Streichquartett, Streichorchester, Trompeten, Posaunen, Oboen, Fagotte, Orgel und Cembalo. Die Fugen wurden in einer von Graeser begründeten Reihenfolge in verschiedener, sich klanglich steigernder Besetzung und – nach Ausweis der Dirigierpartitur – in einem höchst expressiven Gestus ausgeführt. Nach dem durch Trompeten und Posaunen »hart und erstarrend« vorgetragenen Fragmentschluß erklang – gespielt von Streichern und Orgel – der Choral.

Die Wirkung auf die Zuhörer war überwältigend. Alfred Heuß sprach von »dem vielleicht größten instrumentalen Ereignis dieses ganzen Jahrhunderts«. Die Aufführung »war ein Gottesdienst« (Felix Stössinger), der Name Bach erschien »wie der eines Heiligen« (Hugo Löbmann). Schlagartig von nun an wurde das Werk immer wieder konzertmäßig dargeboten, nach Kolneders Aufführungsverzeichnis (1977, Teil V) im Jahre 1928 zwanzigmal, 1929 siebzehnmal, 1930 zehnmal und so weiter. Und es entfaltete sich jenes Rezeptionsvokabular der auratischen Superlative, das nicht selten mehr über den Rezipienten als über das Werk aussagt und bis heute fortdauert: »Riesenbau dieser Weltfuge« (Hugo Löbmann, 1927), »Mathematik des Kosmos« (Richard Benz, 1935), »das deutscheste Musikwerk, das sich denken läßt« (Erich Doflein, 1936), »ein Stück spätes Mittelalter« (Arnold Schering, 1941), »riesiger Fugenkosmos von 2032 Takten«

(Georg Bieri, 1950), »kyklopischer Torso, den der Erbe tausendjähriger Geschichte hinterlassen hat« (Friedrich Blume, 1951), »die letzte Vergeistigung der Kontrapunktik, gelöst vom Klang, gelöst vom Wort« (Karl Gustav Fellerer, 1966), »eine gewaltige Manifestation des geistigen Ich« (Karl F. Wengert, 1975)...

Was seit jener denkwürdigen Aufführung der *Kunst der Fuge* mit Verwunderung entdeckt wurde, war jene Eigenschaft des Werkes, die Alban Berg in die Worte zusammenfaßte: »tiefste Musik«. »Gestern Bachs ›Kunst der Fuge‹. Herrlich!!«, schrieb er im Frühjahr 1928 aus Zürich an seine Frau. »Ein Werk, das bisher für *Mathematik* gehalten wurde, von einem jungen Deutschen instrumentiert: *tiefste* Musik!!« Gleichwohl blieb die als »mathematisch«, lehrhaft und gelehrt, abstrakt artifiziell rezipierte Seite dieses Werkes an der Verwunderung beteiligt, sei es, daß man dessen Darbietungswert »trotz« der kontrapunktischen Kunstmäßigkeit sich behaupten sah, oder sei es, daß gerade sie es war, die, als Spiegelung kosmischer Ordnung verstanden, die mystische Verklärung steigerte.

*

Durch die von Wolfgang Graeser eingeleitete Praxis der öffentlichen Aufführung der *Kunst der Fuge* ist diesem Werk – unbeschadet seiner Entdeckung als »tiefster Musik« – eine Problematik zugewachsen, die ihm seitdem anhaftet wie keinem Werk sonst und die unauflösbar ist. Sie ist zutiefst darin begründet, daß die *Kunst der Fuge* bei der konzertmäßigen Darbietung in eine Daseinsform überführt wird, die Bach mit diesem Werk nicht gemeint, auch nicht mitgemeint hat.

Nach der Veröffentlichung des Werkes wird, auch im Sinne Bachs, die Aufführung einzelner Stücke in Kenner- und Liebhaberkreisen jederzeit möglich gewesen sein – wir wissen darüber freilich nichts. Für eine vollständige Darbietung der *Kunst der Fuge* vor einer Zuhörerschaft ist jedoch im Blick auf die damalige Zeit kein Ort und keine Gelegenheit ausfindig zu machen, ja auch nur denkbar. Schon die Länge des Werkes widerspricht – worauf Werner Breig im Bach-Jahrbuch 1982 aufmerksam machte – jeder Möglichkeit einer zeitgenössischen Aufführung. Ein zur Darbietung bestimmtes Instrumentalwerk (Konzert, Sonate, Suite) hatte in der Bach-Zeit eine Spieldauer von 15 bis 20 Minuten, während der Vortrag der *Kunst der Fuge* etwa 90 Minuten beansprucht. Bei den Goldberg-Variationen beträgt die Spielzeit etwa 45 Minuten (wenn man die Wiederholungen fortläßt), und auch sie gelangten, vom Usus der Bach-Zeit her gesehen, nicht als Ganzes zur Aufführung, obwohl sie – im Unterschied zur *Kunst der Fuge* – primär zum Spielen und Vorspielen bestimmt waren: Sie sind – wie Breig es unterscheidet – zwar ein »komponierter Zyklus«, aber kein »Aufführungszyklus«.

Bach hat alle Stücke der *Kunst der Fuge* so komponiert, daß sie auf dem (Pedal-)Cembalo oder auf der Orgel ausführbar sind, mit Ausnahme der dreistimmigen Spiegelfuge, der er eine Spielfassung für zwei Cembali beifügte, da die Demonstration des gespiegelten doppelten Kontrapunkts der Darstellung auf nur einem Instrument entgegenstand. Die Spielbarkeit dieses Fugenzyklus hat aber primär nichts zu tun mit seiner Darbietung, sondern entspricht dem Lehrcharakter des Werkes: Was komponiert wird, muß auch spielbar sein, und was zum Studium bestimmt ist, muß von nur einem Spieler, dem Studierenden, realisiert werden können.

So auch ist die Partiturnotation, in die Bach – wie das Autograph der Quadrupelfuge zeigt – die Fugen aus einer zunächst auf zwei Systemen notierten Aufzeichnung für den Druck umschrieb, nicht als ein offenes Angebot für eine Instrumentation zu verstehen, sondern als eine dem Lehrbegriff zugehörige Form der Demonstration kontrapunktischer Stimmenbehandlung.

Auch der künstlerische Rang der einzelnen Lehrstücke ist kein Indiz dafür, daß sie als Musik zum Zuhören gemeint sind, sondern er entspricht Bachs Lehrbegriff von Komposition, bei dem die Demonstration des kontrapunktischen Verfahrens verknüpft ist mit dem Anspruch künstlerischer Qualität.

Und selbst der kunstvolle Bau des Gesamtwerks: der Beziehungsreichtum der Kontrapunkte untereinander, die zyklische Anlage, die axialsymmetrische Anordnung und die rhetorische Aussage, erheischt hier nicht die klingende Darbietung. Der Werkcharakter ist in jenen Merkmalen voll ausgeprägt, doch nicht in Richtung von Aufführung, sondern ebenfalls in Erfüllung jenes Lehrbegriffs, bei dem das Lehrwerk als solches zugleich Kunstwerk ist und das Kunstwerk zugleich Darstellungswerk, letzteres bei der *Kunst der Fuge* jedoch einzigartig in der Weise, daß der Darstellungswert innerhalb des Lehr- und Demonstrationswertes verbleibt und an die Darstellungsverwirklichung im Sinne einer Werkaufführung nicht gedacht ist; sie ist nicht einkalkuliert.

Das besagt nicht, daß man Bachs *Kunst der Fuge* heute nicht doch konzertmäßig darbieten dürfe. Dies steht hier nicht in Rede. Zu bedenken ist jedoch, daß dieses Werk – auch abgesehen von der Frage der Aufführungsdauer, die gegenüber der Bach-Zeit heute anders beurteilt werden kann – hierbei in eine Sphäre transportiert wird, die ihm originär nicht zugehört, und daß von daher jene Probleme der Darbietung entstehen, die unlösbar sind.

Dies betrifft als erstes die Instrumentenfrage. Bei der konzertmäßigen Aufführung entfällt das Moment des häuslichen Studiums der Komposition, das deren klavieristische Ausführbarkeit motivierte. Die Instrumentenwahl wird nun nicht mehr durch den Lehrzweck, sondern durch den Wirkungszweck bestimmt. Dabei werden Cembalo und Orgel zu Möglichkeiten neben anderen. Während bei der Orgel die Klangstärken und Registerfarben eingesetzt werden können, kann dem Cembalo gerade deshalb der Vorzug gegeben werden, weil hier die relative Gleichtönigkeit des Instruments der satztechnischen und ausdrucksmäßigen Gleichrangigkeit der Stimmen entspricht und zudem das Saitenklavier der Durchhörbarkeit des kontrapunktischen Satzes entgegenkommt. Der Nachteil ist hier, daß zumindest für die Ausführung der dreistimmigen Spiegelfuge ein zweiter Spieler mit einem zweiten Instrument benötigt wird, wodurch sich in der Regel eine ganz ungewöhnliche Rollenverteilung ergibt. Zudem ist gerade die Gleichtönigkeit des Cembalos dem Wirkungsmoment eines so umfangreichen Werkes nicht förderlich, zumal diesem Fugenwerk – im Unterschied zum Wohltemperierten Klavier und zu den Goldberg-Variationen – das klavieristische Spielmoment weitgehend mangelt.

Die Aufführung der *Kunst der Fuge* durch ein Instrumentalensemble, sei es durch großes Orchester, wie Graeser es einsetzte, oder durch Kammerorchester, wie es heute bevorzugt wird, dient zweifellos der Aufnahmeerleichterung und Wirkungssteigerung des Gesamtwerks, ist aber – auch im Blick auf die Faktur des musikalischen Satzes – keinesfalls von Bach gemeint.

Eine solche Ausführung setzt den Akt der Instrumentierung voraus und somit in jedem Fall eine Bearbeitung des Originals, die bei der *Kunst der Fuge* unausweichlich ein besonders hohes Maß an subjektiver Interpretation ins Spiel bringt und unvermeidbar den Intentionen dieses Kontrapunktwerks nicht oder nur sehr bedingt entspricht. Denn jede Klangfarbe: Oboe, Trompete, Posaune und so weiter, bringt einen Klangcharakter mit sich: elegisch, festlich, feierlich und so fort, der mit der rhetorischen Aussage einer Stimme nur interpretierend, genauer: nur bearbeitend verbunden werden kann. Soll zum Beispiel ein Passus duriusculus in der Figurenkombination mit Suspirationes und Quartae falsae »elegisch« klingen (Oboe) oder »aggressiv« (Klarinette) oder »verinnerlicht« (Violine)? Hier wird der Musik etwas aufgesetzt, das ihr fremd ist: Es müssen Entscheidungen getroffen werden über das Besagen von Musik, das in der *Kunst der Fuge* gerade deswegen so eindringlich ist, weil die Komposition hier nicht bis zur Versinnlichung (man kann auch sagen: Veräußerlichung) durch Instrumentalfarbe und -dynamik fortgeschritten ist, sondern auf der strukturellen Ebene gleichsam stehenbleibt. Und hinzu kommt, daß die durch eine Orchestrierung fast unvermeidliche Hervorkehrung oder Zurückdrängung des Themas, eines Kontrasubjekts oder überhaupt einer kontrapunktischen Stimme nicht nur der durchgängigen Gleichrangigkeit aller Stimmen, sondern auch der Gleichgewichtigkeit ihrer Aussage zuwiderläuft; so zum Beispiel kann der kontrapunktische Kommentar einer Themendarstellung ebenso wichtig sein wie das Erklingen des Themas selbst, und die kontrapunktische und rhetorische Kompositionsidee einer Fuge, zum Beispiel das Überbindungs- und Anstoßspiel in Contrapunctus I, der durchgehende Punktierungsgestus in Contrapunctus II und so weiter, läßt sich schlechterdings nicht auf verschiedene Klangfarben »aufteilen«.

Selbstverständlich ist damit kein »Verbot« einer Ensembleausführung der *Kunst der Fuge* ausgesprochen. Sie ist ebenso möglich wie jede noch weitergehende Bearbeitung – nur: um ein Werk von Bach handelt es sich dann nur noch in bedingtem Maße. – Die *Kunst der Fuge* bietet aus sich heraus für ihre konzertmäßige Aufführung keine Lösung an; sie enthält – musterhaft – einen Darstellungswert in sich, ist aber nicht als Darstellungsmusik komponiert. Hier gibt es nur Lösungsversuche, Kompromisse, keine Vollkommenheit. Aber gerade dies wird den Interpreten immer wieder aufs neue auffordern und anreizen, sich mit dieser Problematik auseinanderzusetzen. Wenn er nur weiß, daß und in welchem Ausmaß es sie hier gibt.

Ein weiteres unlösbares Problem der konzertmäßigen Darbietung der *Kunst der Fuge* ist ihr fragmentarisches Schließen. Dies ist zwar keine kompositorische Eigenschaft des Werkes, sondern die Folge eines Eingriffs von außen, der aber hier gleichwohl zu einem Aufführungsproblem wird durch das Werk selbst. Denn mit dem konzertmäßigen Sich-Ereignen des Fragmentschlusses verbinden sich bei den Zuhörern die unausweichlichen Gedanken: »Bach!« – »Gipfelwerk der Weltliteratur« – »letztes Werk« – »... ist der Verfasser gestorben«. Man kann das Fugenfragment nicht weglassen, da dann der kompositorische und rhetorische Höhepunkt fehlen würde. Und jedem Versuch, das Fugenfragment zu ergänzen, mangelt die Authentizität. Läßt man jedoch die Stimmen dem Autograph gemäß fragmentarisch abbrechen, so ist das frömmelnde Erschauern unvermeidbar, das durch jene unausweichlichen Gedanken erzeugt wird und dem Werk eine Wirkung verleiht, die ihm nicht zugehört. Und wird nach dem Abbrechen der Stimmen der Choral gespielt, so ergibt sich der gleiche Effekt, jener, den ein Bericht über die Aufführung beim Deutschen Bachfest in Kassel im Jahre 1928 – gleichsam schonungslos – wie folgt beschrieb: »Als die letzte Note Bachs in der übermächtigen Quadrupelfuge mit dem Thema BACH plötzlich scharf abbrach und sphärenhaft-leise der Schlußchoral ›Vor deinen Thron tret ich hiermit‹ einsetzte, umgeisterte uns Ewigkeit. Stehend lauschten die Zuhörer, von weher Trauer durchbebt, den verschwebenden Klängen. Kein Laut des Beifalls erscholl, mystisches Ahnen tastete nach den Todesschatten, nach der geheimnisvollen Gestalt des sterbenden Meisters...«

Auch hier gibt es schlechterdings keine Lösungen, nur Versuche, vielleicht auch neue Einfälle (zum Beispiel könnte man statt des Chorals ein strahlendes Durwerk von Bach ans Ende setzen) – Notlösung bleibt alles. Streng gesprochen: während sich bei der konzertmäßigen Darbietung der *Kunst der Fuge* auf der

Ebene der orchestralen Ausführung die Wirkung verweigert, wird sie im Blick auf das fragmentarische Schließen verfälscht.

Schließlich gibt es bei der öffentlichen Aufführung der *Kunst der Fuge* noch ein drittes Problem, das ist die Zumutbarkeit. Über sie will ich nicht allgemeinbezogen urteilen; denn wer will entscheiden, was heute für einen Konzertbesucher zumutbar ist und was nicht? Ich spreche hier nur über mich, wenn ich gestehe, daß ich mich als Zuhörer einer Gesamtaufführung dieses Werkes überfordert fühle. Ich versuche, mir klarzumachen, woher das kommt.

Ich glaube, daß es kein anderes Werk von vergleichbarem Umfang gibt, auch nicht von Bach, das durchgehend so konzentriert und dicht komponiert ist wie dieses, kompositorisch so in sich gekehrt, bei sich selbst seiend, so wenig Rücksicht nehmend auf das Beisammensein von Genießen und Versenken, Ernst des Bedeutens und sinnlichem Spiel, Ausruhen und Anstrengen der Apperzeption – ein Beisammensein des Sich-nach-außen- und -nach-innen-Kehrens, das doch jedes andere zur öffentlichen Aufführung bestimmte Musikwerk in verschiedenen Mischungsgraden enthält und anbietet.

Dies ist – überflüssig zu sagen – nicht so zu verstehen, als handele es sich hier um eine abstrakte Studiermusik, die keine Ausdrucksbedeutung, keinen Darstellungswert hat. Meine Interpretation des Werkes versuchte das Gegenteil zu erweisen. Aber dieses Gegenteil ist hier an etwas anderes, nämlich an die Intention des Lehrens und Demonstrierens des kontrapunktischen Komponierens im Medium der Fugenform, untrennbar festgeknüpft: Die kompositorische Dichte, die das Hören des Gesamtwerks überfordert, denkt hier nicht an den Zuhörer, sondern ist die Erscheinungsweise jener Demonstrationsidee, und der Darstellungswert ist hier nicht konzertmäßig isolierbar, sondern in die Demonstrationsidee eingebunden.

Während Bachs *Kunst der Fuge* im 18. Jahrhundert als praktische Lehre eines Gegenstandes angesehen wurde, den zu erlernen kaum noch ein Bedürfnis bestand, und man im 19. Jahrhundert, nicht ohne historisierenden Gestus, die hier überlieferte kontrapunktische Fugenkunst zu bewundern begann, ohne die Tiefe der Musik zu erkennen, war es im 20. Jahrhundert eben diese Tiefe, die zur Folge hatte, daß der Darstellungswert des

Werkes von dem Demonstrationswert abgetrennt und zu einem Kunstwert verwandelt wurde.

Möge Bachs *Kunst der Fuge* aufgeführt werden, öffentlich, in Konzertsälen und Kirchenräumen, heute und morgen; möge man immer wieder aufs neue den Aufführungsproblemen sich stellen in ihrer Unlösbarkeit. Vollkommen kann diese Musik für mich nur sein, indem ich sie denke, sie weiß, sie in mir trage.

Religiosität

»Religiosität ist der letzte Inbegriff Bachschen Wesens«, heißt es in dem Buch über *Johann Sebastian Bach – Frömmigkeit und Glaube* (1938, 2. Auflage 1950, S. 3) des Theologen Hans Besch. »Frömmigkeit und Glaube bestimmen das Gesetz, nach dem die Gestalt J. S. Bach angetreten ist« (S. 10). »Bei keinem anderen Musiker ist die Synthese von höchster Kunst und tiefster Frömmigkeit so unmittelbar und so überwältigend wie bei Johann Sebastian Bach« (S. 1). Und in dem einleitenden Abschnitt seines Buches *(Bachs Kunst als Verkündigung des Evangeliums)* stützt Besch diese Aussagen durch Zitate aus anderen Schriften, namentlich aus Albert Schweitzers Bach-Buch (4. und 5. Auflage, 1922, S. 152): »Musik ist für ihn Gottesdienst. Bachs Künstlertum und Persönlichkeit ruhen auf seiner Frömmigkeit... Kunst war für ihn Religion.« Bachs »Wesen«, so zitiert Besch aus Wilhelm Diltheys Studien *Von Deutscher Dichtung und Musik* (1933, S. 219), »beruht auf der unerschütterten Religiosität«.

Lateinisch religio kann – wie es unter anderen Augustinus nahelegte – abgeleitet werden von lateinisch religare, »binden«, und bezeichnet, von daher gesehen, die Verbindung und Verbundenheit des Menschen mit Gott. Thomas von Aquin definiert in seiner *Summa theologiae*: religio proprie importat ordinem ad Deum, »Religion im eigentlichen Sinne bedeutet die Beziehung zu Gott« – christlich die Beziehung zu dem Gott der Offenbarung und der Gnade, des Heilsgeschehens und der Erlösung. Religiosität – und so ist es in den angeführten Äußerungen über Bach wohl auch gemeint – ist die in dem Menschen als Person lebendige Gottgerichtetheit und -verbundenheit, aus der heraus der Komponist religiöse Musik schafft, Musik als Ordo ad Deum, die im Hörer dieser Musik Religiosität, Gottverbundenheit, bewirken kann.

Man wird dies und derartiges in seiner Geltung für Bach nicht anzweifeln oder gar beiseite schieben können und wollen. In der Wirkungsgeschichte Bachs, das heißt in der Geschichte seiner Wiederentdeckung und Aufnahme in das Kulturbewußtsein, hat sich das Moment des Religiösen mit Bachs Person und seiner

Musik fest verbunden. Aber in der Emphase, mit der – exemplarisch für eine weit verbreitete Auffassung – Besch und die von ihm zitierten Autoren Bachs Religiosität apostrophieren und emporheben, liegen Fragwürdigkeiten beschlossen. Besteht hier nicht die Tendenz, in einem historisierenden Frömmigkeitskult eine historisch begründete, geschichtlich geprägte Art von Religiosität zu idealisieren und zu entzeitlichen, indem man meint, sie sei nach Bach verlorengegangen und nun als Vorbild gültig? Wird Bach in dieser Sicht nicht zu einer Zuflucht aus der Gegenwart stilisiert in dem Sinne, daß (wie Friedrich Smend am Schluß seines Buches über *Bach in Köthen* schreibt, 1951, S. 143) Bach als »das große Gegenbeispiel zur Zerrissenheit der heutigen Existenz« zu gelten habe? Bedeutet nicht das Urteil, »bei keinem anderen Musiker« sei die Synthese von Kunst und Frömmigkeit so überwältigend wie bei Bach, eine Aburteilung eben aller anderen Musiker? Ist im Blick auf Religiosität die Heraushebung Bachs aus der Geschichte, seine Apostrophierung als Orientierungsmuster und Inthronisation als überzeitlicher Inbegriff gerechtfertigt? Oder ist eine derartige Besonderung Bachs nur ein Rezeptionskult, eine Verlustideologie, ein Irrtum, der sich nach vielen Seiten hin schuldig macht?

Diesen Richtungen des Fragens gelten die folgenden Ausführungen, die in ihren vier Schritten gekennzeichnet sein sollen durch dasjenige, was dem Kult und der Ideologie entgegenzusetzen ist: durch den nüchternen historischen Blick.

Erster Schritt: Primat der Kirchenmusik?

Die Idealisierung der Religiosität Bachs hat einen ihrer Gründe in der teils unterschwellig verbreiteten, teils explizit geäußerten Auffassung, daß die Kirchenmusik und hier genauer: die gottesdienstliche Vokalmusik in Bachs Lebens- und Schaffensentwurf im Sinne einer inneren Berufung den obersten Rang einnimmt und daß dementsprechend Bach in seiner Daseinsmitte als Kantor zu charakterisieren sei, so wie zum Beispiel der Theologe und Musikwissenschaftler Manfred Mezger 1963 schrieb (*Botschaft und Glaube in Johann Sebastian Bachs Kirchenmusik*, S. 1): »Bach lebte und starb als Kantor. Das andere kommt an zweiter Stelle.«

Daß diese Auffassung schlichtweg falsch ist, habe ich in einem anderen Text *(Thomaskantor Bach)* darzulegen versucht. Die wichtigsten Argumente seien hier stichwortartig zusammengefaßt.

1) Bach ist in Eisenach in der instrumentalmusikalischen Sphäre des väterlichen Stadtmusiker-Hauses aufgewachsen, und die Instrumentalmusik als Orgelmusik war in Arnstadt, Mühlhausen und Weimar sein Beruf.

2) Bach ging an den reformierten Hof in Köthen, wo Kirchenmusik kaum gefragt war, und verbrachte dort als Hofkapellmeister und Komponist von Instrumentalmusik wohl die glücklichste Zeit seines Lebens.

3) Bach hat – soweit es bezeugt ist – nicht aus innerer Berufung, sondern aus Berechnung das Thomaskantorat in Leipzig angenommen.

4) Bach komponierte die kirchliche Vokalmusik zunächst als Gelegenheits-, in Weimar und Leipzig als Dienstpflichtmusik, wobei er in Weimar die Kantatenkomposition abrupt abbrach, als er bei der Besetzung der dortigen Hofkapellmeister-Stelle übergangen wurde, und er sich in Leipzig von der Komposition kirchlicher Musik zurückzog, als auch hier – wie einst schon in Mühlhausen – widrige Umstände einer regulierten Kirchenmusik entgegenstanden. In den letzten zwei Jahrzehnten seines Lebens widmete sich Bach neben der Collegium-musicum-Tätigkeit zunehmend der Veröffentlichung seiner Werke, wobei es sich ausschließlich um Instrumentalmusik handelte.

Der nüchterne historische Blick konstatiert in summa: Bach ist in seiner Berufs- und Schaffensvorstellung nicht auf eine Dominanz geistlicher Vokalmusik festzulegen und mit dem Thomaskantorat zu identifizieren. Bach als Superlativ von Religiosität oder Religiosität als Inbegriff Bachschen Wesens ist von hier aus nicht abzuleiten und zu stützen.

Zweiter Schritt: Religiosität der Texte

Festzustellen ist, daß die Glorifizierung von Bachs Religiosität in bezug auf Person und Werk sehr stark und immer wieder von den Texten seiner geistlichen Vokalmusik ausgeht und gespeist wird, insbesondere innerhalb der theologischen Bach-Forschung, aber auch in der allgemeinen Bach-Rezeption, wo die Texte als Zeugnis von Bachs Frömmigkeit und Glauben Geltung haben, und zwar nicht nur die Texte als Bibelwort und Choral, sondern auch und insonderheit die frei gedichteten Texte. Als Beispiel – willkürlich gewählt – sei der Text des Eröffnungsrezitativs der Kantate 158 zum Osterdienstag hier angeführt:

Der Friede sei mit dir,
Du ängstliches Gewissen!
Dein Mittler stehet hier,
Der hat dein Schuldenbuch
Und des Gesetzes Fluch
Verglichen und zerrissen.
Der Friede sei mit dir!
Der Fürste dieser Welt,
Der deiner Seele nachgestellt,
Ist durch des Lammes Blut bezwungen und gefällt.
Mein Herz, was bist du so betrübt,
Da dich doch Gott durch Christum liebt!
Er selber spricht zu mir:
Der Friede sei mit dir!

Die Texte, auch der hier genannte, stammen nun aber bekanntlich nicht von Bach. Er ist – mit Ausnahme kleinerer Texteingriffe – bisher nirgends mit Sicherheit als Verfasser der Texte seiner Kompositionen nachzuweisen. Bekannt sind als Librettisten der Kirchenmusik Bachs vor allem der Weimarer Hofdichter Salomon Franck, der Theologe Erdmann Neumeister und der Leipziger Gelegenheitspoet Christian Friedrich Henrici (genannt Picander). Die überwiegende Mehrzahl der von Bach komponierten Texte, so auch der hier zitierte, stammt von unbekannten Verfassern.

Die Kantatentexte der Bach-Zeit fungieren nach Rang und Art als zur Vertonung bestimmte gottesdienstliche Predigten, indem sie – analog der Kanzelpredigt – das Evangelium oder auch die Epistel des Tages in dichterischer Form als »Andachts-Opfer« (Franck), »Kirchen-Andachten« (Neumeister), »Erbauliche Gedanken« (Henrici) explizieren und interpretieren. Daß seine »Geistlichen Cantaten« aus seinen Predigten hervorgegangen sind und selbst Predigten in gebundener Rede darstellen, betont

Neumeister ausdrücklich. Dementsprechend verlangt die Dichtung eines Kantatentextes bibelkundliche und theologische Bildung, eine exegetische Versiertheit, wie dies in allen Kantatentexten Bachs mehr oder weniger, oft aber in erstaunlicher Weise in Erscheinung tritt. Betrachten wir daraufhin unser zufällig gewähltes Beispiel.

Die Devise der Kantate 158 und ihres Eröffnungsrezitativs greift den Anfang des Sonntagsevangeliums Lukas 24,36 auf. Jesus spricht zu den Jüngern, denen er erscheint: »Friede sei mit euch!«, und der Kantatentext bezieht dies auf die Befindlichkeit des aktuellen Menschen.

Der Friede sei mit dir,
Du ängstliches Gewissen!
Dein Mittler stehet hier,
Der hat dein Schuldenbuch
Und des Gesetzes Fluch
Verglichen und zerrissen.

Der »Mittler« ist Christus als Mittler zwischen Gott und den Menschen, gemäß 1. Timotheus 2,5: »Denn es ist ein Gott und ein Mittler zwischen Gott und den Menschen, nämlich der Mensch Christus Jesus, der sich selbst gegeben hat für alle zur Erlösung« – so wie Martin Luther dichtete im Lied über die zehn Gebote: »Das helf uns der Herr Jesu Christ, der unser Mittler worden ist.« Die Erlösung wird umschrieben durch das Zerreißen des Schuldenbuchs (der Erbsünde) und des alttestamentlichen Gesetzes, letzteres gemäß Johannes 1,17: »Denn das Gesetz ist durch Moses gegeben; die Gnade und Wahrheit ist durch Jesum Christum geworden«, und Römer 10,4: »Denn Christus ist des Gesetzes Ende.«

Der Fürste dieser Welt,
Der deiner Seele nachgestellt,
Ist durch des Lammes Blut bezwungen und gefällt.

»Siehe, das ist Gottes Lamm, welches der Welt Sünde trägt«, heißt es bei Johannes 1,29, mit dem Hintergrund von Jesaja 53,7: »... wie ein Lamm, das zur Schlachtbank geführt wird«, während der Fürst dieser Welt als Verfolger der Seele hier genannt sein könnte im Gedanken an die Sonntagsepistel Apostelgeschichte 13,26–33, wo es heißt, daß die »Obersten« von Jerusalem für den Tod Jesu verantwortlich waren.

Derartige Texte sind religiös, gottgerichtet, bezogen auf Verlangen und Bereitschaft, Gnade und Erlösung. Aber die Religiosität der Texte läßt keinen unmittelbaren Rückschluß zu auf Bach als Person, da Bach – wie gesagt – als Textdichter nicht nachweisbar ist. Und die Texte weisen auch nicht unbedingt auf die Religiosität der anonymen oder namentlich bekannten Verfasser. Denn zwischen dem Verfasser als Person und seinem Produkt steht das »Machen«, das heißt die poetische, predigthaft exegetische, dabei zu sich selbst hin isolierbare und zur Routine neigende Arbeit: der Auftrag an den Librettisten. Und die Erfüllung dieses Auftrags geschah weithin in der nach Form und Aussage geschichtsgebundenen, inhaltlich und stilistisch typisierten, weithin wesenhaft anonymen Dichtungsweise der zur Kirchenmusik bestimmten Texte des protestantischen, lutherisch orthodoxen Spätbarocks.

Zweifellos hat Bach diese Texte akzeptiert. Es gab keine anderen. Und sie kamen in ihrer Art dem spätbarocken, dem Bachschen Komponieren optimal entgegen in ihrem Wechsel von Chorsatz, Rezitativ, Arie und Choral, ihrem gedanklichen Aufbau und Verlauf, ihrem Angebot an kompositorischen Einfällen auf den Ebenen der Affekte, der Bildersprache, der Symbolik und Rhetorik: ihrer barocken Musikabilität. Um nun aber die Religiosität der Bachschen Kirchenmusik als Besonderheit emporzuheben, müßte man zunächst nicht Bach, sondern jene anonymen und namentlich bekannten Poeten, Franck, Neumeister und Picander, auf den Podest einer herausragenden, zeitlos gültigen und vorbildlichen Frömmigkeit stellen. Auf diesen Gedanken aber kommt niemand, und zwar deshalb nicht, weil diese Texte in ihrer geschichtsbedingten Machart keinen für sich geltenden dichterischen Wert haben, der sie über die zeitgebundene funktionale Poeterei herausheben könnte. Ohne Bachs Musik wären diese Texte mitsamt ihrer Religiosität in der Versenkung verschwunden.

Die Idealisierung der Frömmigkeit Bachs seit dem 19. Jahrhundert erkennt der nüchterne historische Blick, zunächst von den Texten her, als eine durchsichtige Erscheinung von historistischer Ideologie. Da die Texte, die für sich genommen jenseits von Bachs Religiosität entstanden sind und ihr Dasein hatten, in die von Bach geschaffene überzeitlich gültige Kunst integriert sind, gewannen auch sie überzeitliche Geltung, und zwar im Sinne einer auf Bach projizierten Inbegrifflichkeit von Religiosität. Nochmals gesagt: Erst die Bach-Rezeption hat die Texte, da sie mit Bachs Musik verbunden sind, zu einer herausragenden Glaubensaussage emporgehoben und dieses Herausragende mit Bachs Person identifiziert.

Dritter Schritt: Musikalische Textexegese – »Prediger in Tönen«

Fest steht nun allerdings, daß Bach kompositorisch in höchst intensiver, vielschichtig darstellender und tiefsinnigst ausdeutender Weise auf die Texte seiner Kirchenmusik eingegangen ist. Dies braucht hier nicht im einzelnen dargelegt zu werden. Schon unser zufällig gewähltes Beispiel, das Eröffnungsrezitativ der Kantate 158, kann es bestätigen, indem hier der ariosen, trostreichen Eröffnung »Der Friede sei mit dir« die verminderten Septakkorde des »ängstlichen Gewissens« gegenüberstehen und der Duktus des Rezitativs, getragen von dem abermaligen ariosen Friedenssegen, immer klarer das Dissonanzenwesen abstreift bis hin zur Herzensannahme des Friedensspruchs, der am Schluß im verlängerten, rhetorisch gesteigerten und zugleich segnend beruhigenden Arioso erklingt. Dieses kurze, unscheinbar anmutende Beispiel weist auf das Prinzip. Die Musik fügt dem Text eine Dimension hinzu, die der Text meint, aber als sprachliches Gebilde so nicht haben kann, nämlich die augenblickliche Verwirklichung seines Besagens in der Weise des unmittelbaren Einwirkens auf das Empfinden und das Gefühlsgeschehen im Hörer: Zur Empfindungswirklichkeit wird die Friedenswesenheit des Segens und deren Wirkung und Auswirkung auf das gesegnete Subjekt.

Die Texte, die schon an sich das Wort Gottes darbieten und auslegen, geraten in Bachs Arbeit der Vertonung in einen nochmaligen Darbietungs- und Auslegungsprozeß im christologischen Sinn und theologischen Verfahren, so daß – wie schon die

Texte als Predigt fungieren – Bach noch zusätzlich als ein »Prediger in Tönen« angesprochen werden kann. Und als eine Vorbedingung für diese musikalische Darbietung und Auslegung in ihrem Einfallsreichtum, ihrer Eindringlichkeit und Tiefsinnigkeit hat es zu gelten, daß Bach selbst von der religiösen Wahrheit der Texte überzeugt und erfüllt war und sie als Komponist von Kirchenmusik auch seinerseits erfassen und zur Darstellung bringen wollte. Doch inwieweit ist diese Vorbedingung ein besonderes Kennzeichen Bachs und nicht eine Selbstverständlichkeit, bei der sich Bach zwar in der Qualitas, aber nicht im Prinzip von seinen zeitgenössischen Amtskollegen unterscheidet und darüber hinaus von allen Komponisten religiöser Musik überhaupt?

Der nüchterne historische Blick rückt auch die Predigthaltung der Bachschen Kirchenmusik in eine Distanz, indem er Bachs Art des musikalischen Predigens als ein barockes, ein traditions- und zeitbedingtes Phänomen erkennt, so daß es nicht erlaubt ist, Bachs hierin erscheinende Religiosität ins zeitlos Herausragende, Einmalige, Vorbildliche und Inbegriffliche zu idealisieren und überdies Zurückhaltung und Vorsicht geboten sind auch bei dem unmittelbaren Rückschluß von Bachs kompositorischer Tätigkeit auf seine Person. Die Predigthaltung war – zumal im protestantischen Raum – von der barocken Kirchenmusik funktional gefordert, wobei – wie schon bei dem Verfassen der Libretti – das »Machen« sich einschaltet, das heißt ein funktionaler Bereich wissenschaftlicher (theologischer) und artifizieller (kompositorischer) Arbeit, die auch hier als Auftrag an den Kirchenkomponisten zu sich selbst hin isolierbar ist. Bachs musikalische Textexegese ist eingebettet in die theologische Intention der Textpoeten: Sie ist deren Fortsetzung – ein Gebot, das auch Bach, um gültige Kirchenmusik zu schreiben, zu erfüllen hatte, gleichsam ob er wollte oder nicht. Gute Kantatentexte waren theologisch exegetische Texte, und gute Kirchenmusik war theologisch exegetische Musik. Und da Bach gar nicht anders konnte als hochqualifizierte Musik zu schreiben, waren auch seine Kantaten und Passionen hochqualifizierte exegetische Musik.

Hierzu war Bach durch den Religionsunterricht seiner Schulzeit in Ohrdruf und Lüneburg bestens vorbereitet, und als Organist in Arnstadt, Mühlhausen und Weimar hat er an unzähligen

Gottesdiensten und Predigten teilgenommen. Zu seinem Nachlaß gehörte eine umfangreiche theologische Bibliothek mit Bibelerklärungen, orthodox-dogmatischen Lehrbüchern, polemischen Streitschriften, pietistischer Erbauungsliteratur und etwa zwanzig Predigtsammlungen (Postillen) auf die Sonn- und Feiertage des Kirchenjahrs. Die Exemplare dieser bei Bachs Tod aufgelisteten Bibliothek sind – bis auf die mit Eintragungen von Bachs Hand versehene Calov-Bibel – nicht erhalten. Zweifellos dienten diese Bücher und Schriften als theologisches Arbeitsinstrument für die von Bach als Kirchenkomponist geforderte Textexegese im Rahmen und in Fortsetzung der Predigtfunktion der zur Kirchenmusik bestimmten Dichtungen.

Bachs »Predigt in Tönen« ist von ihrem Ansatz her eine zeitgemäße Erscheinung der Kirchenmusik, eingebunden in eine historische Selbstverständlichkeit, basierend auf der Predigtfunktion der gottesdienstlichen Musik, der Erwartung der Gemeinde und der von daher geforderten Komposition als theologisch versierter Wissenschaft. Die der Person und der Musik Bachs emphatisch zugeschriebene Religiosität ist von daher zu relativieren, das heißt – ohne die Religiosität in Abrede zu stellen – aus der Isolation ins einmalig Überzeitliche zurückzustufen und in Beziehung zu setzen zu einem geschichtlichen Postulat, das in der Bach-Zeit in bestimmter, nämlich orthodox-lutherischer und pietistisch gefärbter Inhaltlichkeit Geltung hatte und mit den musikalischen Stilmitteln des Spätbarocks in einer bestimmten, ebenfalls geschichtlich gebundenen Art und Weise erfüllt werden konnte, wobei im Blick auf das Qualitätskriterium Bach kompositorisch und theologisch an oberster Stelle steht.

Vierter Schritt: »Alle Musik«

Nicht nur Bachs Kirchenmusik, sondern alle Musik von ihm, auch seine Instrumentalmusik, wird innerhalb der Bach-Rezeption nicht selten als religiöse Musik apostrophiert, das heißt als eine Musik, die gottverbunden ist, indem sie auf Gott weist. »Die Religion gehört bei Bach in die Definition der Kunst überhaupt«, schreibt Albert Schweitzer (S. 152). »Jede große Kunst, auch die profane, ist ihm an sich religiös.« Bachs Kunst, resümiert Hans Besch (S. 16), ist »an sich religiös. Auch die reine

Instrumentalmusik ist in diese Feststellung mit einbeschlossen. Es gilt von der gesamten Kunst Bachs, daß sie ein Abglanz der protestantischen Religiosität ist.« Der nüchterne historische Blick fragt hier jedoch: ob überhaupt Musik »an sich« religiös sein kann, und diese Frage gilt auch für Bach.

Musik kann gottesdienstlich, gottgerichtet, religiös sein

1) in Verbindung mit einem religiösen Text. In Frage steht hier jedoch die reine Instrumentalmusik als Musik »an sich«. Und nimmt man bei der Kirchenmusik den Text weg, so verliert die Musik ihre durch ihn gestiftete Religiosität.

2) kann Musik religiös sein zufolge ihrer Funktion, zum Beispiel als gottesdienstliche Orgelmusik. Transportiert man jedoch diese Musik aus dem Gotteshaus zum Beispiel in den Konzertsaal, so ist – abgesehen von möglichen Assoziationen – die Frage nach der Religiosität von Musik »an sich« akut.

3) Musik kann religiös sein auf Grund von religiösen Überschriften, Programmen, Idiomen und Zitaten. Sie spielen in der Musik »an sich« eine dem Text vergleichbare Rolle. Kennt der Hörer die Überschriften oder Programme nicht, versteht er die Idiome nicht als religiös, und kann er die Zitate nicht identifizieren, so wird für ihn die Musik zur Musik »an sich«, von der hier in Frage steht, ob sie als solche religiös sein kann.

4) Alle Musik, auch Musik »an sich«, so auch etwa Bachs Instrumentalmusik, kann als religiös, auf Gott weisend, als gottverbunden gelten sub specie einer Auffassung von Musik überhaupt, insbesondere der augustinischen und lutherischen Auffassung der Musik als Geschenk Gottes (donum Dei), das, wo immer es erscheint, bestimmt und fähig ist zum Lobe Gottes (laudatio Dei) und zu seiner Erkenntnis (cognitio Dei). Dies aber ist eine Auslegung der Musik überhaupt, die Bach – in der Tradition dieser Auslegung stehend – als für sich geltend bezeugt hat, die in ihrer von Tradition und Zeit entbundenen Grundsätzlichkeit jedoch alle Musik einschließt, auch etwa Machaut und Monteverdi, Beethoven und Wagner, Webern und Stockhausen. Die Religiosität der Musik »an sich« kann als eine Sache der Musikauffassung eine Sonderstellung Bachs nicht begründen und ist überdies abhängig von einer subjektiven Weise des Sehens, neben der es auch andere, ebenso grundsätzliche Sichtweisen gibt.

5) Zu diesen grundsätzlichen Sichtweisen gehört auch die Auf-

fassung (– die hier nur gleichsam in Klammern zugefügt sei –), daß in aller Kunst, so auch (und vor allem) in der Musik, sofern sie bei sich selber ist, das heißt indem sie den Kunstanspruch erfüllt (und je besser, je autonomer sie ihn erfüllt), eine religiöse Dimension erscheint, ein metaphysischer Verweis, ein Zeigen auf das Absolute, auf die Wahrheit, auf die letzten Dinge oder wie immer man das nennen mag. Doch hierbei verliert sich, wie mir scheint, der Begriff des Religiösen ins Vage, in eine Unbestimmtheit, eine Allheit, die mit dem konkret christlichen Ordo ad Deum wenig oder nichts mehr zu tun hat – ganz abgesehen davon, daß auch diese Sichtweise und gerade sie wiederum alle große Musik beträfe, so daß auch von hier aus eine Sonderstellung Bachs nicht abzuleiten wäre.

6) Musik »an sich«, also auch die Instrumentalmusik, kann als religiös gelten auf Grund ihrer Kompositionsart, ihres Stils. Bei dieser Möglichkeit des Geltens nun steht Bachs Musik ganz oben an. Sie wirkt als Inbegriff des Beisammenseins von Ausdruck und Ordnung, Emotion und Struktur. Sie beeindruckt ästhetisch zufolge ihres Reichtums an musikalischem Sinn, und sie affiziert das Empfinden auf Grund ihrer rhetorischen und affekthaften, ihrer emotionalen Ausdruckskraft. Doch bei alledem ist sie in hohem Grade geordnete Musik, so daß die in ihrer Sinnlichkeit und Expression herrschende Ordnung als Schöpfungsordnung aufgefaßt werden kann, die den Menschen in seiner Menschlichkeit einschließt und ihn als Hörer dieser Musik mit dem Schöpfer der Schöpfung, mit Gott, in Verbindung zu bringen vermag.

Der nüchterne historische Blick fragt jedoch, ob es sich bei dieser religiösen Erhebung der Musik Bachs nicht nur um einen Topos handelt, der erst im Rückblick auf Bach, erst bei dem Transport seiner Musik in eine geistes- und kompositionsgeschichtlich neue Umgebung, also erst aus der Perspektive einer späteren Zeit entstehen konnte, als die kontrapunktisch-polyphone, mathematisch-organische, zahlhaft-proportionale Art von Ordnung in andere Ordnungsmaximen überführt worden war – in Arten des Komponierens, bei denen die psychische Befindlichkeit des Menschen in den Mittelpunkt trat und die Aufgehobenheit der Form in einen göttlichen Ordo weniger sinnfällig war oder zu sein schien. Bachs Kompositionsart beruht auf einem traditionsgesättigten Zeitstil, den Bach aufgriff, modernisierte und perfektionierte, wobei vielfach bezeugt ist, daß eine ebenfalls traditionsreiche gottbezogene Auffassung der Musik diesem Zeitstil korrespondierte. Indessen: darf gesagt werden, daß Bachs Musik in ihrer anschauungs- und kompositionsgeschichtlichen Spezifik religiöser ist als andere Musik? Wer will das entscheiden? Besteht nicht in der religiösen Hochstilisierung und Entzeitlichung eines geschichtlich determinierten, in die Geschichte eingebundenen Verhältnisses von Ordnung und Ausdruck ebenfalls eine Tendenz zu Ideologie, Kult und Inthronisierung, zu einem musikalischen Religionshistorismus, der deswegen verfehlt und gefährlich sein kann, weil auch er – im Aufmachen von Verlustrechnungen – eine Zufluchtsstätte anzubieten scheint, die als solche den Blick für andere Formen, die Erfahrung anderer Möglichkeiten eines musikalischen Ordo ad Deum verstellt?

*

Die vier Schritte, die hier im Zeichen des nüchternen historischen Blicks gegangen wurden, stellen die Religiosität Bachs nicht in Frage, tasten sie nicht an. Ganz ohne Zweifel war Bach ein frommer, gottgläubiger, ein religiöser Mensch im konkret christlichen Sinn. Der Anteil und Rang der gottesdienstlichen Musik an seinem Gesamtwerk, die Intensität der Textexegese, die Auffassung der Musik im Motto Soli Deo gloria bezeugen und bestätigen es. Und für die Verbindung von Bachs persönlicher Frömmigkeit mit seinem Komponieren ist Bachs letzte kompositorische Handlung, das Choral-»Diktat« auf dem Sterbebett: »Vor deinen Thron tret ich hiermit«, das ich in meiner Schrift über die *Kunst der Fuge* als kompositorisches Gebet gedeutet habe, ein beredtes Zeugnis.

Im vorliegenden Text sollte versucht werden, durch den Blick aufs historisch Faktische den religiösen Bach-Kult zur Besinnung zu bringen. Gedämpft werden sollte die auf Bach gerichtete Religionsemphase; der Rezeptionstrend zur religiösen Inthronisation; das Emporheben einer zeitgebundenen, geschichtlich determinierten Religiosität ins Überragende und zeitlos Vorbildliche; der religiöse Bach-Historismus, der in den Zeiten nach Bach einen Religionsverlust und -niedergang zu sehen glaubt und bei Bach Zuflucht sucht; die damit verbundene Gegenwartshaltung, die in der Faszination durch Bach die Religiosität der Moderne verkennt.

Was über den nüchternen historischen Blick hinaus Bach im Begriffsfeld von Religiosität zu erfahren und zu bedenken gibt, bleibt noch immer genug.

Tradition

Tradition ist ein Prinzip der Geschichte, ihr zentralstes. Es beinhaltet als Prozeß der Überlieferung die Übernahme, die Verarbeitung und die Weitergabe von Lebens-, Denk- und Handlungsformen und -inhalten, wobei die Weitergabe wiederum zu einer Übernahme führt, die verarbeitet wird und so fort. Tradition stiftet den Zusammenhang der Erscheinungen und Ereignisse und ermöglicht es, das einzelne im Kontinuum von Geschichte zu verstehen. Auch dort, wo Traditionen bewußt verneint, verändert und umbrochen werden und Neuartiges nur im Gegenzug zu Überlieferungen entstehen kann, ist Geschichte ein Geschehen im Rahmen von Traditionsprozessen. Ohne Tradition ist nichts.

Auch die Geschichte der Musik ist eine Geschichte von Traditionen. Und das Verstehen von Musik als geschichtliches Verstehen erfordert allemal den Nach- und Mitvollzug ihrer Einbindungen in die Überlieferung: das Erkennen der Übernahme des Überlieferten oder des Sich-Abstoßens von ihm, das Ausfindigmachen der Verarbeitung des Übernommenen oder der Art des Neuansatzes, die Klarstellung des Angebots an Weitergabe und die Erkundung wiederum der Übernahme dieses Angebots seitens der nachfolgenden Generation. Dabei bietet das Verhältnis zur Tradition bei jedem Komponisten ein anderes Bild, das in der Eigenart der Musik sich spiegelt und als Spiegelung verstanden werden will. Und inmitten dieser immer wieder andersartigen, bei jedem Komponisten aufs neue ausfindig zu machenden Einbindungen der Musik in Traditionen läßt sich beobachten, daß im Laufe der Geschichte Tradition als Prozeß selbst Geschichte hat, sich als wirkende Kraft zu verwandeln vermag und in diesen Wandlungen ihrer selbst die je besonderen Eigenarten der Traditionseinbettung geschichtlich überformt.

An Bach nun ist paradigmatisch zu erkennen, was Tradition ist beziehungsweise sein kann und auszurichten vermag und wie ein Komponist von daher zu verstehen ist und auch wie Tradition als Prozeß der Überlieferung im Grundsätzlichen einem geschichtlichen Wandel unterworfen sein kann.

Das Moment der Übernahme von Traditionen im Sinne des Hineingeboren-Seins in Überlieferungen und der Annahme ihrer lebensprägenden Inhalte ist bei Bach so stark ausgeprägt und nachweisbar wie bei keinem anderen zeitgenössischen Komponisten, vielleicht sogar wie bei keinem anderen Komponisten überhaupt. Hier denken wir als erstes an das Phänomen des musikalisch-Bachschen Geschlechtes. Daß Bach diesem Musikergeschlecht zugehörte, das von Generation zu Generation eine beständig zunehmende Zahl an Ratsmusikern, Organisten und Kantoren hervorgebracht hatte, ist im Blick auf Bachs Verhältnis zur Tradition weniger aussagekräftig als die Tatsache, daß Johann Sebastian Bach es war, der 1735 als Leipziger Thomaskantor unter dem Titel *Ursprung der musicalisch-Bachischen Familie* die Genealogie dieses Musikergeschlechtes zusammenstellte und sich damit ganz zweifelsfrei mit den Inhalten und Werten dieser Familientradition identifizierte, die in den Begriffsfeldern von Handwerk und Zunft, Lehren und Lernen, Dienst und Fleiß, Zusammenhalt und Förderung, Frohsinn und Frömmigkeit anzusprechen ist. Bachs Dokumentation seiner Familienherkunft bezeugt ein Traditionsbewußtsein, wie es in der Zeit des aufklärerischen Umbruchs, in den Bach als Thomaskantor mitten hineingestellt war, überhaupt nicht eindeutiger und intensiver gedacht werden kann.

Überblickt man Bachs Lebensweg, so zeigt sich in allen entscheidenden Stationen die Einbettung in althergebrachte Überlieferung. Nur stichwortartig sei dies hier erinnert. Prägend im Sinne der Genealogie war die zehnjährige Kindheits- und Knabenzeit im Ratsmusikhaus des Vaters. Traditionsgesättigt waren die anschließenden Jahre im Ohrdrufer Organistenhaus des Bruders, die Institution der Lüneburger Kantorei, die Lehrpläne der Ohrdrufer Latein- und der Lüneburger Klosterschule, besonders in Hinsicht auf die humanistische Rhetorik und die orthodoxe Theologie. Von Traditionen geprägt waren die Ämter des Stadtorganisten in Arnstadt und Mühlhausen, die höfischen Bestallungen in Weimar und Köthen und insbesondere dann das Thomaskantorat in Leipzig.

Zur Tradition all dieser Institutionen und Dienststellungen gehörte die Bezogenheit der schöpferischen Hervorbringungen auf das jeweilige Amt, ein funktionales Komponieren, das Bachs gesamtes Werk kennzeichnet und noch durch das ebenso traditionelle Phänomen der Lehr- und Unterrichtswerke ergänzt wurde. Und mit der institutionellen Bezogenheit verbunden waren die traditionsreichen Gattungen, die den Großteil von Bachs Schaffen ausmachen: die freien und die choralgebundenen Orgelwerke, die Kantaten und Motetten, Passionen, Oratorien und Messen, während die Kapellmeisterzeit in Köthen und dann nochmals die Collegium-musicum-Tätigkeit in Leipzig einen Freiraum für das instrumentalmusikalische Schaffen einräumten, das jedoch stilistisch mit dem geistlichen und kirchlichen Werk eine Einheit bildet. Und nicht zuletzt mit den Gattungen verbunden steht Bachs Kompositionsart in ihren zentralen Merkmalen im Prozeß des Angebots und der Übernahme von Traditionen, zu umschreiben durch Generalbaß und Kontrapunkt, Kanon, Fuge und Variation, solistisches und chorisches Concertieren, Rhetorik und Affekt.

Dies alles, diese für Bach maßgebende, in sich zusammengehörige Vielheit von Traditionseinbettungen und -zugehörigkeiten, wurde hier zunächst nur in einer lediglich formalen Gültigkeit angesprochen, kann aber schon als solche insofern gleichsam als ein Bollwerk von Traditionen aufgefaßt werden, als diese Vielheit in eine Umbruchszeit hineinragte, die im deutschsprachigen Raum jenseits jener Traditionen und ihnen entgegen spätestens seit den vierziger Jahren dominierend und zukunftweisend in Erscheinung trat und durch Stichwörter wie Aufklärung, galanter und empfindsamer Stil, musikalischer Sturm und Drang, Mannheimer, Wiener und Berliner Vorklassik zu umschreiben ist.

Zu fragen ist als zweiter Schritt nach Bachs Verarbeitung dieser von ihm angenommenen Traditionen: Was hat Bach aus ihnen gemacht? Nicht hat er sie gleichsam umgebogen in die neue Zeit, wie es bei seinem begabtesten Sohn und Schüler, Carl Philipp Emanuel, zu verfolgen ist und am entschiedensten bei seinem jüngsten Sohn, Johann Christian, geschah. Es ist vollkommen klar, daß Bach an der Entwicklung der musikalischen Vorklassik, wie sie auf deutschem Boden etwa bei Johann Stamitz in Mannheim und in Österreich bei Matthias Monn in Wien in Erscheinung trat, nicht beteiligt war, weder direkt, indem er den Stilansätzen der Vorklassik sich verschrieb, noch indirekt, indem

Stamitz oder Monn sich in irgendeiner Hinsicht an Bach orientierte. Joseph Haydns kompositorischer Ausgangspunkt war in den fünfziger Jahren die von Bach weit entfernte, wesentlich von der Volks- und Umgangsmusik gespeiste Wiener Geselligkeitsmusik der Divertimenti, Serenaden und Streichtrios.

Indem mit den traditionsreichen Ämtern, die Bach innehatte, ebenso traditionsreiche musikalische Gattungen funktional verbunden waren und Bach als Amtsinhaber diese Gattungen aufgriff, führte er sie in planmäßiger Arbeit weiter und höher. Und dasselbe gilt für die mit diesen Gattungen traditionell verbundenen Formgebungen und Kompositionstechniken. Daß es besonders im Rahmen von Bachs Frühwerken, seinen Orgel- und Klavierkompositionen und seinen Kantaten vor der Weimarer Zeit, zahlreiche Zweifel darüber gibt, ob ein Werk Bach oder einem anderen Komponisten zuzuschreiben ist, indiziert den Ursprung und die Einbettung von Bachs musikalischem Denken in eine gleichsam noch anonyme Überkommenheit des Komponierens. Bei den unzweifelhaft echten Frühwerken indessen erfolgte gegenüber jener Überkommenheit jedesmal ein unverkennbarer Sprung in eine in jeder Hinsicht qualitativ reichere und höher stehende Kompositionskunst, ohne daß die traditionellen Gattungsmerkmale aufgekündigt wurden.

Bach war aber auch kein Traditionalist, das heißt eine Person, die in dem Sinne an Traditionen festhält, daß sie allen Neuerungen skeptisch und abwehrend gegenübersteht. Auch diese Haltung scheidet bei Bach vollkommen aus. Gegenüber einer Mitbeteiligung am Umbrechen von Traditionen, wie es die Vorklassik zeitigte, und gegenüber einem Traditionalismus, wie er als verordnete Palestrina-Nachfolge die katholische Kirchenmusik auch des 18. Jahrhunderts weithin kennzeichnete, ist Bachs Auseinandersetzung mit Kompositionstraditionen zutiefst bestimmt durch deren Fortführung, Steigerung und planmäßige Bereicherung. In der Tat ist immer wieder festzustellen, daß, wenn die Geschichte der Kantate, der Motette oder der Passion, der Suite oder des Concerto, des Kontrapunkts oder der Fuge, der Ostinatotechnik oder der Variation, der musikalischen Rhetorik oder Affektdarstellung geschrieben wird, die Geschichtsschreibung jedesmal lange vor Bach ansetzt, teils schon im Spätmittelalter, teils in der Renaissance oder im Frühbarock, dann sich zu Bach hin bewegt, bei ihm die höchste Ausprägung konstatiert, um anschließend einen Niedergang und Abbruch zu verzeichnen. In allen diesen Fällen gilt Bach als die Krönung von Kompositionstraditionen im Sinne qualitativer Bereicherungen, die, gespeist durch das Ingenium Bach, teils aus den Steigerungsmöglichkeiten der Traditionen selbst stammen, teils durch eine systematische Adaption geschichtlicher und zeitgenössischer Angebote in althergebrachte Kompositionstraditionen erreicht worden sind.

Daß dabei bei Bach Vergleichspunkte mit Tendenzen der vorklassischen Musik zu finden sind, ist bei der Generationszugehörigkeit Bachs und bei dem universalen Reichtum und der Unerschöpflichkeit seines kompositorischen Denkens und Erfindens nicht verwunderlich. Es gibt auch bei Bach periodische Metrik, empfindungsvolle Melodik, erlebnishafte Dynamik, expressive und charaktergeprägte Thematik, die die Affekttypologie weit hinter sich lassen. Aber diese Modernismen sind nicht aus vorklassischen Anregungen gespeist und nicht, wie bei Stamitz, Monn oder dem frühen Haydn, stilbestimmend für Bach geworden, sondern sie sind derart aus seinem eigenen Komponieren gezeugt und in seine Kompositionsart integriert, daß der spätbarocke, der spezifisch Bachsche Stil auch hier stets unverkennbar bleibt. – Die Vorklassiker lernten das Komponieren bevorzugt am Menuett, um das instrumentalmusikalische Denken einzustellen auf die Erfindung prägnanter Thematik, begleiteter Melodik, periodischer Metrik, klar funktionaler Harmonik, die in der klassischen Sonatensatzform das Zentrum bilden. Bach lehrte die Komposition zunächst hauptsächlich an Hand des Choralsatzes, um ein Denken in die Wege zu leiten, das von einem Cantus firmus ausgeht und bei dem das Klauselwesen, der Kontrapunkt und der Generalbaß das Fundament bilden. – Die Werke, die Bach ab 1726 zum Druck beförderte oder vorbereitete, waren nicht Serenaden und Sonatensatz-Werke, sondern traditionsgesättigte und bereits zur Unaktualität neigende Gattungen und Formen: Klavierpartiten, Choralbearbeitungen und Triosonaten für Orgel, ein Variationszyklus, das mit Kanons und Ricercaren gespickte *Musicalische Opfer* und die *Kunst der Fuge*, jenes Spätwerk, bei dem sich Bach möglicherweise doch intentional als eine Art Traditionalist bezeugte, indem er den Inbegriff von Tradition: den Contrapunctus als Technik und die Fuge als Form, gegen das neumodisch galante Komponieren ausspielte.

Fragen wir nun drittens nach der Weitergabe der von Bach übernommenen und verarbeiteten Traditionen beziehungsweise nach der Übernahme seiner Traditionsausprägungen zunächst seitens der nachfolgenden Generation, so ist zur Genüge bekannt und durch keine Vergrößerungen punktueller Ereignisse aus der Welt zu schaffen, daß eine direkte Übernahme von Bachs Traditionsangebot nicht stattgefunden hat, und dieser Tatbestand ist in den ersten beiden Schritten dieses Textes bereits begründet worden. Bachs Traditionsangebot stand jenseits des sich als musikalische Vorklassik ereignenden Stil- und Geschmacksumbruchs. Stamitz, Monn und der junge Haydn haben Bachs Musik weder gekannt noch nötig gehabt. Bach mußte es hinnehmen, daß seine Kompositionsweise von einem Exponenten der neuen Geschmacksrichtung 1737 als zuwenig annehmlich, als schwülstig und verworren, unnatürlich und künstlich kritisiert wurde. Auf die neu entstehende musikalische Öffentlichkeit, das sich schnell und mächtig vergrößernde anonyme Publikum, in dem der Musikliebhaber und der Laie eine mitbestimmende Rolle übernahmen, hat Bach sich nicht eingestellt. Bachs Musik war zu anspruchsvoll, zu schwer auszuführen und aufzunehmen; sie war nicht nur unmodern, sie war antimodern.

Indem die neue Öffentlichkeit, die den Umbruch inszenierte, mit den Kompositionstraditionen, in denen Bach musikalisch dachte, nichts mehr anfangen konnte, wurde die Geschichte des Traditionsbegriffs und -prinzips selbst zutiefst betroffen. Contrapunct, Canon und Fuge, echte Polyphonie, rhetorisches Denken – das waren Traditionen, die weit zurückreichten und teilweise nahezu identisch waren mit der Geschichte der abendländischen Mehrstimmigkeit überhaupt. In den Prozessen des Aufgreifens, Verarbeitens und Weitergebens hatten sie – gleichsam selbsttätig – fortbestanden, auch wenn, wie es selbstverständlich war, ihre Stufen und Namen in Vergessenheit gerieten. Im Denken und Schaffen jeder neuen Generation war die Vergangenheit als Überlieferungssumme gegenwärtig. Jetzt aber wurden die Traditionen zugunsten neuer Ansätze in die Vergessenheit gestoßen, ins nicht mehr Gültige: Sie wurden geknickt, gebrochen, abgeschnitten. Die Tradition als selbsttätiger Überlieferungsprozeß war an einen Endpunkt gelangt.

Erst allmählich, deutlich zu beobachten etwa bei Mozart, wurden Bach und somit die Traditionen, die in ihn eingemündet waren, in das Komponieren einbezogen. Diese Einbeziehung, die die Musik mächtig bereicherte, geschah nun aber nicht mehr in der Weise kontinuierlicher Übernahme, Verarbeitung und Weitergabe, sondern in Form einer reflektierten Adaption, eines Bewußtseinsakts, eines Sprungs über eine Zeitspanne der Unaktualität: einer Wiederentdeckung. Seitdem gibt es innerhalb der neuen Traditionen, die durch die musikalische Klassik und Romantik und durch die Neue Musik des 20. Jahrhunderts begründet wurden, eine eigenartige Tradition des kompositorischen Rückgriffs auf Bach, das heißt eine Geschichte der kompositorischen Aktualisierung der Traditionen, die in Bach kulminierten und mit ihm endeten.

Ebenso auf Wiederentdeckung beruht der Einzug der Musik Bachs in das öffentliche Musikleben seit dem frühen 19. Jahrhundert. Diese Entdeckung und die alsbald beständig zunehmende Geltung Bachs hatten zahlreiche Gründe, von denen hier nur drei genannt seien. Zum einen hatte das ästhetische Niveau, das die klassische Musik entwickelte, die Fähigkeit der Rezipienten zum Hören qualitativ anspruchsvoller Musik gesteigert und somit auch dem Verstehen der Musik Bachs den Weg bereitet. Zum anderen war mit dieser Fähigkeit das Bewußtsein einer mächtigen Repertoire-Bereicherung verbunden, indem die durch die vorklassische Musik abgekappten Kompositionstraditionen in ihrem Sammelpunkt, in Bach, wieder gegenwärtig wurden. Und zum dritten hatte die klassische Musik die Vorstellung des Überdauerns von Musik, ihrer zeitlosen Geltung, entstehen lassen, was im Zuge der Wiederentdeckungen und Repertoire-Erweiterungen auf die geschichtlich vergangene, die »alte« Musik übertragen wurde.

Allerdings waren mit der Wiederentdeckung und der mit ihr beginnenden Rezeptionstradition Bachs wesentliche Sinngehalte seiner Musik nicht mehr unmittelbar verstehbar, da die Traditionen, denen Bachs Musik zugehörte, gebrochen waren und sich das Hören von Musik im Zeichen der ästhetisch konzipierten klassischen Musik verändert hatte, das heißt im Zeichen eines im Sinnlichen sich erfüllenden Musikverstehens, dem Bach sich auf Grund der Schönheit und Sinnfülle seiner Musik zwar anbietet, in dem aber seine Musik nicht aufgeht. Hier setzte – ebenfalls in Form von Wiederentdeckung und der Rezeptionstradition zugehörig – das erkennende Verstehen ein, das die Traditionsinhalte, in denen Bach lebte, dachte und komponierte, wieder aufdeckt, zum Begriff bringt und dem Verstehen vermittelt und auf diese Weise das ästhetische Hören entscheidend zu ergänzen, zu vertiefen und zu bereichern vermag.

*

Ich habe diesen Text mit starken Strichen gezeichnet, um unter dem Aspekt der Tradition meine Sicht von Bachs geschichtlichem Ort und somit ein Verstehen Bachs nochmals in aller Deutlichkeit zu umreißen. Bach ist demnach in ganz einmaliger Weise eine Summa von Traditionen, deren Aktualität zu uns hin gebrochen und durch neue Traditionsstiftungen abgelöst wurde – Traditionen in der Gewesenheit, die uns aber in Bachs Musik, in der Zeitlosigkeit von Kunst, als Gegenwartsbesitz überantwortet sind.

Ich wünschte mir, es fände sich jemand, der es anders sieht: »Bach als Anfang, als Wegbereiter«, und der von hier aus meinen Text der Unabgeschlossenheit überführt, die unser Wissen über Bach, die Frage, wer er ist, beständig kennzeichnen und beunruhigen sollte.

ANHANG

Zur Antithese Geistlich–Weltlich

»In dem Verständnis der inneren Verbindung zwischen Bach und seiner Zeit liegt die einzige Möglichkeit, zu einer Lösung der in der Geschichte der Bachbewegung und Bachforschung entstandenen Problematik zu gelangen.« Diese Worte von Hans Besch[1] sind unzweifelhaft richtig. Sie seien hier aus ihrem theologischen Zusammenhang herausgelöst, um die Frage nach den Begriffen »seine Zeit« und »innere Verbindung« neu zu stellen. Sie sind für Johann Sebastian in nuce durch seinen Ursprung aus dem musikalisch-Bachischen Geschlechte gegeben. Bach sei ein soziologischer Typ, so urteilt Besch, und es gehöre zu seinem Wesen, daß er die Treue zur Wirklichkeit ernst genommen, daß er die geschichtliche Welt, in die er gestellt war, nicht mit Illusionen vertauscht habe, sondern mit ihr wesenhaft verbunden gewesen sei, und gerade dies zeige auch seine Kunst. Wenn wir für Wirklichkeit und geschichtliche Welt die historischen Grundbegriffe des Bachschen Geschlechtes einsetzen, so ist das Ziel des vorliegenden Versuches genau bezeichnet.

*

»Der Genius des Geschlechtes, nachdem er mehr oder minder durch die volle Breite einiger Generationen gewaltet hatte, wollte sich nun im Hause des Ambrosius Bach in jeder Hinsicht vollenden und erschöpfen.« Wir erfassen den vollen Wirklichkeitswert dieser Spittaschen Worte über die Geburt Johann Sebastians und stellen fest, daß er dort in Eisenach gleichsam in die noch »volle Breite« des Namens Bach hineingeboren wurde. Bis 1692 lebte hier noch der Hausmanns- (das heißt Stadtpfeifers-) Geselle Johann Jakob (geb. 1668), Sebastians Vetter zweiten Grades, ein Sohn des Direktors der Erfurter Ratsmusikanten Johann Christian Bach (1640–1682). Die Schülerliste der Lateinschule, die der Knabe besuchte, weist in der Zeit von 1671 bis 1710 nicht weniger als zwölf Bache auf, darunter sechs Brüder Sebastians und vier weitere Vettern zweiten Grades, Söhne des Johann Christoph; soweit diese das Berufsalter erreicht haben, sind sie sämtlich Musiker geworden.

Auf dem Schulwege kam Sebastian an der Sankt-Georgen-Kirche vorbei, wo sein Oheim Johann Christoph – mit Spittas Worten »der größte (schöpferische) Musiker, welchen das Bachsche Geschlecht bis dahin hervorgebracht hatte« – das Organistenamt verwaltete. Zu Hause wuchs er in den musikalischen Trubel des Stadtpfeifer-Amtes hinein: Da gingen die Lehrbuben und Gesellen ein und aus, da begegneten ihm die verschiedenen Instrumente, da waren die Lehrstunden, die Übungen und Verabredungen zum Dienst, und da waltete der Vater, ein prächtiger Mann, der etwas konnte und von seinen Mitbürgern wohlgelitten war. Was Bach in dieser unmittelbaren Umwelt des Vaters und Oheims gelernt und von der Art und Weise damaligen Musiklebens in sich aufgenommen hat, läßt sich nicht hoch genug veranschlagen. Es war alles von Anfang an so dicht und nahe um ihn herum wie die Luft, die er einatmete.

Und da war auch sein »geliebtester Bruder« Johann Jakob; mit ihm saß er in Quinta und Quarta auf der gleichen Schulbank, mit ihm zusammen lief er hinauf auf die Wartburg und hatte ein erstes Gefühl dafür, daß es schön war, von dort oben nach den Thüringer Bergen hinüberzublicken: Schon damals war in dieser Monade Bach alles angelegt, was dereinst die Biographen bewogen hat, den Ursprung eines der größten aller Meister dort in dem Lande hinter jenen Höhen zu suchen. Aber so ausnahmslos die Biographien auch mit jenem Laute spielenden Wechmarer Bäcker Veit Bach beginnen und nicht den Nürtinger Hofnarren Hans Bach vergessen, der als »lustiger Fiedler« und als »ein Mann, fleißig, schlicht und fromm« so eindrucksvoll die elementare Doppelkraft Bachschen Wesens verkörpert, so wenig beachten sie es an den entscheidenden Stellen, wie stark und hundertfädig dieser Ursprung in Leben und Schaffen Johann Sebastians hineingewebt ist.

Man kann es als mehr oder weniger zufällig ansehen, daß Johann Sebastian dann zu seinem Bruder, dem Ohrdrufer Organisten, kam und damit aus der musikalischen Handwerksstätte des Vaters in den Berufsbereich jenes Instrumentes hinüberwechselte, das Anfang und Mittelpunkt seines Schaffens geworden ist. Man kann darüber hinweglesen, wenn Spitta schreibt, daß es die nach Bachscher Art sich schnell vergrößernde Kinderschar dieses Bruders war, die den Entschluß reifen ließ, Sebastian nach dem für ihn so bedeutend gewordenen Lüneburg zu schicken, oder daß ihn später Arnstadt anlockte, weil er »Lust verspürte, die alte Sammelstelle seines Geschlechtes und die dort lebenden Verwandten zu besuchen«. Man kann die »zunftmäßigen Heiraten«, das gesunde, musikerfüllte Familienleben, den Lehr- und Lerngeist des Hauses, den Amtswechsel zwischen Geistlich und Weltlich, Bürgerlich und Höfisch, die Schaffensbindung an den jeweiligen Kreis der Amtspflichten, die Rechtschaffenheit und Schlichtheit, den Fleiß und Handwerksgeist und diese Dreieinigkeit der Seele aus Humor, Gemütstiefe und Frömmigkeit – man kann es mehr oder weniger lediglich als etwas Daseiendes konstatieren.

In Wirklichkeit aber ist dies alles – Äußeres und Inneres – aus den Begriffen und Werten am deutlichsten zu verstehen, die das »Bachtum« in sich umschließt. Bei der Beschäftigung mit der Geschichte der musikalisch-Bachischen Familie wird das Wort Bach zu einem Klang, der mit einer durch Jahrhunderte hindurch blühenden Musikkultur des Thüringer Landes nahezu identisch ist. Daneben kehren die Worte Stadtmusikus, Organist, Kantor, Hofmusikus, Hofkapellmeister so unentwegt wieder, daß sie, wenn man mit ihrem Bedeutungsinhalte vertraut ist, einen Abschnitt der Musikgeschichte ebenfalls gleichsam schon klanglich kennzeichnen.

Um das musikalische Ständewesen damaliger Zeit zu erfassen, führt man sich am besten das typische Bild einer mitteldeutschen Stadt vor Augen: Da ist die Stadtmauer mit ihren Türmen, dort ist der Marktplatz mit dem Rathaus im Mittelpunkt der enggedrückten Häuser, hier ist die Kirche und dicht daneben die Schule, und man darf nicht vergessen, daß die Stadt auch ein Schloß hat, dessen Turm alle anderen Türme ein wenig überragt. Jeder dieser Bereiche hatte seine eigenen Musiker: Auf dem Turm der Stadtmauer wohnte der Hausmann, der trotz seiner einförmigen Warn- und Wachsignale ein virtuoser Spielmann sein konnte. Er war es denn auch zumeist, der die Stadtmusik organisierte und auf dem Rathaus erschien, um seine Bestallungsurkunde als Stadtmusikus zu unterschreiben. Er stieg, wie Wilibald Gurlitt so schön sagt, vom Turme herab, beauftragte mit dem Türmerdienst einen seiner Gesellen, zog als Hauptträger des städtischen Musiklebens in eines der Bürgerhäuser ein und wurde so zum Vorläufer des heutigen Generalmusikdirektors. An der Stadtkirche wirkten der Stadtorganist und der Stadtkantor, der zugleich Lehrer an der Lateinschule war. Mit der Schloßmusik war der Hofkapellmeister mit seinen Hofmusikern beauftragt, zuweilen auch ein besonderer Hofkantor und Hoforganist, sofern die hohe Herrschaft ihre eigenen Gottesdienste abhielt.

In Wirklichkeit griffen diese weltlichen und geistlichen, bürgerlichen und höfischen Amtsbereiche mannigfach ineinander über. So hieß es zum Beispiel in dem Dienstvertrag, den Johann Sebastians Vater als Eisenacher Stadtpfeifer unterschrieben hatte, er solle mit seinen Gesellen zweimal am Tage pünktlich den Choral vom Rathausturme abblasen und »beim Gottesdienst alle Fest- und Sonntage vor und nach der Predigt, vor und nachmittags nach Anordnung des Herrn Kantors aufwarten«. Und über die Auffassung des Stadtmusikus im allgemeinen besagen die Statuten der ober- und niedersächsischen Kunstpfeifer-Sozietät von 1653, er solle »mit seiner Kunst also umgehen, daß dadurch zuvörderst Gottes des Allerhöchsten Ehre gesuchet werde«. Johann Nikolaus Forkel hat vollkommen recht, wenn er den »andächtigen Anfang« eines fröhlichen Bachschen Familientages damit begründet, daß diese »Gesellschaft aus lauter Kantoren, Organisten und Stadtmusikanten bestand, die sämtlich mit der Kirche zu tun hatten«.

Andererseits aber waren diese Ämter außer der Verschiedenheit ihrer Wirkungsbereiche insofern voneinander abgetrennt, als es sowohl in der Besoldung als auch im Ansehen ein stufenweises Aufsteigen bedeutete, wenn ein Stadtmusikus Kantor und ein Kantor Hofkapellmeister wurde. Der Stadtkantor hatte in der Regel studiert, und an dem Hofmusikus mußte es sich vorteilhaft auswirken, daß auch er zur herrschaftlichen Repräsentation gehörte.

An dem Bachschen Geschlecht ist dieser soziale Aufstieg vom Spielmann zum Hofkapellmeister deutlich abzulesen: Die Söhne des Wechmarer Spielmannes und Teppichflechters Hans Bach waren sämtlich, jedenfalls zeitweise, Stadtmusikanten; von den Söhnen Johann Sebastians stand Philipp Emanuel im Dienste Friedrichs II., waren Johann Christoph Friedrich der geachtete Hofkapellmeister in Bückeburg und Johann Christian der Musikmeister einer englischen Königin. Aber auch für den einzelnen Musiker war ein gleichzeitiges Verwalten zweier Ämter oder ein Hinüberwechseln von einem Amte zum anderen etwas ganz Selbstverständliches. Um aus der Fülle der Beispiele nur einige zu nennen: Der Großonkel Sebastians, Johannes Bach, waltete am Sonntagvormittag seines Amtes als Organist an der Erfurter Predigerkirche und spielte als Direktor der Erfurter Ratsmusikanten am Abend zum Hochzeitstanze auf; Sebastians Großvater, Christoph, war zunächst »fürstlicher Bedienter« in der Hofkapelle zu Weimar, später Mitglied der Erfurter Ratsmusikanten und schließlich in Arnstadt gräflicher Hof- und Stadtmusikus zugleich.

Johann Sebastian selbst wuchs in der Stadtmusikanten-Sphäre des väterlichen Hauses auf, wurde Hofmusikus in Weimar, Stadtorganist in Arnstadt und Mühlhausen, Hoforganist und Hofkonzertmeister in Weimar, Hofkapellmeister in Köthen und Kantor und Director musices in Leipzig. Die Trennung der musikalischen Ämter bedeutet keineswegs einen Gegensatz, der in der Person des ausübenden Musikers zu suchen ist, sondern gründete – soziologisch gesehen – in den aufgegliederten Sachbereichen der damaligen Lebensbelange und – von der Musik her gesehen – in der Verschiedenheit der Gelegenheiten, für welche die Kompositionen und Aufführungen jeweils bestimmt waren. Man würde vollkommen fehlgehen, wenn man Frömmigkeit und Kirchlichkeit dieser Menschen nach ihrem musikalischen Stande gradweise abstufen wollte. Jedenfalls wo diese Menschen Bach hießen, waren sie einander alle wesensverwandt: Sie konnten arbeiten, sie konnten sich vergnügen, und sie konnten die Hände falten.

Die Antithese Geistlich–Weltlich, mit der man immer wieder an Bach herantritt, ist also nicht ein Problem der Bach-Zeit gewesen. Wir sind in Gefahr, die Dinge von einem Blickpunkt her zu betrachten, der zwar für unsere Zeit bezeichnend ist, von dem aus der historische Sachverhalt jedoch verzerrt erscheinen muß. Wenn Bach in seiner Eingabe an den Rat zu Mühlhausen »eine regulierte Kirchenmusik zu Gottes Ehre« als seinen »Endzweck« hinstellte, so liegt die Betonung dabei nicht auf dem Sich-Bewußtwerden eines ureigensten kirchlich-religiösen Auftrages, sondern durchaus auf »reguliert«: Denn wo einem Bach nicht behördlicherseits die regulierte Möglichkeit zur Musik gegeben wurde und es sich »ohne Widrigkeit nicht fügen« wollte, hinderte ihn nichts, sich ein anderes Wirkungsfeld zu suchen. Und indem Johann Sebastian über seinen Amtswechsel Köthen-Leipzig äußerte, daß es ihm »anfänglich gar nicht anständig seyn wollte, aus einem Kapellmeister ein Kantor zu werden«, meinte er damit nichts anderes, als daß es ihm nicht leichtgefallen ist, aus dem Lichtkreis des Schutzes und der Achtung eines verständnisvollen Fürsten in die bürgerliche Enge eines kleinlichen städtischen Verwaltungsapparates zurückzufinden.

Lediglich die verschiedene Zweckbestimmung der Werke rechtfertigt es, diese gleichsam auf zwei Stöße, hie weltlich – hie geistlich, zu ordnen. Vollends verkehrt jedoch ist es, dieses Gegenüber auf die Persönlichkeit Bachs zu übertragen und sein Wesen gewissermaßen zwei- oder gar zwiespältig zu erblicken. Man kann nicht etwa von einem »Köthener Zwischenspiel der weltlichen Musik« sprechen. Es gibt nicht einen »weltlichen Bach« und einen »geistlichen Bach«. Es gibt nur den Bach, der, wo er auch war und was er auch unternahm, fleißig war, vergnügsam sein und die Hände falten konnte.

*

Je mehr die nachbachische Zeit die Welt zerteilte und auf das Diesseitige hin bezog, je geringer ihr die Leibnizsche »Notwendigkeit einer höchsten Substanz [= höchste Intelligenz = Gott] als Ursache aller Dinge« wurde, desto unbegreiflicher mußte es ihr erscheinen, wie Bachs Gesamtwerk gewissermaßen beide Welten in sich vereinigen konnte. In Wirklichkeit ist aber auch diese (mit den letzten Worten formulierte) Anschauung schon ganz verkehrt wie alles, was aus einer Zwei-Welten-Vorstellung (zum Beispiel »halb geistliche Züge der weltlichen Musik«, »Verweltlichung der Kirchenmusik«) an Bach herangetragen wird. Es ist eben keineswegs so, daß Bach zwei Welten in sich vereinigte und daß er »ein Bürger in zwei Welten« war, sondern er lebte in einer Welt, die wir – von unserem Daseinsbewußtsein her – gleichsam erst in zwei verschiedene aufgespalten haben.

Das Problem Geistlich–Weltlich ist meines Erachtens nur so lange für die Bach-Deutung ein so schwieriges, wie sie nicht zu dem Allereinfachsten hinfindet, nämlich dahin, daß mit ihm erst gar nicht an Bach herangegangen werden darf, sondern daß für eine Bach-Darstellung die Gott-Welt-Einsheit die historisch gegebene Voraussetzung ist. Man wird sich dann über Bachs Amtswechsel ebensowenig zu verwundern brauchen wie über sein Parodieverfahren und über die vielfach bestehende Unterschiedslosigkeit zwischen seinen für geistliche und weltliche Zwecke bestimmten Kompositionen überhaupt. Man wird die Unterscheidungsmerkmale zwischen heiliger und profaner Musik dann lediglich in der kompositorischen Zweckbestimmung zu suchen haben, in – wie schon Forkel es tut – raumakustischen oder in liturgischen und textlichen Gegebenheiten. Die Gott-Welt-Einsheit ist die historisch gegebene Wirklichkeit für Bach. Sie ist als Prädikat »seiner Zeit«, die in Wahrheit schon eine unbachische Zeit zu werden beginnt, bereits in Zweifel zu ziehen, aber sie begegnet ihm dort, wo er am stärksten empfing, nämlich in der Lebenskraft und in den Daseinsformen des Bachschen Geschlechtes, dessen »Genius sich in ihm vollendete und erschöpfte«.

Ohne die durchgängige Gottbezogenheit aber ist diese Bachsche Welt nicht vorstellbar. Alles Nachdenken über ihr Möglichsein muß in das »Soli Deo Gloria« einmünden. Es handelt sich um nichts anderes als um den logischen Schluß von einem Phänomen auf seine Ursache und damit um das Zuerkennen der Realität auch für die letztere. Wo das Soli Deo Gloria bereits in der Bach-Zeit nichts weiter darstellt als eine Formel von altersher, wird sich das darin anzeigen, daß die Gott-Welt-Einsheit nicht mehr besteht. Wo sie aber, wie bei Johann Sebastian Bach, tatsächlich und gewaltig in Erscheinung tritt, bedeuten die Worte »Gott allein zur Ehre« nicht weniger als die denknotwendige Voraussetzung dafür, daß diese Einsheit existent werden konnte.

Anmerkung

1 *Die Frömmigkeit Joh. Seb. Bachs in der Bachbewegung und -forschung*, Diss., Gütersloh 1934, S. 158. Aus dieser Dissertation ist inzwischen Band I des 1950 in 2. Auflage im Bärenreiter-Verlag erschienenen Buches geworden: *J. S. Bach, Frömmigkeit und Glaube. Deutung und Wirklichkeit. Das Bild Bachs im Wandel der deutschen Kirchen- und Geistesgeschichte.*

Scheibe gegen Bach – im Notenbeispiel

Selten ist ein Urteil über einen Komponisten so bekannt geworden wie jene gegen Johann Sebastian Bach gerichteten Worte, die ein musikalisches Publikum Anno 1737 im 6. Stück des von Johann Adolf Scheibe verfaßten *Critischen Musicus* zu lesen bekam: »Dieser große Mann würde die Bewunderung ganzer Nationen sein, wenn er mehr Annehmlichkeit hätte und wenn er nicht seinen Stücken durch ein schwülstiges und verworrenes Wesen das Natürliche entzöge und ihre Schönheit durch allzu große Kunst verdunkelte.« »Die Schwülstigkeit« habe Bach »von dem Natürlichen auf das Künstliche und von dem Erhabenen aufs Dunkle geführet«, man bewundere zwar die beschwerliche kompositionstechnische Arbeit und Mühe, die jedoch vergebens angewandt sei, »weil sie wider die Vernunft streitet«.

Man hat sich heute daran gewöhnt, in Scheibes Kritik ein »Zeitdokument« zu sehen, das »Manifest« der musikalischen Ziele einer neuen Generation. Indessen darf bei der Bezeichnung Manifest nicht übersehen werden, wie in Wirklichkeit doch alles darauf hinweist, daß schon in der damaligen musikalischen Welt schwerlich jemand einen musikästhetischen Aufruf in dieser Fassung unterschrieben hätte. Philipp Spitta hat vollkommen recht, wenn er feststellt, daß Scheibe mit seinem Urteil »die ganze weitverzweigte Bachsche Schule gegen sich aufgebracht hatte« und daß die Sache allgemein »ein peinliches Aufsehen« erregte; nicht nur die Leipziger Magister Johann Abraham Birnbaum und Lorenz Mizler, auch der Hamburger Johann Mattheson, der Erfurter Jakob Adelung, die Berliner Friedrich Wilhelm Marpurg und Johann Philipp Kirnberger haben noch bis in die siebziger Jahre hinein in dieser Angelegenheit öffentlich für Bach Stellung genommen.

Der Vorwurf Scheibes war gewaltig, geradezu vernichtend. Denn »Schwulst« – das war damals der ästhetische Terminus, der alles umfaßte, was man nicht wollte. »Da muß man nun wissen, was Schwulst und Schwülstigkeit bedeuten«, schreibt Mattheson 1739 im *Vollkommenen Capellmeister*, »nehmlich eine Erhebung und Erhöhung an solchem Orte, wo sie nicht seyn sollten, sondern schädlich fallen... wenn man geringe Sachen ungemein aufputzet, das Wesentliche aus den Augen setzet, nichtswürdige Dinge mit vieler unnützer Pracht oder mit verwerfflichen Zierrathen beleget.« »Der Schwulst«, so heißt es in Johann Georg Sulzers *Theorie der Schönen Künste* kategorisch, »ist unstreitig einer der ärgesten Fehler gegen den guten Geschmack.«

Gewiß haben die Verteidiger Bachs nicht den Schwulst verteidigen wollen, aber sie waren davon überzeugt, daß Bachs Musik und Schwulst nichts miteinander zu tun haben. Indessen war es schwer, zu diskutieren, und aussichtslos, zu einem Ergebnis zu kommen, solange man lediglich mit Begriffen arbeitete, ohne konkret, nämlich an Bachs Musik selbst zu exemplifizieren, was man eigentlich meinte. Und auch in der historischen Rückschau ließe sich der Sachverhalt erst dann wirklich fassen, wenn er sich uns am Notenbeispiel darstellen würde.

Ein solches Beispiel ist vorhanden. Es findet sich in der 1755 zu Danzig erschienenen Schrift über *Die Melodie nach ihrem Wesen sowohl als nach ihren Eigenschaften* von Christoph Nichelmann, dem derzeitigen zweiten Cembalisten (neben Carl Philipp Emanuel Bach) in der Hofkapelle Friedrichs II.

Scheibe und Nichelmann haben miteinander gemein, daß sie beide mehr von Ästhetik als von Musik verstehen. Nichelmann versucht nun allerdings mit den Kategorien »Natürlichkeit«, »Einfachheit«, »Verständlichkeit« wirklich in musikalische Sachverhalte vorzustoßen. Als Thomaner einst Schüler von Johann Sebastian Bach, kommt er auf den Gedanken, daß im harmonischen Bereich, in Folge und Wechsel der Akkorde, die eigentliche Wirkung der Musik beruhe und der Wert einer Melodie davon abhänge, daß sie mit Rücksicht auf Mannigfaltigkeit der Harmonie erfunden sei: »Die Natur und die Beschaffenheit unserer Seele bringt es mit sich, daß sie in beständiger Unruhe und Bewegung unterhalten sein will... Der Grund desjenigen Ergötzens, das uns die Musik gewähret, liegt also vornehmlich in der Sättigung und in der Befriedigung des uns angeborenen Verlangens nach einer veränderten, oder nach einer mannigfaltigen Harmonie... Die erste Pflicht eines musikalischen Setzers ist demnach diese, daß er das natürliche Bedürfnis der Seele, nach welcher wir nach einer mannigfaltigen Harmonie begierig sind, zu sättigen und zufriedenzustellen suche.«

Dieser kleine Exkurs ist notwendig, um zu erfahren, wie Nichelmann die zeitgenössische, die Scheibesche, die (vermeintlich) antibachische Terminologie in sein System einsetzt. Was das Wichtigste ist – so denkt die Zeit –, muß sich klar und deutlich, das heißt für Sinn und Verstand leicht faßlich darstellen. Nicht nur muß demnach, meint Nichelmann, die harmonische Mannigfaltigkeit überhaupt geschehen, sondern sie darf auch durch ein melodisches Zuviel, durch Manieren und Figuren: durch »Zierraten« nicht verworren, verdunkelt, unverständlich werden. »Zierraten« sind »Schwulst«, denn sie sind »das, was nicht notwendigerweise zu dem Wesen einer jeden besonderen Zusammensetzung gehöret«. »Es ist kaum zu glauben«, schreibt Nichelmann, »wie sehr die Zierraten der Gewißheit, der edlen Einfalt und Ernsthaftigkeit, der Kraft des Ausdruckes im Wege stehen. Je ein höherer Grad der Vielstimmigkeit oder der Polyodie in den Zusammensetzungen herrscht, desto mehr Ekel und Verdruß muß natürlicherweise die Häufung der Manieren und Zierraten in den Zusammensetzungen gebären, weil sie verhindern, daß sich die Übereinstimmungen und ihre Folgen dem Sinn mit derjenigen Deutlichkeit und Klarheit darstellen, in welcher er dieselben verlanget, um daran Gefallen zu finden. Die allerkünstlichsten und geschicktesten Setzer, sowohl der alten als neueren Zeit, haben ihren Zusammensetzungen, fast nur wegen des häufigen Gebrauchs der Zierraten, die wahre Anmut sowohl als die herzrührende und bewegende Kraft entzogen.«

An dieser der Scheibeschen Ästhetik vollkommen adäquaten Stelle erinnert sich Nichelmann, um abschreckende Beispiele zu geben, an zwei musikgeschichtliche Ereignisse. Der Mißbrauch der musikalischen Zierraten sei ehedem so groß gewesen, daß der Papst Pius dadurch bewogen wurde, die Musik mittels eines Tridentinischen Ratschlusses schier ganz und gar aus der Kirche zu verbannen, wenn nicht Palestrina denselben durch einfältige und von allem ohrenkitzelnden Schmucke entblößte Zusammensetzungen überzeugt hätte, daß nicht Klang und Gesang an sich, sondern nur deren üble Anwendung der Kraft der göttlichen Dinge nachteilig sei. Und dann mit deutlichem Bezug auf jene Stelle des *Critischen Musicus*: »Wie wenig unsere Zeiten vor jenen [denen Palestrinas] in diesem Stücke voraus haben, dieses läßt sich einestheils schon daraus abnehmen, da selbst ein wegen seiner seltsamen Geschicklichkeit in der Setz- und Ausübungs-Kunst sonst unvergleichlicher Mann, unserer Zeit, dem Vorwurfe der Dunkelheit in den Zusammensetzungen nicht entgehen konnte, daß er nemlich wegen der allzugroßen Kunst und Bemühung in dem Gebrauche der harmonischen Zierraten der Natur Gewalt thäte, und dadurch seinen Zusammensetzungen den gewünschten Eingang in das Gemüthe benähme. In der That, wer wollte leugnen, daß nicht ein sowohl einfacher, noch mehr aber ein vielfältiger Gesang ohne Zierraten dem Sinn weit faßlicher und begreiflicher werden sollte, als mit denselben.«

Nichelmann bringt als Beispiel (auch hier ohne Namensnennung) den Anfang des Soloparts der Bachschen Kantate Nr. 84 »Ich bin vergnügt mit meinem Glücke«:

»Sollte z. E. diese um der Übereinstimmung willen geordnete singbare Folge von ihrer Ernsthaftigkeit, Einfalt und natürlichem Wesen durch die hernach erfolgte Änderung bey eben denselben bey behaltenen Grund-Tönen etwas verlieren?« Die Änderung lautet folgendermaßen[1]:

Die Tatsache solchen Veränderns an sich darf nicht verwundern, denn die Pietät gegenüber dem einmal Geschaffenen ist Angelegenheit erst späterer Zeit. Seltsame Starrköpfigkeit ästhetischer Qualitäten, die sich gegenseitig verdrängen – so mag es erscheinen –: während man das eine will, nämlich die faßliche Einfachheit des musikalischen Geschehens, stößt man beiseite, was man eigentlich ebenfalls noch wollte, nämlich den »Affekt«. Aber es handelt sich um mehr als um den Zwang ästhetischer Prinzipien und die Hemmungslosigkeit des Nichtmusikers. Man muß ganz einfach fragen, wie überhaupt es möglich gewesen sein konnte, daß einer, musikalisch und klug wie Nichelmann, nicht gehört hat, wie durch solche Veränderung sozusagen alle Musik verlorengeht. Vielleicht ist es so, daß dieses kleine Beispiel (eben weil es sich nicht um Worte, sondern um Noten, um Klang, um *musikalische Wirklichkeit* handelt) deutlicher als die musikästhetischen Folianten des Jahrhunderts Musikgeschichte zeigt in ihrem konsequenten Walten als Weg von etwas fort zu etwas hin. Spätere Zeiten sind fähig, die Spitzen zu überschauen, das Vorhergehende und das Nächste zu fassen, jedoch nicht mehr imstande, mitzuvollziehen, was dazwischen liegt: die eigentliche Arbeit des geschichtlichen Vorgangs. An jenem Beispiel erweist sich, jenseits alles zeitgenössischen und gegenwärtigen Für und Wider in der Beurteilung der Kontroverse, die Scheibesche Terminologie in der Tat als identisch mit einer damals möglichen Wirklichkeit des Ohres.

Anmerkung

1 Nichelmann fügt den Bachschen Baß hinzu, den er beziffert, allerdings gemäß seiner Veränderung zum Teil nicht ganz übereinstimmend mit der Bachschen Harmonisierung.

Bach und Leibniz

Die kritische Auseinandersetzung mit dem, was bisher über dieses Thema ausgesagt worden ist, wird zum Ergebnis haben, daß ein neuer Ansatzpunkt gesucht werden muß. Deshalb darf hier nicht mehr erwartet werden als die Andeutung lediglich eines Ansatzpunktes, eines solchen, der mir möglich erscheint, nicht mehr als das Grundsätzliche einer einzuschlagenden Richtung. Der Gedankengang wird folgender sein:

Arnold Schering bezeichnet den Ausgangspunkt für den Vergleich zwischen Bach und Leibniz als ein »Zur-Seite-Stellen«. In der Bach-Literatur der letzten fünfundzwanzig Jahre aber werden bei diesem Vergleich philosophische Termini unmittelbar in musikalische Urteile eingesetzt, werden philosophische und musikalische Sachverhalte identifiziert. Dabei müssen logische Fehler entstehen, die es aufzudecken gilt.

Das Zur-Seite-Gestellte kann nur verglichen werden, indem es auf ein gemeinsames Drittes bezogen wird. Dieses gemeinsame Dritte ist das Denken. Dasjenige, was im Bereiche des Denkens einen Vergleich von Merkmalen logisch möglich macht, ist die Denkform. Das Grundsätzliche über die Denkformen und die philosophische Seite des Vergleichs werden dem klassischen Werk über die »Denkformen« von Hans Leisegang entnommen[1]. Die Ablesbarkeit einer Denkform aus musikalischen Gebilden kann nur andeutungsweise über den Charakter einer Hypothese hinausgeführt werden. Bachs Denkform wird aus einmütigen Urteilen der Bach-Literatur abgelesen und als mathematisch-organisch bezeichnet. Leisegang bezeichnet die Leibnizsche Denkform ebenfalls als mathematisch-organisch.

Die Identität beider Denkformen erklärt es, warum der Vergleich Bach–Leibniz sich intuitiv aufdrängt. Vergleichbar sind jedoch nicht philosophische Sätze mit Notengebilden, sondern nur Sätze untereinander, also Sätze von Leibniz oder über Leibniz mit Sätzen, die einen Sachverhalt der Bachschen Musik richtig beurteilen. Die Verwandtschaft dieser Satzurteile ist die Folge davon, daß sie es mit etwas zu tun haben, das in letzter Instanz von der gleichen Denkform ausgegangen ist.

Einer der ersten Hinweise auf die Möglichkeit eines Vergleichs zwischen Bach und Leibniz findet sich in Arnold Scherings Aufsatz *Bach und das Symbol* (Bachjahrbuch 1925, S. 61): »Sollte ihm (dem Bach der kühnen Symbolik), als spekulativem Kopf, ein Mitlebender gleichen Schlages an die Seite gestellt werden, so könnte es nur Leibniz sein.« Es ist sehr wichtig, daß Schering hier sagt, »an die Seite stellen«. Denn was dann besonders durch Rudolf Steglich (1935 und 1949) und in seinen Spuren andeutungsweise unter anderem durch Walther Vetter (1938 und 1950), ausführlicher durch Max Dehnert (1948) tatsächlich geschah, war vielfach ein mehr oder weniger verdecktes Gleichstellen, ein Hin- und Hergleiten zwischen der philosophischen und musikalischen Begriffswelt ohne Überzeugungskraft, weil ohne sachgemäße Systematik, und Scherings Urteil über Steglichs Versuch[2], der ihm daran »zu kranken scheint, daß die Beziehungen auf eine Terminologie gebracht sind, deren Weite und Vieldeutigkeit nicht über gefühlsmäßige Analogien hinausführt«, ist wiederholt anwendbar.

Der Begriff *prästabilierte Harmonie*, um den es sich hier in erster Linie handelt, bezeichnet die im Schöpfungsakt festgesetzte fortdauernde Übereinstimmung zwischen allen Substanzen, derzufolge auch Körper und Seele nur dem Scheine nach aufeinander einwirken. Dieser Gedanke ist mit Wilhelm Windelbands Worten[3] »das innere Band aller Gedanken von Leibniz«: Er ist der Schlüssel für eine Welt, die wie eine Maschine funktioniert, jedoch von Gott geschaffen ist zur Erfüllung seiner Zwecke; er hat zur Folge die Individualität der Monade und deshalb ihre Abspiegelung des Alls, ihre petites perceptions und ihren Begehrungstrieb; er macht die Rechtfertigung der Unvollkommenheit notwendig und möglich zugleich. Und dabei bleibt der Begriff selbst vollkommen unbegreiflich, ein »Rätselbegriff«, wie Nicolai Hartmann[4] ihn nennt, der, nachdem er eine neue Welt erschlossen hatte, die erste von allen Leibnizschen Hypothesen war, welche die nachfolgende Philosophie als Wirklichkeit fallen ließ. Er ist im logischen Komplex des philosophischen Systems als ganz bestimmter Versuch zur Lösung einer ganz bestimmten historischen Problemstellung durch eine Fülle von Merkmalen so allseitig determiniert, daß er aus dem Organismus dieses Systems nicht herausseziert und anderwärts gebraucht werden kann, ohne daß ihm Prädikate zugeschrieben werden, die er in Wirklichkeit nicht enthält.

Dafür aus einer Fülle möglicher Beispiele lediglich einige kritische Bemerkungen zu Steglichs Formulierungen (1935): Der Begriff kann nicht beinhalten »einen Raum für die Strebungsverhältnisse und die Grenzen des melodischen Kraftfeldes« (S. 53), da es in seinem Wesen liegt, daß er auf nichts Räumliches abzielt. Das »harmonisch-tonale Gesamtgefüge« eines Werkes kann nicht »Offenbarung der prästabilierten Harmonie« sein (S. 53), weil Tonzusammenhänge im Leibnizschen Sinne keine Substanzen darstellen und überdies deren prästabilierter Zustand ganz das Gegenteil von jeder sinnfälligen Offenbarung bedeutet. Es ist nicht möglich, daß »die Fuge die regulierteste Auskomponierung des monadischen Gesetzes in der prästabilierten Harmonie erstrebt«, da jeder Komparativ oder Superlativ dem monadischen Gesetze fremd ist und zudem das Prästabilierte nicht erstrebt werden kann. Erst recht bergen Ausdrücke wie »Freudentanz der prästabilierten Harmonie« (so Steglich, 1949, S. 82), Bach als »Großsiegelbewahrer« und der Baß als »Sachverwalter der prästabilierten Harmonie« (so Dehnert, S. 108 und 55) oder »Prästabilierte Harmonie wird sinnvoll angewendet« (so Dehnert, S. 19, und Vetter, 1950, S. 69) Unmögliches, denn wie zum Beispiel soll dasjenige »sinnvoll angewandt werden«, dessen selbsttätiger Anwendung sich kein Ding, keine Substanz der Welt je zu entziehen vermag? Die eigentliche Fehlerquelle derartiger Gedankenbildungen läßt Dehnert deutlich werden, der, indem er Bachs polyphone Schreibweise als den vollendeten Ausdruck der prästabilierten Harmonie anspricht, ausdrücklich »den philosophischen mit dem musikalischen Sachverhalt identifiziert« (S. 104). In Wirklichkeit aber darf es sich, wie Schering sagt, nur um ein Zur-Seite-Stellen handeln, so daß der sachliche Trennungsstrich bestehen und die Eigenbedeutung der philosophischen und musikalischen Begriffswelt unangetastet bleibt.

Unter diesen Voraussetzungen wird ein derartiger Vergleich nur dann durchzuführen sein, wenn das Zur-Seite-Gestellte auf einen gemeinsamen Bereich bezogen wird, in welchem ein unmittelbares Vergleichen von Merkmalen logisch möglich ist. Dieser gemeinsame Bereich kann meines Erachtens nur in der dem philosophischen wie dem musikalischen Gebilde einverleibten Tätigkeit des Denkens zu suchen sein, und als das Vergleichbare müssen die aus den verschiedenartigen geistesgeschichtlichen Dokumenten in gleicher Weise ablesbaren Denkformen angesprochen werden.

Leisegang definiert eine Denkform (S. 9) als »das in sich zusammenhängende Ganze der Gesetzmäßigkeiten des Denkens, die sich aus der Analyse von schriftlich ausgedrückten Gedanken eines Individuums ergeben und sich als derselbe Komplex bei anderen ebenfalls auffinden lassen«.

Ich glaube es keines Beweises bedürftig, daß auch das Komponieren in erster Linie ein (bewußtes und unbewußtes) Denken ist und daß auch Musik zwar nicht eigentlich »Gedanken«, doch eine bestimmte Art des Denkens ausdrückt, deren Gesetzmäßigkeiten herausanalysiert werden können. Der eigentliche kritische Punkt ist nicht die Tatsache, daß aus einem Notengebilde eine Denkform, sondern die Methode, wie zum Beispiel aus Bachs Musik Bachs Denkform abgelesen werden kann. Dabei gehe ich hier, um nicht abschweifen zu müssen, von bereits vorhandenen Urteilen aus, und zwar von solchen, die als unerschütterlicher Urteilskern die gesamte Bach-Literatur durchziehen und von denen das eine mit Albert Schweitzers Worten besagt, daß Bach wie ein Mathematiker arbeite, der eine ganze Operation im Geiste vor sich sieht und sie nur noch in bestimmten Werten ausführen muß (S. 195), und daß ein ganzes Stück sich bei ihm mit einer gewissen ästhetisch-mathematischen Notwendigkeit aus dem Thema ableite (S. 195) und sich auch in Bachs Schriftstücken derselbe mathematische Grundzug seines Wesens offenbare, den man in seinen Kompositionen finde (S. 196). Zu den Merkmalen des mathematischen Denkens gehört, daß es mit absoluten statischen Größen arbeitet; daß es nach den Prinzipien des Zählens und Messens funktioniert; daß es nach den gegebenen Verhältnissen des Materials architektonische Ordnungen bildet und das Ganze nach Analogie eines Mechanismus zusammensetzt, der für den menschlichen Verstand in allen Teilen erkennbar bleibt.

Das ebenso einmütige andere Urteil der Bach-Literatur lautet dahin gehend, daß jedes Bachsche Werk einen Organismus höchster Ordnung darstellt, etwas der mathematischen Arbeit völlig Entgegengesetztes, eine Denkweise, für welche die Leisegangschen Merkmale gelten, daß sie in ihren Funktionen ein Lebensgesetz organischen Werdens widerspiegelt; daß sie das Ganze aus einem einzigen Gedanken zu entwickeln vermag; daß für sie der Teil nur im Zusammenhang mit dem Ganzen und in Beziehung auf das Ganze existiert; daß für die Welt, die sie nach Analogie eines Organismus begreift, wegen der Unfaßbarkeit der letzten Prinzipien, der Gottesbegriff notwendig ist und so weiter.

Man kann die Bachsche Denkform mit einem ganz allgemeinen Urteil der Bach-Literatur als Vereinigung zweier Denkweisen, nämlich der mathematischen und der organischen, bezeichnen, und zwar derart, daß sie mit den mathematischen Mitteln das Organische, mit dem Rationalen das Irrationale, mit dem Mechanisch-Konstruktiven das Lebendige erreicht.

Leisegang bezeichnet in seinen *Denkformen* (S. 293) Leibniz ebenfalls als einen »Mischtyp«. »Von der rein mathematischen Denkform«, so heißt es dort, »sucht und findet Leibniz den Übergang zur Form des Gedankenkreises«, eben der Form, deren wesentliches Merkmal es ist, daß sie die Welt nach Analogie eines Organismus begreift. »Sein Denken orientiert sich, wo er die Region der reinen Logik verläßt, zunächst an Mechanismen, formt diese selbst aber im weiteren Verlauf des Denkprozesses in Organismen um.« Auf den engsten Raum eines Terminus ist diese Zweieinheit der Denkform zusammengedrängt, wenn Leibniz an den verschiedensten Stellen seiner Schriften den Körper eines Lebewesens als eine »organische Maschine«[5], die Seelen oder Monaden als »substanzielle Atome«[6] oder »höchst genau gefertigte unkörperliche Automaten«[7], den Schöpfungsprozeß der Dinge als »göttliche Mathematik« oder »metaphysischen Mechanismus«[8] und die vorherbestimmte Harmonie als »göttliches Kunststück«[9] bezeichnet. »Jeder organische Körper eines Lebendigen«, lautet § 64 der *Monadologie*[10], »ist eine Art von göttlicher Maschine oder natürlichem Automaten, der alle künstlichen Automaten unendlich übertrifft, weil eine durch menschliche Kunst hergestellte Maschine nicht in jedem ihrer einzelnen Teile Maschine ist. So hat zum Beispiel der Zahn eines Messingrades Teile oder Stücke, die für uns nichts Künstliches mehr sind und nichts mehr an sich haben, was in bezug auf den

Gebrauch, zu dem das Rad bestimmt war, die Maschine verrät. Die Maschinen der Natur aber, das heißt die lebendigen Körper, sind auch in ihren kleinsten Teilen bis ins Unendliche Maschinen. Eben darin liegt der Unterschied zwischen der Natur und der Kunst, das heißt zwischen der Kunst Gottes und der unsrigen.«

Die Bachsche Musik und das Leibnizsche System sind zweierlei, aber sie haben miteinander gemein, daß sie auf gleicher historischer Stufe höchste Repräsentationen eines verwandten Denkens darstellen. Hier liegt der Grund für die sich aufdrängenden »gefühlsmäßigen Analogien«, wie Schering sagt. Seele und Körper, die sich nach Leibniz vermöge der zwischen allen Substanzen vorherbestimmten Harmonie begegnen, sind nicht gleich Sopran und Tenor, Thema und Kontrapunkt, Melodie und Tonalität, Gemütsergötzung und Soli Deo Gloria. Vergleichbar sind – wie schon erwähnt – nicht philosophische Sätze mit Notengebilden, sondern nur Sätze untereinander, also Sätze von Leibniz oder über Leibniz mit Sätzen, die einen Sachverhalt der Bachschen Musik richtig beurteilen, wobei immer und immer wieder festzustellen ist, wie der verschiedene Denkstoff, zum Beispiel Substanz im philosophischen und Thema im musikalischen Sinne, in der gleichen Art und Weise gedacht worden ist. Zum Beispiel:

Leibniz[11]: »Denn es ist eine sichere Wahrheit, daß jede Substanz einmal zu aller Vollkommenheit gelangen muß, deren sie fähig ist und die sich bereits in ihr wie eingewickelt befindet.«

Über Leibniz in der Formulierung Ingetrud Papes[12]: »Nach der ontologisch-metaphysischen Grundthese der Leibnizschen Philosophie besitzt jedes existierende Einzelding seinen individuellen Begriff, der in sich alles umfaßt, was diesem Ding in der Auseinanderlegung seiner zeitlichen Stadien je zustoßen oder geschehen kann.«

Schweitzer über Bach[13]: »Sehr oft ist bei ihm das ganze Stück mit all seinen Peripetien durch das Thema schon gegeben« und »handelt es sich um die vollendete Selbstentfaltung eines einzelnen Gedanken.«

Wilhelm Windelband über Leibniz[14]: »Die Monade ... erfährt nur, was sie von Anfang an besaß und ausübte.«

Dehnert über Bach[15]: »In einem ersten Einfall (Motiv) sammelt sich alle Zeugungskraft, verströmt dann in alle Teile... und fügt sie zu einem organischen Ganzen.«

Was gedacht ist, ist unvergleichbar, ein Fugenthema ist nie und nimmer dasjenige, was Leibniz eine Monade nennt. Aber *wie* es gedacht ist, begründet die tatsächlich vorhandene Analogie und daß beim Lesen der Leibnizschen Schriften, wo man sie auch aufschlägt, ein in eminentem Maße Bach verwandter ästhetischer Eindruck entsteht.

»Was an Bachs Werken so elementar ästhetisch wirkt«, ist mit Schweitzers Worten [16] »die Harmonie des Ganzen, in die sich das lebendige und überreiche Detail wie von selbst einfügt«. Dementsprechend gilt für Leibniz gegenüber etwa Pierre Bayles erstem Einwurf gegen das System der Prästabilierten Harmonie (daß es nämlich »die Macht und Geschicklichkeit der göttlichen Kunst über das Begreifliche hinaus erhebt«) die immer wieder aufgestellte Grundthese als beweiskräftig genug: »Es ist unmöglich, daß Gott (als höchster Intellekt) anders verfahre, da er, wie er ist, unendlich mächtig und weise ist und bei allem die Ordnung und Harmonie beobachtet, soweit es möglich ist.« [17] Der menschliche Intellekt aber – heißt es an anderer Stelle [18] –, »indem er das Wissen davon entdeckt, wie Gott die Dinge geregelt hat, ahmt er pondere, mensura, numero in seinem Bereich und in seiner kleinen Welt, in der ihm die Ausübung seiner Fähigkeiten gestattet ist, das nach, was Gott in der großen schafft.« In dieser nachgeahmten Welt, in diesem durch »Wiegen, Messen und Zählen« erreichten einzigartigen Organismus des Leibnizschen Weltbildes liegt mit Windelbands Worten [19] »das Bedeutendste darin, daß die ganze Mannigfaltigkeit der Dinge in einem großen Zusammenhang betrachtet wird, worin jedes Glied seine notwendige und unersetzliche Stelle innehat... Jede Monade ist ein Individuum, aber nur dadurch, daß sie die nur ihr eigentümliche Stellung im System des Ganzen einnimmt.« Immer wieder leuchtet Bachisches in solchen Urteilen auf, und immer wieder scheinen sich solche Sätze in Bach-Urteile übertragen zu lassen, die gar nicht besser gesagt werden können. Aber wir identifizieren nicht die Sachverhalte und übersetzen: Jede Stimme ist eine Monade..., sondern wir übertragen die Form, in welcher der Stoff gedacht ist: Jede Stimme hat individuellen Charakter, aber nur dadurch, daß sie die nur ihr eigentümliche Stellung im System des Ganzen einnimmt.

Eine bestimmte Denkform, auf welcher historischen Stufe sie auch in Erscheinung treten mag, ist mit einer in ihren Grundzügen bestimmten Weltvorstellung stets untrennbar verbunden; *gleiche Denkformen setzen gleichgeartete Weltvorstellungen voraus*. Demnach bietet die Leibnizsche Weltvorstellung, die aus seinen Schriften in ihren Grundzügen begrifflich eindeutig abzulesen ist, eine Möglichkeit zur Deutung der Bachschen Weltvorstellung, welche aus seiner Musik – wie die Kontroversen gerade der jüngsten Bach-Literatur zeigen – nicht begrifflich eindeutig abzulesen ist. Ohne den Gottesbegriff zum Beispiel bleibt von dem Leibnizschen Gedankengut für die Folgezeit freilich noch genug übrig, das wertvoll erscheint und entwicklungsfähig war. Aber ohne ihn wäre der Gedanke der prästabilierten Harmonie und des höchsten Intellekts einer Zentralmonade und damit das Leibnizsche System überhaupt nicht möglich gewesen. »Nimmt man die göttliche Zentralmonade fort«, schreibt Eduard May[20] sehr deutlich, »so hebt man das ganze Leibnizsche System auf: es bleibt nichts übrig, als eine Summe unverständlicher, ja, geradezu sinnloser Behauptungen«. Unabhängig von der gleichen historischen Stufe, auf welcher die Bachsche Musik und das Leibnizsche System höchste Repräsentationen eines verwandten Denkens darstellen, gehört die durchgängige Bezogenheit auf einen metaphysischen Punkt genauso wie die Begriffe der Synthese, der Entfaltung, der Beseeltheit zu jeder Wirklichkeit, die aus einem Denken resultiert, welches das Gedachte nach Analogie eines Organismus vorzustellen und nachzubilden gar nicht anders fähig ist.

Die gleiche historische Stufe spielt dabei eine bedeutende Rolle; denn ob eine Denkform als eingeboren anzusehen ist oder nicht, ob die Begegnung mit der Wirklichkeit einer bestimmten geistesgeschichtlichen Situation bestimmte Denkformen herausfordert und begünstigt oder ob es umgekehrt ist: – das gleiche wird zu einer gleichen Zeit stets sehr viel deutlicher in Erscheinung treten. Dennoch spielt die gleiche historische Stufe eine sekundäre Rolle. Die Wesenszüge der Bachschen Weltvorstellung können überall, von griechischen bis zu neuzeitlichen Denkern, abgelesen werden, sofern sie organisch oder gar mathematisch-organisch gedacht haben. – Auch war der eigentliche Zeitgenosse Bachs nicht Leibniz (1646–1716), sondern Christian

Freiherr von Wolff (1679–1754), und es ist nur eine Folgerung der Beziehung zwischen Stoff und Form des Gedachten, wenn wir andeuten, daß Wolff und seine Zeit den eigentlichen Leibniz und Bach deshalb nicht mehr begreifen konnten, weil ihr Denken einseitig mathematisch, das heißt rational bestimmt war, und daß Herder Leibniz und Goethe und die beginnende Romantik Bach wiederentdeckten, weil sie wieder organisch dachten, und daß wohl jeder an Bach gründlich vorbeigehen muß, der auch die Leibnizsche Welt nur als Maschine und nicht als göttliche Maschine zu begreifen vermag. Die richtige Bach-Beurteilung und das rechte Bach-Verständnis beginnen mit Forkel und Goethe, aber die eigentliche Bach-Literatur kann mit Leibniz' Schriften beginnen, weil die Grundkräfte der Welt Johann Sebastian Bachs nirgends noch einmal so genau und deutlich in Erscheinung getreten sind wie dort, wo auf annähernd gleicher historischer Stufe die mathematisch-organischen Denkprinzipien einen Kosmos höchstmöglicher Rationalität in Einklang gebracht haben mit einer Welt, in der es – wie es in der *Monadologie* (§ 43) heißt – »ohne Gott nichts Wirkliches in den Möglichkeiten und nicht bloß nichts Seiendes, sondern auch nichts Mögliches geben würde«.

Anmerkungen

1 Berlin und Leipzig 1928.
2 *Bach und das Symbol*, Bachjahrbuch 1957, S. 87, Anmerkung.
3 *Geschichte der Neueren Philosophie* I, Leipzig 1907, S. 527.
4 *Leibniz als Metaphysiker*, Berlin 1946, S. 3.
5 *Neues System über die Natur* (1695), § 7.
6 *Entgegnung auf die in der II. Auflage des Bayleschen Wörterbuches enthaltenen Bemerkungen.*
7 Brief an Jacques Basnage, veröffentlicht 1698.
8 *Über den letzten Ursprung der Dinge* (1697).
9 *Dritte Erläuterung des Systems über den Verkehr zwischen den Substanzen* (1696).
10 Zitiert nach R. Habs Reclam-Ausgabe der *Kleineren philosophischen Schriften.*
11 Brief an die Kurfürstin Sophie vom 4. November 1696.
12 *Leibniz, Zugang und Deutung aus dem Wahrheitsproblem*, Stuttgart 1949, S. 65.

13 S. 195 u. 255.
14 A. a. O., S. 497.
15 S. 55.
16 S. 196.
17 *Entgegnung auf die in der II. Auflage des Bayleschen Wörterbuches enthaltenen Bemerkungen.*
18 *Die in der Vernunft begründeten Prinzipien der Natur und der Gnade*, § 14.
19 A. a. O., S. 484.
20 *Beiträge zur Leibnizforschung*, Bd. I, Reutlingen 1947, S. 191.

Drucknachweis

Bach – wer ist das?, geschrieben als Eröffnungsvortrag der Berliner Bach-Tage 1985 und des gleichzeitig vom Wissenschaftskolleg in Berlin veranstalteten Colloquiums »Bach im 18. Jahrhundert«; erschienen in: Archiv für Musikwissenschaft XLII, 1985, S. 215–228, wo der Vortragstext mit kommentierenden Anmerkungen versehen wurde, die, indem sie das hier durchgeführte Konzept verdeutlichen, zugleich auf Fragen reagieren, die während des Berliner Colloquiums zur Sprache kamen.

Über Bachs geschichtlichen Ort, erschienen in: Deutsche Vierteljahrsschrift für Literaturwissenschaft und Geistesgeschichte XXXI, 1957, S. 527–556; Wiederabdruck in: Johann Sebastian Bach, hg. von Walter Blankenburg, = Wege der Forschung, Band CLXX, Darmstadt 1970, S. 247–289.

Leben und Werk, entnommen aus: Hans Heinrich Eggebrecht, Musik im Abendland – Prozesse und Stationen vom Mittelalter bis zur Gegenwart, Piper-Verlag, München und Zürich 1991, S. 418–450.

Thomaskantor Bach, geschrieben als Vortrag anläßlich der Berliner Bach-Tage 1990, die dem Thema »Thomaskantor Bach« gewidmet waren; erschienen in: Musik und Kirche LXI, 1991.

Sinnbildlichkeit in Text und Musik bei Johann Sebastian Bach, Eröffnungsvortrag des gleichbetitelten Symposiums, das die Internationale Arbeitsgemeinschaft für theologische Bachforschung in Verbindung mit dem Wissenschaftlich-Theologischen Seminar der Universität Heidelberg im April 1987 in Heidelberg durchgeführt hat; erschienen in: Musik und Kirche LVIII, 1988, S. 176–184.

Ästhetisches Bedeuten und symbolisches Meinen, erschienen in: Carl Dahlhaus und Hans Heinrich Eggebrecht, Was ist Musik?, = Taschenbücher zur Musikwissenschaft Band 100, Heinrichshofen-Verlag, Wilhelmshaven 1985, 3. Auflage 1991, S. 124–132.

Zur Rezeption der »Kunst der Fuge«, entnommen aus: Hans Heinrich Eggebrecht, Bachs Kunst der Fuge – Erscheinung und Deutung, = Serie Piper Band 637, München und Zürich 1984, 3. Auflage = Serie Musik Piper/Schott, München und Mainz 1988.

Religiosität, geschrieben für das Symposium »Bach und die Moderne« in der Herzog-August-Bibliothek zu Wolfenbüttel im Rahmen des Braunschweiger Bach-Festes im Mai 1992.

Tradition, geschrieben für das Programmbuch der Berliner Bach-Tage 1992, die unter dem Thema »Bach und die Tradition« standen.

Zur Antithese Geistlich–Weltlich, erschienen in: Musica IV, 1950, S. 247–250.

Scheibe gegen Bach – im Notenbeispiel, erschienen in: Das Musikleben V, 1952, S. 106–108.

Bach und Leibniz, erschienen in: Bericht über die Wissenschaftliche Bachtagung der Gesellschaft für Musikforschung Leipzig 23. bis 26. Juli 1950, Leipzig 1951, S. 431–442.